**权威·前沿·原创**

皮书系列为
"十二五""十三五""十四五"时期国家重点出版物出版专项规划项目

# B

## BLUE BOOK

智 库 成 果 出 版 与 传 播 平 台

陕西蓝皮书

**BLUE BOOK** OF SHAANXI

# 陕西乡村振兴研究报告（2023）

RESEARCH REPORT ON RURAL REVITALIZATION OF SHAANXI (2023)

组织编写／陕西省社会科学院

主　　编／程宁博　王　飞　王建康　于宁锴

社会科学文献出版社

SOCIAL SCIENCES ACADEMIC PRESS（CHINA）

**图书在版编目（CIP）数据**

陕西乡村振兴研究报告.2023／程宁博等主编.--
北京：社会科学文献出版社，2023.3
（陕西蓝皮书）
ISBN 978-7-5228-1519-0

Ⅰ.①陕… Ⅱ.①程… Ⅲ.①农村-社会主义建设-
研究报告-陕西-2023 Ⅳ.①F327.41

中国国家版本馆 CIP 数据核字（2023）第 040699 号

陕西蓝皮书
**陕西乡村振兴研究报告（2023）**

主　　编／程宁博　王　飞　王建康　于宁锴

出 版 人／王利民
组稿编辑／邓泳红
责任编辑／张　超
文稿编辑／刘　燕　孙玉铖　张　爽
责任印制／王京美

出　　版／社会科学文献出版社·皮书出版分社（010）59367127
　　　　　地址：北京市北三环中路甲 29 号院华龙大厦　邮编：100029
　　　　　网址：www.ssap.com.cn
发　　行／社会科学文献出版社（010）59367028
印　　装／天津千鹤文化传播有限公司

规　　格／开本：787mm×1092mm　1/16
　　　　　印张：19.5　字数：291 千字
版　　次／2023 年 3 月第 1 版　2023 年 3 月第 1 次印刷
书　　号／ISBN 978-7-5228-1519-0
定　　价／158.00 元

读者服务电话：4008918866

# 陕西蓝皮书编委会

主　　任　程宁博　王　飞

副 主 任　杨　辽　毛　斌　王建康

编　　委　（按姓氏笔画排序）

　　　　　于宁锴　王长寿　牛　昉　吕晓明　刘　源

　　　　　谷孟宾　张　鹤　张春华　张艳茜　党　斌

　　　　　郭兴全　裴成荣　樊为之　潘存娟

主　　编　程宁博　王　飞　王建康　于宁锴

执行主编　魏　雯　江小容

# 主编简介

程宁博  陕西省社会科学院党组书记,陕西省第十四次党代会代表,院学术委员会主任。长期从事理论研究、政策宣讲、出版管理、社科研究与管理等工作,主要研究领域为马克思主义中国化时代化、思想政治教育、宣传思想文化等,对习近平新时代中国特色社会主义思想、党的路线方针政策、新型智库建设与管理等研究深入。多次参与省党代会报告等重要书籍编写和重要文件、重要文稿起草工作,多项研究成果在中省主流媒体刊发。

王　飞  管理学博士,现任陕西省社会科学院党组副书记、院长。长期从事哲学社会科学研究工作,研究方向为应用经济学、区域经济、资源环境与可持续发展、对外开放和公共管理等,对习近平新时代中国特色社会主义思想、县城商业体系建设、生态文明保护与高质量发展、基层社会治理等领域开展专题研究。曾获第十二届孙冶方经济科学论文奖;获国务院研究室优秀调研成果二等奖 3 次,三等奖 4 次;获陕西党政领导干部优秀调研成果一等奖 2 次,二等奖 1 次。并先后在《人民日报》《学习时报》等期刊报纸上发表理论文章 10 余篇,撰写的文章多次刊登在国家发改委《中国经贸导刊》、国务院发展研究中心《经济要参》和《陕西工作交流》。其主持完成的系列送阅件《常态化疫情防控背景下促消费稳经济系列对策研究》、《谱写高质量发展新篇章保障粮食安全系列对策建议》和《2022 年上半年陕西经济形势分析及稳大盘对策建议》荣获多位中央和省级领导同志肯定性批示。

王建康　陕西省社会科学院党组成员、副院长、研究员，主要从事农村发展、区域经济研究。先后主持完成国家和省级社科基金项目5项，主持完成休闲农业、应急体系建设、现代果业等6项省级规划，富平、临潼、府谷等区县20余项发展规划编制，承担国家发改委、农业农村部、国务院扶贫办等部门招标或委托的各类研究课题16项；出版著作10部，发表论文和调研报告60余篇；研究成果先后获得省哲学社会科学优秀成果奖二等奖2项、三等奖1项。兼任省决策咨询委员会委员、省青联常委、省委理论讲师团特聘专家，西安、宝鸡、榆林、长武、大荔等地政府决策咨询专家或顾问。省十二次党代会代表，省十三次党代会报告起草组成员，十二届全国青联委员，陕西青年五四奖章获得者，陕西省优秀共产党员。

于宁锴　陕西省社会科学院农村发展研究所所长、副研究员。研究领域为"三农"理论与政策。主持和参与各类课题30余项，公开发表论文和研究报告50余篇40余万字。兼任中国农村发展学会理事、当代陕西研究会副会长、陕西省社会学会常务理事、陕西省经济学学会理事、陕西省人大常委会"三农"工作咨询专家、陕西省农村合作经济指导专家。

# 摘　要

《陕西乡村振兴研究报告（2023）》分为总报告、产业振兴篇、人才振兴篇、文化振兴篇、生态振兴篇、组织振兴篇和案例篇七部分，以陕西全面推进乡村振兴战略的路径探索以及围绕"五大振兴"实现农业强、农村美、农民富的具体实践和特色案例为主要内容。

总报告对陕西扎实推进乡村发展、乡村建设、乡村治理"三项重点"进行了系统阐述，探索形成了"压实责任，紧扣要害"的粮食安全保障路径、"深化机制，紧盯落实"的巩固拓展衔接路径、"夯实产业，紧推改革"的乡村发展路径、"规划引领，紧抓质量"的乡村建设路径和"强化党建，紧促和谐"的乡村治理路径，提出了整合提升粮食全产业链、继续巩固拓展脱贫攻坚成果、扎实稳妥推进乡村建设和广聚人才固基筑本等对策建议。产业振兴篇从陕西粮食产业、乡村旅游、现代农业园区和乡村产业可持续发展等方面进行了深入研究，提出了进一步优化提升粮食产业链、乡村旅游助力乡村振兴、现代农业园区赋能特色产业和加快促进陕南重点帮扶县乡村产业可持续发展的举措建议。人才振兴篇主要从陕西乡土人才队伍建设和农民数字素养培育两方面进行了专题研究，提出了完善乡土人才队伍建设政策机制、加强农村数字基础设施建设、增强农民数字意识与使用意愿等对策建议。文化振兴篇从陕西农耕文化和数字乡村文化建设两个视角进行回顾性和趋势性研究，提出了政策保障、技术创新、人才建设和保护开发陕西优秀农耕文化等对策建议。生态振兴篇从陕西乡村生态产品价值实现和陕南秦巴生态功能区实现共同富裕两方面进行研究，提出了建立健全产权制度体系和生态产业化、产业生态化等政策建议。组织振兴篇从陕西乡村治理体系建设现状、问题和对产业兴旺的重要作用等角度进行研究和反思，提出了乡村治理体系建设要与发展乡村产业、乡村建设、深化农村改革、壮大农村集体经济等紧密结合的政策建议。案例篇选取陕西在市、县、村实施乡村振兴战略的具体实践，包括森林康养产业发展路径、乡村农旅融合规划、数字乡村建设、政企合作下的订单农业标准化以及农村集体经济、农村精神文明建设、易地扶贫搬迁社区后续帮扶等方面的经验做法，为全面推进陕西乡村振兴战略实施、谱写新时代农业农村高质量发展新篇章提供决策参考。

**关键词：** 乡村振兴　　"五大振兴"　　陕西省

# Abstract

*Research Report on Rural Revitalization of Shaanxi* ( *2023* ) consists of general report, industrial revitalization, talent revitalization, cultural revitalization, ecological revitalization, organizational revitalization, and case studies. The main contents are the exploration on the path of overall promotion of the rural revitalization strategy in Shaanxi Province and the specific practices and typical cases of realizing strong agriculture, beautiful countryside, and rich farmers around the "five revitalizations".

In the general report, the solid promotion of "three key points" (rural development, rural construction, and rural governance) by Shaanxi Province is systematically elaborated; the path of food safety assurance of "fulfilling responsibilities and focusing on key points", the consolidation, expansion, and connection paths of "deepening mechanism and focusing on implementation", the rural development path of "consolidating industry and promoting reform", the rural construction path of "guiding by planning and focusing on quality", and the rural governance path of "enhancing Party building and promoting harmony" are explored and formed; countermeasures and suggestions, such as integrating and improving the whole industrial chain of grain, continuing to consolidate and expand the results of poverty alleviation, stably promoting rural construction, and gathering talents, are proposed. In the industrial revitalization, in-depth research is done from some aspects such as the sustainable development of the grain industry, rural tourism, modern agricultural parks, and rural industries in Shaanxi Province; and measures and suggestions on further optimizing and improving the grain industry chain, assisting rural revitalization by rural tourism and accelerating, empowering characteristic industries by modern agricultural parks, and promoting the sustainable development of rural industries in key counties receiving assistance in southern Shaanxi Province are proposed. In the talent revitalization, special studies are conducted mainly from the aspects of the construction of rural talent teams in Shaanxi Province and the digital literacy development of farmers; and countermeasures and suggestions are given on improving the policy mechanism of the construction of the rural talent team, enhancing the construction of rural digital infrastructure, and raising farmers' digital awareness and willingness to use. In the cultural revitalization, retrospective and trend studies are done from the perspectives of the construction of digital rural culture and farming culture in Shaanxi Province; and countermeasures and suggestions, such as policy guarantee, technical innovation, talent construction, and protection and development of excellent farming culture in Shaanxi Province, are proposed. In the ecological revitalization, studie are done from the aspects of the value realization of rural ecological products in Shaanxi Province and the realization of common prosperity in Qinba Ecological Function Area in Southern Shaanxi Province; and policies and suggestions are given on the establishment and improvement of the property right system, ecological product, and industrial ecology. In the organizational revitalization, the current conditions and problems of the construction of the rural governance system in Shaanxi Province, its important role in the industrial prosperity, and other aspects are studied and reflected; and the policies and suggestions are given on enhancing the organizational leadership of the construction of the rural governance system and combining closely its construction with rural industrial development, rural construction, rural reform deepening, and rural collective economy development. In the case studies, the specific practices of implementing the rural revitalization strategy in cities, counties, and villages in Shaanxi Province are introduced, including the ideas and measures for the development of the health and wellness industry, the planning and construction of rural agriculture and tourism integration, digital rural construction, the standardization of contract farming under the cooperation between the government and enterprises, and the experience and practices in the rural collective economy, rural spiritual civilization construction, and the follow-up support for poverty alleviation relocation communities. These provide a reference for decision-making on comprehensively promoting the implementation of the rural revitalization strategy in Shaanxi Province and writing a new chapter of the high-quality development of agriculture and rural areas in the new era.

**Keywords**: Rural Revitalization; Five Revitalization; Shaanxi Province

# 目 录 ↖↗

## Ⅰ 总报告

## Ⅱ 产业振兴篇

# Ⅲ 人才振兴篇

# Ⅳ 文化振兴篇

# Ⅴ 生态振兴篇

# Ⅵ 组织振兴篇

# Ⅶ 案例篇

皮书数据库阅读 **使用指南**

# CONTENTS ↰↱

## I General Report

## II Industrial Revitalization

## Ⅲ   Talent Revitalization

## Ⅳ   Cultural Revitalization

## Ⅴ   Ecological Revitalization

# VI   Organzational Revitalization

# VII   Case Studies

# 总 报 告
## General Report

# B.1
# 陕西全面推进乡村振兴战略的
# 路径探索[*]

联合课题组[**]

**摘 要：** 2022 年，陕西在全面推进乡村振兴战略的实践中，牢牢守住保障粮食安全和不发生规模性返贫"两条底线"，扎实推进乡村发展、乡村建设、乡村治理"三项重点"，探索形成了"压实责任，紧扣要害"的粮食安全保障路径、"深化机制，紧盯落实"的巩固拓展衔接路径、"夯实产业，紧推改革"的乡村发展路径、"规划引领，紧抓质量"的乡村建设路径和"强化党建，紧促和谐"的乡村治理路径。下一步，陕西全面推进乡村振兴战略的难点在于粮食全产业链扩能增值、提高重点帮扶县产业可持

---

* 本报告资料来源于陕西省委农办。

** 课题组组长：陈文，陕西省委农办副主任，陕西省农业农村厅党组成员、副厅长，研究方向为农村改革、乡村振兴及农业农村高质量发展。主要成员：李鹏，陕西省委农办综合调研处处长；田家鑫，陕西省委农办综合调研处一级主任科员；闫丹，陕西省委农办综合调研处一级主任科员；魏雯，陕西省社会科学院农村发展研究所副研究员。

续发展能力、尽快补齐乡村建设短板、精准发力农业农村人才队伍建设。本报告提出了整合提升粮食全产业链、继续巩固拓展脱贫攻坚成果、扎实稳妥推进乡村建设和广聚人才固基筑本等具体对策建议。

**关键词：** 乡村振兴　农业农村　陕西省

党的二十大报告指出，全面建设社会主义现代化国家，最艰巨最繁重的任务仍然在农村。"坚持农业农村优先发展，坚持城乡融合发展，畅通城乡要素流动"是全面推进乡村振兴的重要遵循。2022 年，陕西深入学习贯彻党的二十大精神，认真贯彻落实习近平总书记关于"三农"工作的重要论述和来陕考察重要讲话重要指示，牢牢守住保障粮食安全和不发生规模性返贫"两条底线"，扎实推进乡村发展、乡村建设、乡村治理"三项重点"，全力推动乡村振兴各项任务落地落细。

## 一　陕西全面推进乡村振兴战略的实践路径

陕西紧盯"两条底线""三项重点"目标，持续发力，全面推进乡村振兴迈上新台阶。全省农业农村工作以全面推进乡村振兴为引领，严格落实五级书记抓乡村振兴工作要求，成立"五大振兴"工作专班，抓好年度重点任务措施，农业生产再获丰收，农村发展活力增强，农民生活有效改善。2022 年，陕西农村居民人均可支配收入为 15704 元，同比增长 6.5%。

### （一）"压实责任，紧扣要害"的粮食安全保障路径

陕西坚持把保障粮食安全作为农业农村工作的头等大事和首要任务，落实"藏粮于地、藏粮于技"战略，夯实各级责任，抓好防灾减灾，确保面积、产量"只增不减"。加快推进高标准农田建设，2022 年建成高标准农田

300.25 万亩，同步实施高效节水灌溉 70.5 万亩。实施旱作节水农业五年行动，聚焦 4 大旱作区、10 个重点县，集中推广 8 种节水模式，累计推广 59 万亩。面对关中地区 352 万亩小麦晚播、苗情历年最差的不利局面，奋力开展"抗淋抢种、百日强管、一喷三防、防霉抢收"四大行动，2022 年全省粮食播种面积 4526.21 万亩，总产 1297.89 万吨，单产 286.75 公斤，"面积、总产、单产"三增长，粮食生产实现"十九连丰"。因地制宜推广稻油一体化种植、玉米大豆带状复合种植等模式，全年大豆种植 261.42 万亩、产量 30.54 万吨，分别较上年增长 15.14%、21.69%。

### （二）"深化机制，紧盯落实"的巩固拓展衔接路径

陕西坚持把巩固拓展脱贫攻坚成果同乡村振兴有效衔接作为重点任务之一，严格落实"四个不摘"要求，强力推进脱贫群众稳定增收和脱贫地区稳步发展。建立省级领导和部门责任清单落实机制，"2531"防返贫动态监测帮扶机制，周例会、月碰头会、季调度会等工作推进机制，乡村振兴战略实绩考核机制，督查督办暗访机制等 5 项制度，形成了上下联动、分级负责的责任体系和工作制度。由省委书记、省长担任双组长的有效衔接领导小组，全面加强组织领导和统筹协调。压紧压实 50 个省级部门包抓责任，形成上下联动、分级负责的责任体系。建立"2531"防返贫动态监测帮扶机制，推行风险摸排网格化、监测预警信息化，出台 6 个方面 28 条政策措施促进脱贫增收，精准落实帮扶措施。倾斜支持 11 个国家重点帮扶县和 15 个省级重点帮扶县发展，2022 年共投入中央和省级衔接资金 49 亿元，占全省切块到县资金的 48.07%。全省选派驻村工作队 7960 支、驻村第一书记和工作队员 2.56 万人，充分发挥中央单位定点帮扶、苏陕协作、"万企兴万村"等帮扶合力。2022 年，陕西脱贫县人口人均可支配收入达 14277 元，较上年增长 14.2%。

### （三）"夯实产业，紧推改革"的乡村发展路径

陕西坚持把乡村发展作为推进农业农村现代化的重要抓手，发展壮大特

色产业，持续深化农村改革，进一步激发农业农村发展活力。2022 年，接续实施 9 大产业链建设，着力培育乳制品、生猪、苹果、蔬菜、茶叶 5 条千亿级产业链和肉羊肉牛、家禽、猕猴桃、食用菌 4 条五百亿级产业链，打造全产业链典型县 20 个。出台《陕西省金融服务农业产业化龙头企业行动方案》，为 62 家龙头企业设立金融顾问，推荐 26 家龙头企业纳入上市企业储备库，农心科技已在 A 股上市。创建国家农业现代化示范区 3 个、产业集群 1 个、产业园 2 个、产业强镇 7 个，引领特色现代农业转型升级。实施"数商兴农"工程，电商服务覆盖全部乡镇和 54% 以上的行政村，行政村 2 个以上"品牌快递"服务覆盖率达到 100%。全省乡村社会消费品零售总额为 1330.34 亿元，增速高于城镇 5.4 个百分点。加快农村集体经济"清零消薄"，"空壳村"基本清零，收益 5 万元以下"薄弱村"占比下降至 30% 左右。全面完成西安市阎良区二轮土地延包试点和 3 个整镇试点；持续推进西安市高陵区等 4 个县（区）农村宅基地制度改革和乱占耕地建住宅类房屋专项整治试点、宝鸡市陇县等 12 个县（区）闲置宅基地和闲置住宅盘活利用等试点，12 个试点县盘活闲置宅基地和闲置住宅 3.6 万宗。

## （四）"规划引领，紧抓质量"的乡村建设路径

陕西坚持把乡村建设作为缩小城乡发展差距的关键举措，围绕规划引领、基础配套、服务保障"三位一体"，持续改善农村生产生活条件，建设美丽宜居乡村。强化规划引领，分区分类推进"多规合一"的实用性村庄规划编制，2022 年全省启动村庄规划编制试点 1558 个。抓好基础设施建设，新改建及完善农村公路 9550 公里，建成农村供水工程 1766 处，受益人口 228 万人。县、乡两级行政区 5G 网络覆盖率达到 100%，行政村 5G 网络覆盖率由年初的不到 8% 提高到 60% 以上。提升基本公共服务水平，全省 4305 所乡村小规模学校和乡镇寄宿制学校全部达到省定基本办学标准，51 家县级综合医院纳入国家首批"千县工程"县医院综合能力提升建设项目，为县及县以下医疗卫生机构定向招聘医学类毕业生 2000 人，规范化培训基层住院医师 1195 人，累计建设农村社区综合服务设施项目 9351 个，建成农

村互助幸福院 13825 个，覆盖率达到 82%。改善农村人居环境，新改建户用卫生厕所 25.1 万座，累计达到 484.4 万座，卫生户厕普及率达到 78.1%；行政村生活污水治理率达到 34%；生活垃圾进行收运处理的自然村比例达到 93.5%。

### （五）"强化党建，紧促和谐"的乡村治理路径

陕西坚持把构建乡村治理体系作为夯实乡村振兴根基的有效之举，持续抓党建促振兴、强治理树新风，"三治融合"的乡村治理体系逐步完善。常态化推进村级党组织建设，省级标准化建设示范村达到 908 个，达标村突破 1.5 万个，95.8% 的村实现动态达标，"一肩挑"比例提升至 99.3%。持续开展"听党话、感党恩、跟党走"宣传教育活动，推进农村移风易俗，93.2% 的村（社区）成立红白理事会、道德评议会、村民议事会。新时代文明实践中心（所、站）建设实现全覆盖。深化平安法治乡村建设，共建成市县公共法律服务中心 117 个、乡镇（街道）公共法律服务站 1283 个、村（社区）公共法律服务室 19741 个，累计培养乡村"法律明白人"10.3 万余名，全省农村法治文化阵地覆盖率达到 86%。

## 二 陕西全面推进乡村振兴战略的难点

适应"三农"工作重心向全面推进乡村振兴转移的新变化，必须认识把握新时代新征程陕西乡村振兴工作重点，在取得阶段性进展后，分析总结当前乡村振兴面临的问题和难点，进一步做好制度优化与政策支持。

### （一）粮食全产业链扩能增值发展不足

种业发展不强。陕西是粮食紧平衡省份，良种是粮食增产增效的关键因素。当前省内种质资源分散，缺少基础理论创新和分子育种、基因编辑等现代生物技术手段，育种手段和方法亟待创新。种业企业实力较弱，陕西仅有

2 家净资产过亿元的种业企业，仅占全国的 0.8%。全省种子企业种子销售总额 7 亿元，全国占比不到 1%。粮食产能扩大受限。耕地质量整体不高，旱地占 67%，人均耕地 1.11 亩，低于全国平均水平，全省粮食生产仍然以小农户分散种植为主，粮食适度规模经营比重不足 20%。粮油精深加工能力不足。全省产值超过 10 亿元的粮油加工企业仅 9 家，大部分本地中小型粮食加工企业仍然停留在粮食初级加工阶段，主要制造"短平快"的初级产品，产业链条较短，精深加工能力不强，产品结构不合理，粮油产品附加值不高，特色粮油资源开发利用不足等问题仍较突出。

### （二）重点帮扶县产业可持续发展能力有待提高

重点帮扶县产业基础薄弱。陕西 11 个国家重点帮扶县集中在陕南三市，处于秦巴山区，自然条件差，土地瘠薄，暴洪、泥石流等自然灾害频发，产业基础相对薄弱，一些重点帮扶县仓储物流等设施建设不足，产地批发市场、产销对接、鲜活农产品直销网点等设施相对落后，物流经营成本高。产业规模较小，质量效益不高。多数县（区）乡村主导产业规模偏小，乡村产业集聚度较低，仅有不到 1/3 的乡村产业集中在各类园区，难以成为带动县域经济发展的支柱产业。新型农业经营主体数量少，以农民专业合作社为主，经营规模小、产业链条短、市场竞争力弱。村级集体经济发展不充分，存在人才匮乏、实力较弱、运行模式单一、管理不规范、内生动力不足等问题，带动能力不强。产业发展依赖风险大，一些县（区）部分产业的市场化程度不高，在资金投入、产品销售等方面过度依赖政府或帮扶单位。

### （三）乡村建设短板需尽快补齐

陕西围绕乡村建设规划发布了一系列政策文件，印发了全国首个省级乡村振兴标准体系建设五年规划《陕西省乡村振兴标准体系建设规划（2021~2025 年）》，但在农村社会事业发展等方面缺少规划，对历史文化名村、传统村落以及各类历史文化资源的规划保护意识不强。农村交通高质量发展存在短板。一些重要建制村道路技术等级不高，较大村组农村公路覆盖不全，部分县（区）农村公路抗灾能力不足。农村人居环境治理需持续发力，农户卫生厕所尚未全覆盖，行政村生活污水治理率较低，人居环境整治仍存在资金投入不足、专业技术指导不够、部门合力不强等问题。天然气、通信网络等基础设施尚未完全延伸至村一级，医疗、教育、文化等优质公共服务资源不足。数字农业与数字乡村发展起步较晚，智慧农业基础设施不健全，未形成规模经济，农业数字化发展速度较慢。

### （四）农业农村人才队伍建设需精准发力

农业农村就业人员流失严重。农村就业人员向城镇流动，人才流失加剧。具备专业技能、扎根农村的乡土人才匮乏，农村就业人员以中老年劳动群体居多，人才活力不足。人才评定及激励政策精准度不足，激励方式有待继续完善，培训效果不理想。人才发展主体意识需进一步加强，要强化专业化、针对性培训，进一步提升农民专业技能，使其获得专业技能鉴定及相关职业证书等。农村专业技能培训供需不平衡、形式单一、重形式轻实效、与人才成长衔接不紧密等问题仍然存在。

## 三　陕西全面推进乡村振兴战略的对策建议

陕西全面推进乡村振兴正在从顶层设计向具体举措落地转变，必须瞄准实践中的问题和困难，不断优化顶层设计、完善实施方案，根据省情农情为全面实现"五大振兴"提供更有力的制度保障。

### （一）抓创新，强衔接，整合提升粮食全产业链

强化种业创新。建设农业生物技术育种中心，布局基因组学、表型组学等与分子设计育种功能实验室，出台激励政策，大力吸引国内外一流育种人才和团队，加强与国际知名种业企业合作创新，设立种质资源保护利用专项资金，引导鼓励种业企业兼并重组，重点扶持省内龙头企业向"育繁推一

体化"企业转型。强化粮食全产业链协同联系。推动粮油食品龙头企业实现粮食生产、收储、物流、贸易、加工、食品、营销规模化全产业链发展，组建跨产业、跨地区、混合所有制的粮食全产业链集团，通过产供销一体化经营与农工贸一体化管理，提高粮食产业综合效益和规模效益。配套发展粮食社会化服务业。集中粮食企业的上下游配套企业和相关服务业，形成产业集群，推动服务效率提升，降低交易成本，强化细化社会化服务业分工合作。做大做强粮食加工企业。推动粮油食品精深加工，发展方便食品、预制食品等深加工特色产品，开展粮食加工企业质量认证和名牌产品认证，鼓励省内粮油企业推进品牌建设，创建国内国际知名品牌。

### （二）续帮扶，强主体，巩固拓展脱贫攻坚成果

进一步健全完善帮扶项目联农带农机制。以 11 个国家重点帮扶县为重点，继续健全完善中央单位定点帮扶、苏陕协作、"万企兴万村"和驻村帮扶等机制，重点带动帮扶脱贫人口和监测对象，有序带动其他农户参与产业发展。培育壮大新型农业经营主体。设立培育壮大重点帮扶县新型农业经营主体的专项资金，将新型农业经营主体带动农户增收的成效作为专项资金拨付的重要依据，鼓励合作社、家庭农场、龙头企业等各类主体依托农业产业链、农资供应链进行合作，完善落实对新型农业经营主体的各类补偿制度，提高补贴效率，为新型农业经营主体提供金融、保险、品牌建设等方面的服务。做大做强"四个经济"。持续做大做强特色经济、联农带农经济、集体经济、民营经济，夯实农民就业增收基础，将农民嵌入产业链，探索村村抱团发展、村企村社联动发展、职业经理人入村共赢发展等多种形式，不断拓宽农民群众增收渠道。加快农村三产融合发展。鼓励合作社、家庭农场、种养殖大户向加工、物流配送、市场营销等方向拓展，以示范带动农村电商、休闲农业、乡村旅游等新业态发展，推进农村信息化数字化建设，完善农村物流网点布局，成立创新创业联盟，促进科技成果向农产品增值环节快速转化。提高农业防灾减灾能力。紧盯农业生产关键环节和重要时点，做好农业灾害预测预报，完善农业灾害监测预警系统，加强动物防疫设施和气象灾害

监测预警及服务设施建设，规避各类风险对产业发展和农户收入造成的负面影响。

### （三）补短板，强特色，扎实稳妥推进乡村建设

因地制宜科学编制乡村建设规划。统筹全域城乡格局，突出乡村差异性和地域特色，加强对乡村功能定位、设施配套、风貌特点、建设模式的规划，突出"生产—生活—生态"的共生关系，按照集聚提升类、城郊融合类、特色保护类、搬迁撤并类有针对性地推进村庄规划编制。高质量推进"四好农村路"建设。加大建制村道路技术等级改造提升力度，进一步扩大村组农村公路覆盖面，发挥农村公路在产业振兴、乡村旅游、惠民致富等方面的积极作用，探索农村公路全寿命周期养护模式，在项目规划、设计、施工、评估全过程中提升农村公路养护实效，在经济发达区域重要农村公路试点数字化管理手段，实现农村公路高质量发展。持续提升人居环境整治水平。建立多元资金投入机制，鼓励社会资本参与，引导有条件的地区将农村人居环境治理与发展特色产业、乡村旅游等项目进行打包整合，结合实际分类制定生活垃圾和污水处理排放控制要求，因地制宜完善长效管护机制，推动村庄环境从干净整洁向美丽宜居升级。提高基本公共服务供给质量。适应农村居住分散特点，采用固定设施和流动服务相结合的办法，加强县域医疗共同体建设，建立远程会诊和双向转诊制度，探索基层医疗与养老机构相结合的新型医养模式，发展城乡教育联合体，推进优质教育资源下沉，加强中心镇便民服务建设，提升城乡公共服务资源共享、互联互通水平。加快推动数字乡村建设发展。加快农村5G基站建设，组建县级数字农业推广服务中心，通过物联网监控、大数据平台促进农业发展数字化，建设乡村治理信息化管理服务平台，通过数字技术缩小城乡差距和区域差距。

### （四）重引育，强激励，广聚人才固基筑本

鼓励新农人返乡创业。通过安家补贴、子女教育保障等鼓励措施，引导大学生返乡创业，引导农创客、乡村规划师、农技师、工程师、艺术家等人

才队伍参与乡村建设。强化职业教育基础能力建设。整合区域科教资源，深化高等教育、职业教育和农业企业的合作，以专业综合实训、校企联合开发课程等为抓手，推动教学实习、科研项目和创新创业竞赛等平台建设，升级优化地方特色涉农专业，支持农村产业新业态发展。提升职业教育培训服务能力。面向社会需求，创新校、企、村联合培训模式，建立城乡互动互补的师资流动机制，返聘退休高层次专业技术人才，使其回流县域职业教育领域，打通校企人员双向流动渠道，建立"双师"型师资人才队伍。建立基层干部激励关爱机制。提高乡镇（街道）干部经济待遇，增加基层公务员年度考核优秀比例，增加符合条件的优秀基层党员干部提拔比例。分类制定乡村人才职称评价体系。针对乡村教育、医疗卫生、农林牧渔等领域的专业技术人才分类制定职称评价体系，将参与农村服务、新技术应用推广、开展培训等列入评价指标，引导乡村专业人才解决实际问题，突出实践、实操能力考核。

# 产业振兴篇
## Industrial Revitalization

# B.2
# 优化提升陕西粮食产业链研究*

陕西省社会科学院课题组**

**摘　要：** 截至 2021 年，陕西粮食生产已经实现"十八连丰"，面对新形势和新挑战，贯彻落实好国家粮食安全战略，不仅要坚持粮食安全底线，持续稳产增收，让中国饭碗多装"陕西粮"，更要大力推动粮食全产业链建设，做好"粮头食尾、农头工尾"，聚力解决育种、生产、收储加工、流通消费等各环节的短板问题，让中国饭碗多装"陕西优质粮"。为此，要从强化种业科技创新、推动耕地产能高效发展、加快发展社会化服务、促进产业"单链"向"网链"转变、聚力提升价值链、打造跨国供应链和持续加大粮食补贴力度等方面协同发力。

---

* 本报告为陕西经济社会发展重大研究课题"延长粮食产业链促进陕西粮食生产研究"（22SXZD10）的阶段性研究成果。

** 课题组组长：罗丞，陕西省社会科学院农村发展研究所副所长、研究员，研究方向为乡村振兴理论与实践。主要成员：张敏，陕西省社会科学院农村发展研究所副研究员，研究方向为农业经济；冯煜雯，陕西省社会科学院农村发展研究所助理研究员，研究方向为区域经济。

**关键词:** 粮食产业链 粮食生产 陕西省

陕西粮食播种面积常年维持在 4500 万亩左右,在全国排第 16 位,主要粮食作物有玉米、小麦、水稻、马铃薯、大豆及其他杂粮杂豆。其中,玉米播种面积 1780 万亩,小麦播种面积 1440 万亩,水稻播种面积 160 万亩,马铃薯播种面积 470 万亩,大豆播种面积 230 万亩,其他杂粮杂豆播种面积 420 余万亩。截至 2021 年,全省粮食产量连续 10 年稳定在 1200 万吨左右,产量在全国排第 19 位。宝鸡、咸阳、渭南、榆林四市粮食播种面积达 2800 万亩以上,占全省总面积的 62.2%,渭南市的小麦、榆林市的玉米和汉中市的水稻产量分别居全省第一。[①] 截至 2021 年,全省粮食生产已经实现"十八连丰",面对新形势和新挑战,贯彻落实好国家粮食安全战略,不仅要坚持粮食安全的底线,持续稳产增收,让中国饭碗多装"陕西粮",更要大力推动粮食全产业链建设,做好"粮头食尾、农头工尾",聚力解决育种、生产、收储加工、流通消费等各环节的短板问题,让中国饭碗多装"陕西优质粮"。

## 一 粮食产业链发展现状

### (一)现代种业加速发展

陕西立足粮食安全和种业自给,加强了商业化联合育种体建设,扎实推进陕北玉米和关中小麦种子生产基地建设,全面建成南繁育种基地。"十三五"期间审定通过省内自主选育小麦、玉米品种 314 个,以西农 979、西农 511、伟隆 169 等为代表的一批优质强筋小麦品种推广面积逐步扩大,全省主要粮食作物商品化供种率达到 80%,良种覆盖率达到 98% 以上,为粮食连年丰收做出了贡献。

---

① 如无特殊说明,本报告数据来自 2020~2022 年陕西统计年鉴。

## （二）总产保持基本稳定，单产水平持续提升

2012~2021年，陕西粮食总产连续10年稳定在1200万吨左右，2021年全省粮食播种面积为4506.45万亩，总产量为1270.4万吨（见图1）。2022年全省夏粮播种面积为1657.65万亩，较上年的1657.05万亩增加0.6万亩，增长0.04%。总产量达到475.9万吨，较上年的470.6万吨增加5.3万吨，增长1.13%。

**图1 2012~2021年陕西粮食播种面积和产量**

资料来源：历年陕西统计年鉴。

全省粮食单产由2012年的266.0公斤/亩增长至2021年的281.9公斤/亩。其中，小麦平均单产由2012年的257.5公斤/亩增长到2021年的296.4公斤/亩，玉米平均单产由2012年的323.7公斤/亩增长到2021年的339.2公斤/亩（见图2）。2022年夏粮单产达到287.09公斤/亩，较上年的284.26公斤/亩增加2.83公斤/亩，增长1.00%。单产水平的不断提升，为稳定粮食生产发挥了重要作用。

## （三）收储条件进一步改善，加工产值稳步增长

近年来，陕西粮食仓储设施保护与建设取得较好成绩，各类粮食仓储设

图2 2012~2021年陕西主要粮食作物平均单产

资料来源：历年陕西统计年鉴。

施总体质量得到优化和提高，储粮条件得到进一步改善。2021年全省各类粮食仓储企业标准仓房总容量850万吨。其中，完好仓容770万吨。完好仓容中，运用环流熏蒸、粮情测控、机械通风等绿色储粮技术的仓容占比超过50%。

全省以实施"优质粮食工程"为契机，引导和推动全省粮食加工企业聚焦"五优联动"，优化完善全产业链条，提升粮油产品价值链，增强优质粮油供给能力。2021年全省粮油工业实现总产值540亿元，连续4年稳步增长。从发展趋势上看，陕西粮油加工企业不断向原料产区和市场销区集聚，产能集中度越来越高。全省95%的小麦粉加工产能集中在关中平原、渭北旱塬小麦生产功能区，75%的稻谷加工产能集中在陕南水稻种植区，77%的油料加工产能集中在西安、渭南、咸阳等人口稠密的大中型城市。2021年，全省产值超过10亿元的粮油加工企业有9家，占全省企业数的3%，总产值达300.1亿元，占全省总产值的55.4%，对全省粮油加工业增长起到决定性作用。

（四）粮食流通消费规模不断扩大，公共品牌建设迈上新台阶

陕西坚持以市场为导向，有效发挥市场配置资源的决定性作用，通过在

粮食主产、主销区设置购销网点，建立延伸库，不断扩大粮油经营规模，贸易业务辐射全国 17 个省市，连续 3 年粮油经营量突破 1000 万吨。以陕西粮农集团为代表的国有粮食企业与西安市的 441 家经销点、15 个直营店、36 家示范店、11 个县市级物流配送中心、全省 185 个经销商建立合作伙伴关系，并为有关地市和大型商超、社区、直销点等提供点对点优质粮源供应，覆盖范围包括陕南、陕北及关中各地市。同时，充分借助线上线下销售渠道和省总工会消费平台优势，建立了覆盖全国 6 个省份的营销网络体系。

与此同时，全省坚持把公共品牌建设作为助力粮食产业高质量发展的重要抓手，积极推进"中国好粮油"行动计划，大力开展"陕西好粮油"区域公共品牌建设。立足省情实际，确定了"陕西好粮油"公共品牌"1+N"创建发展思路，围绕"陕西好粮油"主品牌，在优先打造"延安小米"子品牌的同时，分步协同实施"关中优质小麦""榆林荞麦""安康富硒粮油""汉中洋县黑米""陕北小杂粮"等区域特色子品牌的创建和优化提升。近年来，先后有 15 家企业的 17 个产品入选"中国好粮油"产品名单，64 家企业的 78 个产品入选"陕西好粮油"产品名单。

## 二　粮食产业链发展存在的问题

### （一）育种创新能力不强

#### 1. 总体能力偏弱

全省雄厚的科研优势尚未完全转化为创新优势，无论是科研机构还是种子企业，重品种选育、轻理论与技术创新的现象普遍存在，基本采用自然突变选育、人工杂交、分子育种等常规方法，老材料反复应用，育种周期长、难度大、效率低。在基因工程、分子标记辅助选择育种等生物技术育种研发方面落后于国际先进水平（目前只有西北农林科技大学等为数不多的科研院所开展基因工程和分子标记辅助选择育种研究工作），导致拥有自主知识产权的优良品种总量不足，推广种植面积不大，市场份额偏少。全省玉米用种量的60%~70%来自省外，播种面积2万公顷以上的本省品种仅10个，杂交水稻、棉花、马铃薯等作物用种量的90%以上依赖省外。

**2.种业企业实力不强**

现有种业企业基础设施不足，规模小，自主研发能力较差，商业化育种体系薄弱，自主知识产权品种少，整体实力弱，育成品种市场竞争力不强。全国资产过亿元的种业企业近400家，陕西仅有2家。全省种子企业销售总额为6.7亿元，仅占全国的0.83%，尚无注册资金在1亿元以上的"育繁推一体化"种子企业。

## （二）产能进一步扩大受限

**1.稳定粮食播种面积难度加大**

由于种粮比较效益低（种粮收益仅占经济作物收益的1/5），农民种粮积极性不高。为了增加收入，农民将大量耕地用于发展经济作物，经进粮退导致粮食播种面积不断减少。同时，随着农村人口劳务输出和农业生产成本增加，近年来粮食主产区耕地季节性撂荒现象普遍存在，一年两熟地区粮食复种面积有所减少。

**2.生产能力整体提升不足**

一是耕地质量整体不高。全省4401.51万亩常用耕地中，水田和水浇地占比33%，旱地占比67%；25°以上坡耕地约占16%；基本农田中高产田占比47%，中低产田占比53%。二是基础设施配套不足。陕西是典型的旱作农业区，农田灌溉能力普遍缺乏，抵御自然灾害能力弱，单位面积产能不稳。三是规模经营发展缓慢。全省粮食生产仍然以小农户分散种植为主，规模经营面积占比不足20%。

## （三）物流效率不高，粮油收购面临较大市场风险

粮食物流资源条块分割、资源利用率不高，跨区作业时，无法及时协调所需物流资源。粮食专业装卸码头泊位较少，不利于现代农业机械化储存。粮食仓储设备、仓型结构未能与时俱进，浅圆仓、立筒仓和绿色储粮仓等机

械化程度较高的仓型仓容有待提升。与此同时，粮农企业粮油收购面临较大市场风险，特别是近年来受疫情和市场环境不利影响，粮食多品种价格持续走高且高位震荡，企业经营成本逐年增大，市场收购、销售面临严重不确定性，贸易盈利空间不断收窄，进一步压缩了经营效益。

### （四）精深加工能力不强，产品附加值不高

粮油加工产业发展基础依然薄弱。全省产值超过 10 亿元的粮油加工企业仅 9 家，大部分本地中小型粮食加工企业仍然停留在粮食初级加工水平，主要制造"短平快"的初级产品，产业链条较短、精深加工能力不强、产品结构不合理、粮油产品附加值不高、特色粮油资源开发利用不足等问题仍较突出。以小麦产业为例，普通面粉占据年小麦实际加工总量的 80%，而消费者急缺的专用粉、全麦粉、营养强化粉等占比不到 10%，加快实现粮食价值链从低端向高端发展刻不容缓。

## 三　进一步优化提升粮食产业链的措施建议

### （一）强化种业科技创新

随着经济全球化进程的加快和现代科技的迅猛发展，我国种业科技创新正面临日益严峻的挑战，种业发展空间和市场份额受到国际种业巨头的冲击，要实现种业的全面赶超和彻底突围，必须把种业科技创新摆在重要战略位置。陕西作为农业科技大省，拥有全国唯一的国家级农业高新技术示范区，选育的小麦品种曾主导全国三次大的粮食产量上台阶，油菜品种一度占据全国近 1/3 的市场，在种业科技创新领域具备一定的优势和研究基础，必须持续深化科技支撑，推进种业领域国家重大创新平台建设，加快实施种业关键核心技术攻关工程，抢占现代种业发展制高点。同时，进一步推动种业领域"放管服"改革，优化市场机制，鼓励龙头企业积极推动"育繁推一体化"发展，推动全省种业高质量发展。

### （二）以"吨粮田"和升级版高标准良田建设推动耕地产能高效化

一是以亩均产能 1000 公斤为目标，着力打造千亩"吨粮田"。省级层面尽快出台关于推进"吨粮田"建设的标准、内容、规划、实施方案等政策性文件，着力提升耕地产能。开展全国绿色食品原料标准化生产基地和全省绿色优质农产品（小麦、玉米、油料等）标准化生产基地建设。建立耕地质量提升综合示范区，建设智能化高效节水灌溉区、生态农田示范区等，示范带动全省耕地质量等级和综合生产能力全面提升。二是以"建新改存并重"为突破口，改造提升高标准农田建设。鉴于 2019 年前后高标准农田归属不同部门管理，要制定出台高标准农田新建与改造的差异化政策，修订完善高标准农田建设实施方案，鼓励各地根据规模经营主体的实际需求制定高标准农田建设规划、调整建设内容和完善标准体系。三是进一步强化高标准农田建设，打造"升级版高标准良田"。以高标准农田建设为抓手，紧扣"优质、集中、连片"原则，优先将划定的粮食功能区建成旱涝保收、耕地地力等级高、适合机械化作业的"升级版高标准粮田"。

### （三）加快发展社会化服务

习近平总书记在给安徽种粮大户的回信中指出："希望种粮大户发挥规模经营优势，积极应用现代农业科技，带动广大小农户多种粮、种好粮，一起为国家粮食安全贡献力量。"[①]"大国小农"是我国的基本国情、农情，陕西也不例外，粮食产业链前端的小农户生产方式与大市场脱节问题突出，再加上近年来种粮生产成本不断攀升，小农户种粮的经济效益并未显著提升，导致标准化种植难以推进，粮食初级产品品质不高，与种好粮、种出优质粮还有一定差距。应坚持按照"让农户种粮少费力、多得利"的思路，以农村集体经济组织为载体加快土地规范流转，发挥集体"统"的作用整合耕

---

① 《让种粮大户更好发挥带动作用》，"光明日报"百家号，2022 年 7 月 21 日，https：//baijiahao.baidu.com/s？id＝1738892090642121653&wfr＝spider&for＝pc。

地资源，组织种粮小农户开展集中连片种植，在生产环节方面鼓励社会化服务组织、规模经营主体提供全程技术指导，推动粮食标准化种植，带动小农户多种粮、种好粮，实现与大市场的有效衔接。

### （四）积极延伸产业链

随着我国城乡居民收入水平持续提高、消费结构不断升级，人民群众不再满足于"吃得饱"，而是要"吃得好""吃得安全、营养、健康"。总体来看，陕西粮食初加工产品居多，优质特色产品和精深加工产品不足，难以满足消费者的多样化消费需求。粮食产业必须从规模稳步扩大向数量、质量同步提升转变，强化产购储加销全链条协同保障，实现由田间到餐桌所涉及的各环节安全可控，提高粮食有效供给。重点要加大对龙头企业的支持力度，鼓励龙头企业实施前向一体化战略与后向一体化战略，前端采取订单农业方式建立优质粮食生产基地，中端加强自主研发能力推进粮食精深加工，后端着眼于消费需求特征找准发力点，打通粮食销售的"最后一公里"。

推动粮油与食品、医药、化工、文化旅游等产业融合发展，延长粮油加工产业链。鼓励和支持企业发展粮油精深加工，延长粮油加工产业链，着力开发粮食转化产品。一是打通粮油产业与食品产业。开发具有地域特色和地理标志的集食用、保健功效于一体的健康粮油食品。增加专用米、专用粉、专用油以及功能性淀粉糖、功能性蛋白酵母等功能性食品的有效供给。二是打通粮油产业与医药产业。以"药食同源"为基本思路，发展氨基酸、谷氨酸钠等保健性食品以及医用食品、生物医药产业，打造政企共建的食品微生物研究院和食品微生物产业园。三是打通粮油产业与化工产业。培育高端、绿色食品添加剂产业，加快食品生产原料、食品生产加工装备、食品包装设计及服务等配套产业发展。四是推动粮油产业与文化旅游产业深度融合。促进集旅游观光、农耕体验、健康养生、文化科普等于一体的新业态融合发展。五是开展粮油产业融合示范创建工程。通过示范带动，做强一批粮油加工基地、龙头企业、产业园区，打造高水平的全国粮油食品加工产业园。

## （五）聚力提升价值链

立足新时期粮食需求端的趋势性变化，粮食产业高质量发展必须坚持按照产业链、价值链、供应链"三链同构"的思路，把握粮食产业链韧性的关键环节，不断增加粮食的增值环节，提升增值空间，促进种粮农民增收和粮食企业增效，形成多方共赢机制，不断增强粮食产业抵御风险挑战的能力。

坚持以品牌价值赋能产品价值，积极推进"中国好粮油"计划，立足地域特色大力开展"陕西好粮油"区域公共品牌建设，每年定期开展品牌宣传和产品推介活动，不断提升"陕西好粮油"的品牌影响力和市场占有率。以"陕西好粮油"系列标准为引领，探索建立覆盖产购储加销全产业链条的产品质量安全检验检测体系和产品质量追溯体系，全面提升产品品质。创新粮食产业发展业态，鼓励发展"粮食+文化旅游""粮食+加工体验""粮食+电子商务"等模式，挖掘粮食全产业各环节经济增长点。

大力推进主食产业化，全面提升粮油加工产业附加值。支持米面、玉米、杂粮及薯类等主食制品的工业化生产、社会化供应等产业化经营方式，大力发展方便、营养、快捷食品，速冻食品，豆制品，全谷物营养食品，休闲食品和薯类、杂粮类主食食品。一是开展主食产业化示范工程建设。打造高起点、现代化、具有强势竞争力的集主食加工、冷藏、冷链配送、销售等于一体的大型主食加工基地，打造陕西乃至全国主食食品加工中心，认定一批放心主食示范单位。二是推广"生产基地+中央厨房+商超销售""工厂+品牌快餐连锁""生产基地+加工企业+商超销售""作坊置换+联合发展"等主食制品工业化生产、社会化供应、产业化经营新模式，鼓励和支持开发个性化、特色化、功能性主食产品。三是支持"社区粮仓"网络建设，推广"网上粮店"，打造家门口的"线上线下融合"的"安心供应点"。

## （六）打造跨国供应链

鉴于陕西是粮食产销紧平衡省份的实际，要充分利用"一带一路"和

"双循环"机遇，打造国内国外两个市场资源相互融合的粮油产业供应体系。一是支持企业布局跨国粮库，打造海外粮仓，建立国家级境外园区，加大"一带一路"粮食进口口岸仓储设施建设力度。二是积极推动与共建"一带一路"国家在政府层面上的"标准"互认，方便粮油生产进出口业务。三是开通粮油等农产品"绿色通道"，推行粮食通关便利化。支持类似"爱菊"的"走出去"企业设立"进口产品区外监管区"，企业生产启用时再行报关，缓解企业运营压力。四是加快完善无缝衔接的多式联运物流体系，努力打造国际国内重要的粮食储运中心和完善的粮油市场供应体系。

## （七）持续加大粮食补贴力度

粮食生产支持政策是近年来保障我国粮食安全的重要措施，从发达国家和粮食产业发展规律来看，粮食补贴政策将长期存在。陕西要想牢牢把握粮食安全主动权，必须运用好多种粮食补贴政策，提升补贴的精准性和指向性，通过加大对种业创新发展、粮食稳产增收、成品粮储备、粮食进口等方面的补贴力度，补齐粮食全产业链建设的短板，持续增强粮食产业链的稳定性、安全性和抗风险能力。着力破解种业"卡脖子"难题，将种业发展纳入资金重点支持范围，支持种质资源保护利用、种业基础研究、生物育种和种业数字化发展，鼓励种业龙头企业推进技术攻关、产业发展，加快培育"育繁推一体化"种子企业。调动粮食生产者的积极性，健全完善以农民收入性补贴、产粮大县奖励资金为主的农业支持保护政策和利益补偿机制，建立农资市场价格监测和补贴动态调整机制，保障粮食生产要素的稳定投入，提升粮食综合生产能力。加大对成品粮储备的补贴力度，参照中央储备粮和其他省区市标准，适度提高省级储备费用补贴标准，同时对开展粮食购销业务的经营性企业给予减税降费扶持。加大对"一带一路""走出去"企业的补贴力度，增加"一带一路""走出去"粮食企业进口粮食配额，或者针对企业进口粮油数量，给予一定比例的补贴，切实增强全省粮食保供能力。

**参考文献**

王雪娇等：《云南构建区域粮食产业链及供应链对策研究》，《中国农学通报》2022年第5期。

王亚辉：《推动粮食产业链、价值链、供应链"三链同构"问题研究》，《南方农机》2021年第14期。

马松林：《中国粮食产业链的区域分工效率研究》，《首都经济贸易大学学报》2012年第6期。

# B.3
# 陕西乡村旅游助力乡村振兴发展研究[*]

张 燕[**]

**摘 要：** 当前，乡村振兴战略全面推进，发展高质量乡村旅游具有重要意义。乡村旅游是实现农业增收、农村进步、农民幸福的重要支撑，可以引导各要素有序流动，给乡村经济、社会、文化、生态等多方面带来深刻影响。本报告立足乡村振兴发展背景以及陕西乡村旅游发展现状，通过梳理分析陕西乡村旅游资源与市场发展情况，总结陕西乡村旅游发展过程中存在的主要问题，提出政策支持、产品开发、产业融合、品牌宣传等针对性建议，努力推动乡村旅游在乡村振兴中发挥更大作用。

**关键词：** 乡村旅游 乡村振兴 产业融合 陕西省

## 一 陕西乡村旅游发展现状

### （一）乡村振兴引领乡村旅游发展的背景

"十三五"期间，国家将"三农"问题作为乡村振兴建设的重中之重，积极支持脱贫攻坚工作。国家先后发布的《中共中央 国务院关于实施乡

---

* 本报告为西安市社科基金课题"西安市文旅融合示范村品牌创建研究"（22LW209）的阶段性研究成果。
** 张燕，陕西省社会科学院文化旅游研究中心主任、三级研究员，研究方向为文化旅游、文化产业。

村振兴战略的意见》《乡村振兴战略规划（2018～2022 年）》《关于加强扶贫项目资产后续管理的指导意见》等一系列政策文件，为乡村振兴战略的落地实施提供了指导意见。贯彻落实乡村振兴战略，有利于促进现代化经济体系的构建，有利于推进乡村经济可持续发展，是建设美丽中国的必然选择。做好"三农"工作，是促进社会稳定的需要，同时是实现现代化的历史使命、促进国民经济发展的需要。

随着我国农业提质升级和供给侧结构转型，三产融合、旅游业纵深发展、提升农业附加值越来越迫切。与此同时，随着我国旅游业整体性蓬勃发展，需求多样化和个性化日益突出，大量田园风光优美、文化底蕴深厚和交通区位优势明显的乡村地区成为发展旅游业的黄金宝地。2015 年中央一号文件明确指出，农村要利用其多样性功能，深度挖掘生态旅游、观光旅游、文化旅游的价值。2016 年中央一号文件再次指出，大力发展乡村旅游，依托农村绿水青山、田园风光、乡土文化等资源，积极发展休闲度假、农耕体验、乡村手工艺等项目，使之成为富裕农民的新兴支柱产业。2017 年，国务院进一步提出，积极推进乡村旅游产业。陕西各地有关部门应深入认识各村所拥有的物质与非物质资源，凭借独特的资源优势，致力于发展"旅游+""生态+"等形态，促进农林牧渔业与旅游、文化、康养等产业融合发展。此外，在发展乡村旅游的过程中，可以打造主题游、精品游等乡村旅游线路，从而丰富乡村旅游的形态和产品，进而实现乡村振兴的宏伟目标。

2018 年，党中央指出，要深入落实乡村旅游与休闲体验的实施工作，建立更多设施完善、功能丰富的乡村民宿、特色小镇、康养社区、自然景观观赏点。此外，加大对闲置民居改造项目的安全检查力度，颁布消防、特种行业市场准入相关条例，完善乡村旅游发展过程中的监管应急方案。充分发挥农村共享经济、创意产业、特色文旅产业的作用。2018 年 3 月，依据十三届全国人大一次会议所通过的国务院改革意见，以优先发展农业经济为主，以贯彻落实乡村振兴战略为重，促进农村现代化建设全面实现。统筹农业部、国家发展改革委、财政部、国土资源部、水利部等涉及农业投资扶贫的相关工作部门，成立农业农村部，最终实现休闲农业与乡村旅游的"农旅融合"。

"十四五"期间，"三农"工作重心已经转向全面推进乡村振兴，加快中国特色农业农村现代化进程。2022年国务院《政府工作报告》中充分肯定乡村振兴所具有的重要意义。休闲农业与乡村旅游作为推动乡村振兴、促进农民增收的重要引擎，依然是当下发展的重点。

## （二）陕西乡村旅游发展状况

在市场规模方面，近年来，陕西凭借优越的生态环境、深厚的文化底蕴以及多样的旅游业态，受到广大游客的好评，乡村旅游产业连年快速增长。2018年，陕西乡村旅游接待人数已达到2.48亿人次，占全省总接待人数的39.4%，综合收入达到348.9亿元，接待人数和综合收入增幅分别达22.8%和30.4%。2019年前三季度，陕西乡村旅游接待游客2.59亿人次，综合收入达398.6亿元。2020年，受疫情影响，跨省市游受限，但随着游客旅游半径缩小，本地休闲短途游、微度假兴起，乡村旅游备受欢迎。2020年全省乡村旅游接待游客2.04亿人次，占当年全省旅游接待游客的57.24%，实现乡村旅游收入556.77亿元，占当年全省旅游收入的200.16%。2021年，陕西省乡村旅游共接待游客2.26亿人次，占当年全省旅游接待人次的57.82%；实现旅游收入718.27亿元，占当年全省旅游收入的20.92%。[①]可以说陕西乡村旅游在疫情防控常态化下恢复程度较好。截至2022年，全省约有24万人从事乡村旅游工作，农家乐有20000多家，形成了门票商业、旅游综合收益、产业联动、旅游地产等多种管理运营模式，协同发展生产、销售、协调、管理四大板块，取得了显著成效。

在发展质量方面，陕西近年来突出"六级抓手"，聚力"十个坚持"，以农村美、农业强、农民富为主要目标，全面推进乡村旅游发展。截至2022年，陕西省已成功创建6个全国乡村旅游重点镇（乡），累计打造18

---

① 陕西省文化和旅游厅网站，http：//whhlyt. shaanxi. gov. cn/。

个国家级休闲农业和乡村旅游示范县（市、区）及示范点、46 个全国乡村旅游重点村（镇）、4 个国家乡村振兴示范县、2 万余家农家乐、1000 多家特色民宿。全省有 72 个 4A 级以上景区在乡村，49 个乡村被列入中国美丽休闲乡村名单。2016 年中国社科院舆情实验室发布的《2016 年中国乡村旅游发展指数报告》指出，陕西乡村旅游发展水平排全国第 2 名，产品类型多样、发展成熟度高，咸阳市乡村旅游发展水平在全国重点旅游城市中排第 2 名，袁家村影响力指数位居全国乡村之首。袁家村、马嵬驿成为中国乡村旅游创客示范基地，形成 10 条文化和旅游部"体验脱贫成就·助力乡村振兴"乡村旅游学习体验线路。近年来陕西乡村旅游发展由弱到强，成绩斐然，国字号招牌熠熠生辉，已经是陕西旅游业发展的重要内容和经济增长点，在推进乡村振兴、共同富裕中发挥着较大作用。

## （三）陕西乡村旅游区域市场发展情况

### 1. 陕西关中地区乡村旅游发展情况

陕西在乡村旅游出现后进行积极探索，发展多种模式。尽管关中地区大力发展乡村旅游的时间不是很长，但也在部分村镇获得初步成功。

（1）民俗风情模式——袁家村

民俗旅游又称民俗风情旅游，通常表现为旅游者离开居住地，前往以地域特色为主要观赏内容的目的地进行文化旅游活动体验。袁家村地处陕西咸阳市礼泉县昭陵脚下，地理位置优越，交通网发达，汇集了陕西各地传统美食、传统农产品。此外，关中传统艺术文化、民居建筑等在此得到充分彰显。

袁家村取得成功的原因之一是用心设计，匠心经营。采取因地制宜的方式，以"古镇+特色小吃"模式，将民俗风情与地方特色进行有机结合，体现原汁原味的关中特色民俗风情。首先是以村民为主体。以村支部为核心，以村民为主体，每位村民都是袁家村建设的参与者与支持者，全民实现共同富裕。其次是追求精品，要求经营户将所做的事业作为祖辈传承的事业。当地政府不收租的目的就是让商户能够一心一意提高质量，共同促进袁家村的发展。最后是找准核心，在体验经济时代，良好的游客体验是吸引客源的核心，游客可以在村内通过亲身体验生产生活深入了解关中特色文化。

（2）村落民居模式——党家村

古村落是传统农村部落和居住空间的物质性历史遗迹，是见证特定时代背景下生活方式和民风民俗的空间场所。韩城市隶属于陕西省渭南市，坐落于黄河西岸，拥有丰厚的历史文化底蕴。党家村位于韩城东北处，拥有完整的明清四合院群落，是陕西、山西地区古民居的杰出代表，被誉为"东方人类古代传统文明居住村寨的活化石"。

党家村发展成功的原因主要有以下几点。第一，保护传统村落形态和格局。政府通过统一规划，另辟新区为居民提供住所，保留村落空间格局和周边环境，原生性良好。第二，完善古村落周边基础设施建设。建立停车场、服务中心、公共厕所等，对通向党家村的道路进行维修。第三，加大宣传力度。通过传统媒体与新媒体相结合的方式大力宣传旅游，提升韩城旅游影响力。第四，增强地方文化旅游特色。如专门搭建表演民俗风情的场地——空中大舞台，定时表演特色演艺节目吸引眼球等。

**2. 陕西南部地区乡村旅游发展情况**

特殊的地理区位和自然禀赋，使乡村旅游成为陕西南部地区经济发展的重中之重。然而，陕南乡村旅游发展仍存在诸多问题，需要进一步开拓创新，突出特色资源，打造乡村旅游精品。

金米村休闲农业小镇模式。小岭镇金米村位于有"中国天然氧吧"之称的陕西柞水县西南部，森林覆盖率82.4%，交通便捷，因大力发展集休闲农业、农事体验、休闲度假等于一体的乡村旅游新业态，成为远近闻名的"秦岭休闲农业小镇"。金米村乡村旅游发展成功的原因如下。第一，党建引领，促进休闲农业发展。金米村创新党组织设置模式，把党支部建在产业园区，把党小组建在产业链上，通过与金米产业园区党支部"组织联建、党员联管、人才联育、产业联促"的方式，将党的政治优势、组织优势转化为休闲农业旅游发展优势，推动党建工作与乡村旅游发展互促共进。第二，规划先行，谋定而后动。金米村按照"一带四区"的功能布局，建设了立体农业套种产业带和人居环境综合整治区、休闲农业观光体验区、智慧农业种植示范区、农业科技创新先行区。

### 3.陕西北部地区乡村旅游发展情况

陕西北部地区凭借内涵丰富的红色革命文化以及黄土文化，吸引全国甚至全世界各地游客前来游玩。伴随着我国乡村振兴战略、"三农"政策的实施，以及我国在"十四五"规划等相关文件中明确提出"推动黄河流域文化旅游高质量发展"，陕北乡村旅游发展成为陕西省乃至整个黄河流域经济社会发展的重点。

赤牛坬村依托民俗文化的乡村旅游模式。赤牛坬村以黄土高原农耕文化和传统民俗为主题，建立陕北首家村办民俗博物馆，打造了大型原生态实景演出《高高山上一头牛》，该演出为国内首部由农民自编自导自演的演艺节目，每年演出达260余场。赤牛坬村乡村旅游的发展经验如下。一是鼓励青年返乡创业，培养本土人才。人才是乡村振兴的关键，从承包经营到探索乡村旅游衍生产业，从村集体经济收入破零到持续壮大后的管理和经营，赤牛坬村每一次的跨越发展都离不开人才的支撑。二是挖掘乡村文化，提振乡风文明。积极推进公共文化基础设施建设，修建图书馆、开设道德讲堂等，提高村民道德文化涵养。村庄先后获得"中国美丽乡村"、"中国乡村旅游模范村"、首批"全国乡村旅游重点村"荣誉称号。

### （四）陕西乡村旅游资源特色分析

陕西省按乡村旅游资源主要划分为三大区域，即"陕北——独具魅力的黄土高原风情文化和传统演艺文化旅游资源区，关中——中原特色风情文化和农耕文明休闲体验资源区以及秦岭北部农家乐休憩区，陕南——秦巴汉水自然景观和传统建筑观赏资源区"。

陕西省乡村资源的分水岭是秦岭，地质文化类景观主要集中在秦岭以南的地区，其价值较高，形成了规模级峡谷和喀斯特地貌，如柞水溶洞、金丝峡等。此外，具有"秦岭四宝"之称的朱鹮、大熊猫、金丝猴和羚牛也栖居在秦岭之中，生物景观资源丰富。茶园、橘园、稻田等也成为秦岭南部乡村旅游自然资源。秦岭北部地区以渭河、黄土地貌、山麓景观为主，拥有众多森林公园，苹果园、枣园、麦田为主要的农作物自然景观。除此以外，陕西拥有得天独厚的历史文化资源，各县的民风民俗、传统文化、历史遗迹、民居建筑也保留得相对完整，并将本地节庆风俗延续至今，因而陕西发展乡村旅游条件优越。

陕西省拥有自然景观、乡村娱乐、特色农业、古镇建筑、历史遗迹、民风民俗 6 大类主要乡村旅游资源（见表 1）。各类旅游资源丰富、形式多样，业已成为陕西乡村旅游聚力发展的重要基础。

表 1　陕西省乡村旅游代表性资源

| 资源类型 | 代表性资源 |
| --- | --- |
| 自然景观 | 依托黄土高原、黄河、渭河以及秦巴山区等形成的森林水体景观。主要包括九龙潭、清凉山、九华山、观音山、骊山、太白山、终南山、关山、石鼓山、华山、王家山等山体景观；汤浴温泉、黑河、南湖风景区、龙驹寨国家水利风景区、丹江公园国家湿地公园等水域风光；黎坪森林公园、鬼谷岭国家森林公园、五龙洞国家森林公园、金丝大峡谷国家森林公园、牛背梁国家森林公园、天华山国家森林公园、千家坪国家森林公园等森林旅游资源。此外，还有大熊猫、朱鹮、羚牛和金丝猴"秦岭四宝"等生物资源 |
| 乡村娱乐 | 西安市上王村农家乐、祥峪沟村农家乐、鄠邑东韩村、杨凌崔西沟生态民俗村，咸阳市北槐村农家乐、张寨村农家乐、袁家村农家乐、宝鸡市冯家源农家乐、北郭村农家乐，铜川市赵家源村农家乐、玉华村农家乐等乡村休闲娱乐地 |
| 特色农业 | 西安汉风台果林庄园、草滩生态产业园、周至万亩绿色猕猴桃示范基地、灞桥区万亩樱桃观光园等示范基地、宝鸡美林现代农业科技观光示范园、西部兰花生态园、杨凌现代农业科技示范园等观光农业庄园，五星高级设施农业示范园，以及各类果园、桑园、茶园、中草药园等农业产业资源；宜川柿子、黄陵大樱桃、延安酸枣、富县苹果、周至猕猴桃、临潼石榴、临潼火晶柿子、长安板栗等特色农产品资源 |
| 古镇建筑 | 安康流水古镇、宁强青木川古镇、城固上元观古镇、洋县华阳古镇、石泉县后柳古镇和熨斗古镇、旬阳蜀河古镇、柞水凤凰古镇、丹凤龙驹寨古镇、山阳漫川关古镇、蓝田葛牌古镇、鄠邑区祖庵古镇、周至楼观镇、周至老县城、铜川陈炉古镇、神木高家堡古镇等古镇建筑资源；陕北窑洞特色民居、泾阳安吴堡吴氏庄园、旬邑唐家庄园、三原孟店周家大院、阎良丁氏民宅、长安关中民居、王曲镇郭家庄园、周至中旺堡、韩城党家村等特色建筑资源 |

续表

| 资源类型 | 代表性资源 |
|---|---|
| 历史遗迹 | 依托石器文化、秦楚文化、汉唐文化等形成的商鞅封邑遗址、张骞故里、褒斜道、石门及摩崖石刻、龙岗寺遗址、五门堰、张良庙等文物古迹资源;依托枣园旧址、凤凰山革命旧址、王家坪革命旧址、杨家岭革命旧址、瓦窑堡中共中央政治局会议旧址、洛川会议会址、南泥湾革命旧址、陕甘宁边区政府旧址、王家湾毛主席旧居、旬邑马栏革命旧址、照金革命根据地旧址、淳化桃渠塬村革命旧址等形成的红色遗迹资源 |
| 民风民俗 | 陕北民歌、安塞腰鼓、安塞农民画、绥德石雕、剪纸、窗花、刺绣、长安古乐、西安三兆灯笼等民间艺术资源;白羊肚子手巾、羊皮袄、对襟袄、千层底布鞋等陕北特色服饰资源;挑花艺术、龙舟节、武侯祠文化庙会、茶文化节、柑橘节、油菜花节、民歌擂台赛、旬邑"果乡金秋"采果节、淳化踏青赏花节、西安灞桥樱桃旅游节、翠华山万人登山节、淳化金秋节等乡村旅游节庆资源;牛羊肉泡馍、肉夹馍、"裤带"面、油泼面、灌汤包子、灞桥丁丁面、秦镇凉皮、摆汤面、岐山擀面皮、岐山面、油糕、米酒、碗砣、剁荞面、饸饹、烩菜、肉勾鸡等地方美食资源 |

## 二 陕西乡村旅游发展存在的问题

当前,陕西省乡村旅游建设虽取得了瞩目的成绩,但仍然存在由不平衡、不充分发展带来的体系不完善、效益不明显、旅游产品单一等问题,需要更加重视乡村全域旅游、品质旅游、旅游治理、公共服务等的发展。

### (一)乡村旅游缺乏规划指导,盲目开发较多

目前,乡村旅游资源丰富,产品多样,准入门槛较低,多数乡村旅游项目为村民自发依托农田、果园、民风民俗等基础资源开发建设,在发展过程中出现缺乏整体性规划、系统性设计不完善、乡村旅游目的地布局不合理、景点基础设施不健全等问题,盲目投资、重复开发现象频出,时常导致无序竞争、恶性竞争,造成资源的极大浪费。当地有关部门应及时颁布有关土地利用、税务征收、企业融资、规划把控等方面的指导意见。

## （二）乡村产品同质化现象严重，融合创新不足

乡村旅游规模不断扩大，但发展质量尚未同步跟进。从发展现状来看，陕西乡村旅游产品多数还处在初级阶段，多为观光、餐饮、住宿、采摘等，且跟风复制现象突出。例如，陕西省秦岭南麓与北麓乡村旅游多发展标准化餐饮、住宿、特产销售、农家乐、民宿体验等，产品相似度高；[①] 模仿袁家村民俗村建设的有 100 多家，从富平何仙坊到蒲城重泉古镇，再到三原张家窑体验地，古村镇、民俗村遍地开花。此外，乡村农业旅游产品呈现反复单一循环的局面，农业与旅游业深度融合存在局限性，导致游客对当地特色乡村旅游产品记忆度低、旅游体验兴趣点少，不利于乡村旅游可持续发展。乡村旅游产品与市场消费群体需求变迁不完全适应，定制化旅游、沉浸式体验、乡村研学教育、星空露营地等新产品、新业态培育不足，文旅融合程度较浅，创新性不足。

## （三）乡村旅游营销宣传不足，品牌效应较弱

陕西省各地区自然风貌良好，民俗风情浓郁，文化底蕴深厚，乡村资源丰富，发展条件好。然而，由于经营主体缺乏品牌意识、旅游目的地宣传力度有限、客源市场不稳定、专业性人才不足等，乡村意境与品牌建设尚未得到很好的加强，开发经营不善。乡村旅游目的地宣传营销多为公路两侧自制的宣传牌、广告语等，缺少必要的宣传营销及推广手段，自媒体、旅游网站宣传营销乏力，宣传推广矩阵尚未形成。2021 年界面新闻城市旅游发达指数与发展水平评估中，陕西省仅西安市上榜，其他城市旅游知名度还较低。此外，根据中国旅游景区协会、华侨城创新研究院联合发布的 2021 年度中国城市旅游欢乐指数词云图分析，来访游客对陕西省历史文化、文艺演出的感知印象较深，而对乡村旅游的感知印象较浅，陕西乡村旅游品牌知名度不高。

## （四）乡村旅游产业效益低下，发展后劲不足

乡村旅游产业链缺乏功能性延伸，"吃住行游购娱"基础六要素融合发

---

① 崔林：《乡村振兴背景下的陕西乡村旅游发展分析》，《辽宁农业科学》2022 年第 1 期。

展动能不足，"商养学闲情奇"等多旅游功能尚不完善，一二三产业融合不足，未能实现各类农副产品、衣食住行以及娱乐休闲产业相互促进、共同发展，利润微薄。如图1所示，2015~2021年陕西省乡村旅游人次占旅游总人次比重虽均超1/3，但除2020年和2021年外，乡村旅游收入仅占旅游总收入的5%左右，对农村经济拉动作用有限。同时，根据旅游市场数据分析，

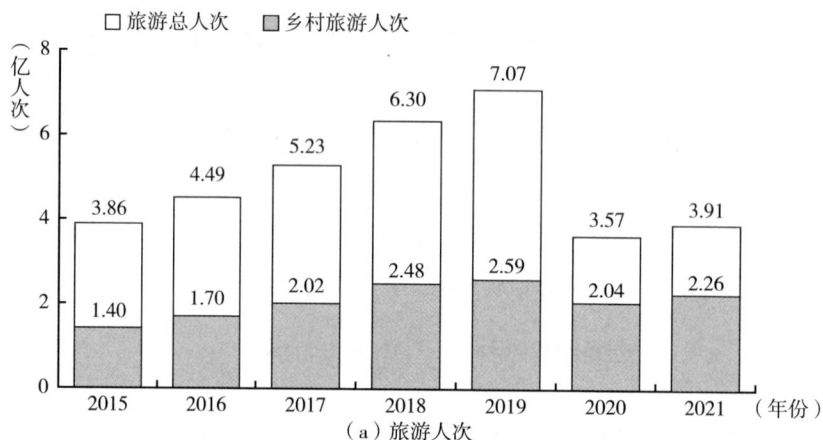

图1 2015~2021年陕西省旅游、乡村旅游人次及收入情况

注：2019年为前三季度数据。

资料来源：历年陕西省国民经济和社会发展统计公报、网络数据。

近年来国内出游距离及目的地游憩半径收缩明显，以本地休闲、近程旅游为主。2022年国内节假日出游及目的地游憩半径见图2。2022年陕西省清明小长假周边、本地门票订单占比达64%，[①] 乡村旅游市场客源也多为省内、周边客群，单一的客源结构使得消费水平受外部拉动作用小，旅游经济效益偏低，产业发展后劲不足。

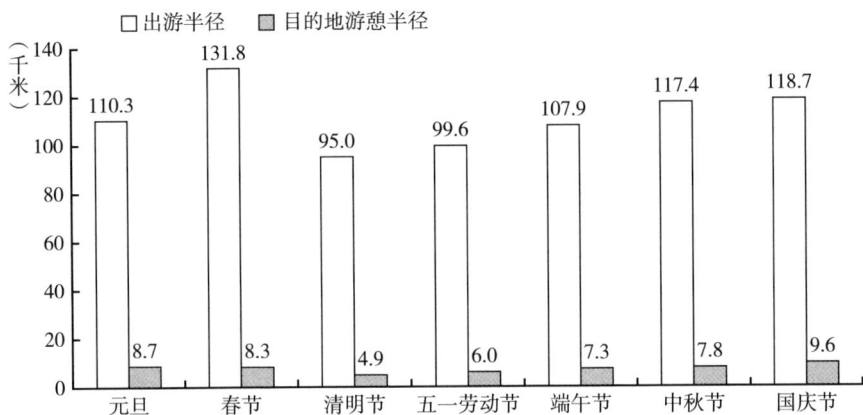

**图2　2022年国内节假日出游及目的地游憩半径**

资料来源：中国旅游研究院《中国国内旅游发展年度报告（2022—2023）》。

### （五）乡村旅游服务体系欠佳，游客满意度较低

乡村旅游道路交通体系的"最后一公里"尚未打通，道路标识存在障碍，旅游旺季期间，停车场数量不足，停车难、停车乱、收费乱现象较为突出。[②] 乡村旅游目的地宾馆设施、水电服务设施有待提升。调查资料显示，咸阳市农家乐大约有50家，多为自主经营，用自住房作为接待用房，接待水平低，接待能力不足。[③] 乡村目的地公共厕所及卫生服务、标识牌、游客服务中心设置、志愿服务及安全救援保障体系尚不完善，智慧化

---

①　携程：《2022清明小长假出游洞察》。

②　何奇彦：《新常态经济下陕西乡村旅游的几点思考》，《中国高新区》2017年第3期。

③　任志艳、李情：《全域旅游背景下咸阳市乡村旅游资源开发现状与发展对策》，《经济研究导刊》2020年第27期。

程度较低，自媒体、乡村旅游官网信息更新滞后，信息闭塞，难以获取潜在游客。

## （六）乡村旅游产业市场主体不强，发展动力不足

当前，陕西省乡村旅游产业及市场主体多为本地企业、村集体企业，且以个体户分散经营为主，例如开农家乐、提供农耕体验、发展民宿经济等。此类旅游活动形式较为传统、简单，规模普遍较小，还未形成规模经济效应。此外，乡村旅游产业投资周期长、投资体量大，部分经营主体不具备同等的经济基础和发展能力，开发主体整体存在小、散、弱特点。且在乡村旅游具体运营中缺乏专业性指导，应对市场风险的能力薄弱，发展动力不足。

## （七）乡村旅游专业人才缺乏，经营管理不善

乡村旅游项目多数在乡村原有基础上开发，从业者主要是当地农民。这些农民普遍文化程度不高、法律意识淡薄，未接受过正规培训，缺乏管理经验和服务技能，容易存在粗放经营、效益不高、管理不善、接待水平低、暴力冲突等问题，制约了乡村旅游产业规模化发展、品牌化发展。

## （八）乡村生态环保意识薄弱，环境破坏较严重

陕西省乡村旅游目的地多位于秦巴山区、陕北高原、渭河平原，是国家重要的水源涵养地和生态功能区、生态环境脆弱区，生态环境保护任务艰巨。部分乡村旅游产业经营者对生态发展重视不足，忽视生态效益，常出现生活生产污水、固体废弃物随意处理等问题，破坏了生态环境，导致环境承载力超负荷。以西安高冠瀑布农家乐为例，当前瀑布及河流两侧兴建了大量农家乐，旅游旺季人满为患，对当地的水环境、空气质量、植被绿化、交通以及居民心理等造成了负面影响。[1]

---

[1] 何奇彦：《新常态经济下陕西关中地区乡村旅游发展趋势分析》，《旅游纵览（下半月）》2018年第3期。

# 三　陕西乡村旅游助力乡村振兴的发展路径

## （一）政府积极引导，构建完善的政策支持体系

### 1. 政府应强化政策支持

政府应建设系统、完整的政策制度。针对文旅产业与乡村旅游形态融合，政府的宏观指导应全面覆盖产业的各要素，如强化财政、金融、土地、人才政策支持等，从而为具体的旅游规划落地实施提供支撑，达到产业融合的目标。此外，确立连贯的政策制度，乡村文旅发展是一个长期融合的过程，需要确立连贯的政策制度及目标，从而实现真正的产业深度融合。

### 2. 合理规划

贯彻落实生态文明理念，以生态保护为首要原则，以保护资源为基础，以发展优势产业为依托，充分利用乡村优势资源，统筹布局产业的主、副业，打好文旅融合、农旅结合两张牌，促进乡村经济提档升级。立足区域特色，挖掘乡村内在文化，塑造独特、多元的旅游业态，实现"十里不同形，百里不同魂"是乡村建设避免同质化的可行路径。在乡村振兴背景下，乡村旅游更需要融入三产发展体系，同时，借助数字技术赋能乡村文旅建设，不断塑造旅游热点。

### 3. 建立完备的资金保障机制

积极招商引资，开拓融资渠道，为乡村旅游发展注入社会资本，在一定程度上解决旅游开发过程中的资金短缺问题。设立乡村旅游专项基金，主要用于解决乡村旅游项目开发过程中的资金短缺问题。

## （二）重视产品设计，为产业融合创造基础条件

### 1. 产品设计

首先，乡村目的地可以建立生态农业旅游基地。明确核心要义是发展生态农业旅游，将本土生态农产品和自然景观的优势资源相结合。其次，加大

文化旅游开发力度。增加文化休闲空间，促进乡村旅游中的农耕文明、文化传承体验价值释放。探索推进乡村文旅融合 IP 工程，用原创 IP 讲好乡村文化故事。

2. 项目开发

在乡村旅游项目开发过程中应以生态农业与历史文化资源为基础。一方面，借助现有的有形资源推进项目建设，如传统农耕方式、农业生产工具、乡村民宿、传统手工艺品等，做好产业融合工作。另一方面，充分利用乡村历史文化资源有利于提升产品设计，如以民风民俗、传统文化、乡土习俗为内容组织各类节庆展会、编排演艺节目、提供沉浸式体验等能在一定程度上激发游客的参与热情。此外，夜间旅游消费的增长显示出夜游市场的巨大潜力，应丰富乡村夜间文旅消费业态，吸引游客留宿，延长游客逗留时间。

## （三）拓展营销渠道，强化乡村形象，扩大品牌影响力

积极利用互联网新媒体平台，即充分发挥微信、微博、抖音等互联网平台的功能，整合"线上+线下"渠道，实现地方乡村旅游全方位推广，最大限度地加深人们对乡村旅游目的地的印象。建立乡村云旅游数据平台，在整合乡村旅游资源及企业的基础上，推动跨界合作和智慧化发展。建立专业的旅游营销团队，推动旅游营销工作顺利进行。

充分利用节事活动。利用文化广场、文化站、文化墙、街巷空间等，以传统节日、农事节庆活动如采摘节、农民丰收节等为基础，积极策划举办乡村文化旅游节，由村民唱主角，开展流动演出、电影放映、印象系列等常态化旅游活动，丰富乡村文化产品。以节事、演艺旅游产品为抓手，以市场需求为导向，利用活动积累人气，唱响品牌。

建设农业产业互联互通一体化服务平台，定期定时发布农业农产品资讯、价格、新闻、行情等，为消费者提供及时、精准的农产品信息，做好乡村农副土特产品销售服务。

### （四）科技赋能乡村文旅，技术支撑促进产品迭代升级

#### 1. 重视科技创新

为了更好应对乡村旅游发展过程中出现的生态环境破坏问题，当地有关部门应重视科技创新。加强与科研院所、机构的深度合作，推广农业保鲜、种植、生态农业等技术，邀请专家进行实地考察与指导，促进绿色生态无公害农业示范基地的建设。

#### 2. 促进乡村旅游产业迭代升级

一方面，鼓励规划精品乡村旅游项目，如创造高质量、高附加值的乡村生态旅游项目，发展深度农业游。合理利用人工智能、大数据、物联网、5G等科技手段来促进乡村旅游与本土生态农业的融合发展，开展 VR 农业休闲观光等活动，科技赋能丰富乡村文旅业态。另一方面，加强产业信息数据共享平台的建设。通过分析消费者需求，利用大数据平台、信息共享平台、系统网络进行纵向深挖，从而开展"云"旅游、产品直播等多业态旅游项目发展。

### （五）建设产业联盟，多维合作助力产业融合

一方面，发挥政府协调统领作用，组织高等院校、科研机构、企业协会等主体建立乡村旅游产业战略联盟，多方合作探讨，科学统一规划。联盟内部成员具有较高的专业性与知名度，能够实现多方资源互补、信息共享、价值共创、协同发展，促进乡村旅游各产业深度融合发展。打造多维度、立体式产业联盟形态。另一方面，在纵向维度上号召产业链的上、中、下游经营主体组建纵向联盟，如生态农业体验园区、乡村农家乐、旅行社企业等。客观而言，具备不同社会经济效益的主体已经形成乡村旅游中的完整产业链。经营主体之间相互合作、共享资源与信息，最大限度地促进乡村旅游与生态农业融会贯通。

### （六）完善法制建设，构建完备的市场准入制度

#### 1. 完善市场环境

推进乡村旅游法制建设需要公检法、工商等有关部门强化对涉及乡村旅

游、生态农业产业相关企业的检查审批，不能因为乡村振兴战略而盲目通过企业审批。此外，相关执法部门可以从生态农业企业负面清单入手，严抓违法乱纪、破坏乡村生态环境的企业。当地政府需采取积极有效的管理措施，为乡村旅游和生态农业的融合发展营造健康的市场环境。

2. 完善市场准入制度

出台严格的审批手续，总体把控乡村旅游项目，严格审查各经营主体的项目立项、审批以及后期运营等环节，对于存在局限性的旅游项目要严格把控。定期检查处于运营状态的旅游项目，最大限度地避免出现违法乱纪、违规交易等负面行为。针对生态农业产业，当地相关部门应提高市场准入门槛，加大农产品检查力度，要求生态农产品经营者完成相关检查和审批。对于违法乱纪的经营主体，有关部门要加大惩罚力度，并建立失信名单，做到奖罚分明，促进乡村旅游可持续发展。

# B.4
# 现代农业园区赋能陕西特色
# 产业提质增效研究[*]

张　敏　张吉平　汪　珍[**]

**摘　要:** 通过四十多年的实践探索,我国现代农业园区已经发展成为农业
科技创新的"示范田"、全产业链建设的"排头兵"、三产融合的
"样板区"、实施乡村振兴战略的"主阵地"。随着"三农"工作
转入全面推进乡村振兴、加快农业农村现代化新阶段,现代农业
园区作为传统农业向现代农业转型升级和提质增效的重要载体,
对于探索构建现代农业产业体系、打造乡村特色产业新高地具有
重要意义和积极作用。本报告在梳理现代农业园区发展历程和陕西
现代农业园区发展状况的基础上,以岚皋县为例提出现代农业园区
赋能特色产业提质增效的实践策略,以期为全省发挥现代农业园区
示范引领作用、高质量推进现代农业全产业链建设提供决策参考。

**关键词:** 现代农业园区　特色产业　陕西岚皋县

现代农业园区建设是实现我国农业现代化的重要抓手,也是推动我国农
业农村经济发展的重要引擎。通过四十多年的实践探索,我国现代农业园区

* 本报告为陕西省社会科学院 2022 年度重点研究课题"现代农业园区赋能陕西特色产业提质
增效研究"(22ZD05)的阶段性研究成果。
** 张敏,陕西省社会科学院农村发展研究所副研究员,研究方向为农业经济管理;张吉平,岚
皋县农业农村局党委书记、局长,研究方向为农村经济;汪珍,岚皋县农业农村局园区办主
任,农艺师,研究方向为农村经济。

类型不断丰富，规模持续扩大，功能逐步完善，增长极作用日渐凸显。以国家农业科技园区、国家现代农业示范区、国家现代农业产业园、国家农业现代化示范区为代表的现代农业园区影响力不断提升，已经发展成为农业科技创新的"示范田"、全产业链建设的"排头兵"、三产融合的"样板区"、实施乡村振兴战略的"主阵地"。

近年来，陕西省围绕现代农业园区建设不断强化布局规划、机制完善、政策配套和绩效评价，集中打造了一批带动乡村产业振兴的平台载体和农业现代化引擎，持续引领全省现代农业高质量、融合式发展，但也存在现代农业园区生产标准化水平不高、主导产业同质化倾向明显、三产融合深度不足、市场竞争力和品牌影响力不强等问题，成为特色产业提质增效的制约因素。本报告在梳理现代农业园区发展历程和陕西现代农业园区发展状况的基础上，以岚皋县为例提出现代农业园区赋能特色产业提质增效的实践策略，以期为全省发挥现代农业园区示范引领作用、高质量推进现代农业全产业链建设提供决策参考。

# 一 现代农业园区发展历程

## （一）萌芽探索阶段（20世纪80年代至2000年）

我国现代农业园区建设最早可追溯至20世纪80年代，受发达国家农业科技进步的影响，以及国内经济特区、国家级经济技术开发区和国家高新技术产业开发区取得重大成功的启示，国内一些专家学者提出应建立农业科技园区，加快农业现代化步伐，东部沿海地区一些省份便率先开始了农业科技园区建设探索。1994年，我国先后建立了全国第一家农业科技园区（北京中以示范农场）和第一家综合性现代农业示范园区（上海孙桥现代农业示范园区），标志着真正意义上的现代农业园区的建立。1997年，国务院批准建立杨凌农业高新技术产业示范区，围绕干旱半干旱地区现代农业发展，为我国农业转型升级和提质增效进行探索创新。2015年，国务院批复设立全国第二家国家级农业高新技术产业示范区——黄河三角洲农业高新技术产业示范区，为我国探索盐碱地生态化利用和种业创新之路。据统计，2000年底我国地市级以上农业科技园区、现代农业示范区达到600多个，县级以上园区达到2000多个。[1]

### （二）规范发展阶段（2001~2009年）

2001年，全国农业科技大会上将建设国家农业科技园区列为一项重大科技行动，并正式将其纳入《农业科技发展纲要（2001~2010年）》。科技部等六个部门成立了园区部际协调指导小组和联合办公室，制定了《农业科技园区管理办法（试行）》，提出了"十一五"期间国家农业科技园区的工作思路和目标任务，并正式启动国家农业科技园区建设工作，分别于2001年和2002年开展两批共36个（东部地区12个、中部地区11个、西部地区13个）国家农业科技园区试点建设工作，标志着我国现代农业园区正式进入规范发展阶段。2008年，科技部根据《国家农业科技园区综合评价指标体系》和《国家农业科技园区评价验收规范》对第一、第二批国家农业科技园区试点进行了验收并正式授牌。经过8年实践，农业科技园区逐渐成为科技成果转化、产业催化、企业孵化、农民技术培训和现代农业示范的重要基地。截至2008年底，园区入驻企业共计4302家，其中龙头企业1222家，实现投资总额647.26亿元，产值达3211.40亿元；带动周边农民人均年增收400~800元，吸纳就业人数累计超过290万人；组织开展各类农业技术培训29448次，培训人员287万人次。[2]

### （三）转型提升阶段（2010~2016年）

2009年11月，《农业部关于创建国家现代农业示范区的意见》（农计发〔2009〕33号）印发，启动国家现代农业示范区建设工作，目标是"从

① 曹仁稳：《我国现代农业科技园区发展的现状、问题及对策》，《福建热作科技》2003年第3期。
② 《建设农业科技园区》，科学技术部网站，https://www.most.gov.cn/ztzl/kjzg60/kjzg60hhcj/kjzg60nckj/nczc/200909/t20090911_72814.html。

2010 年开始，用五年的时间，在全国范围内创建一批具有区域特色的国家现代农业示范区……引领区域现代农业发展"。2010 年中央一号文件明确提出"创建国家现代农业示范区"，目的就是要促进农业发展方式转变，引领传统农业产业改造升级，带动更多地区加快现代农业建设进程，标志着现代农业园区建设进入转型提升阶段。2012 年国务院印发的《全国现代农业发展规划（2011~2015 年）》对"十二五"期间现代农业示范区建设做出了具体部署。2012~2015 年，连续 4 年中央一号文件均对现代农业示范区建设提出了具体要求，包括"加快推进现代农业示范区建设""发挥现代农业示范区的引领作用"等。按照党中央、国务院的部署，农业部分别于 2010 年 8 月、2012 年 2 月和 2015 年 1 月分 3 批认定了 283 个国家现代农业示范区，涉及面积 127 万平方公里，占全国国土面积的 13%；13 个粮食主产省区的示范区总量达到 173 个，约占 60%；以蔬菜、水果、花卉等特色产业为主导的示范区占 40% 左右。[1] 截至 2016 年底，已经有 120 个示范区进入基本实现农业现代化阶段，占前 3 批示范区总数的 42.4%,[2] 示范区在现代农业产业体系、生产体系和经营体系建设等方面均走在全国前列，农民收入水平明显高于全国平均水平，成为全国现代农业发展的"排头兵"、农业改革的"试验田"和区域现代农业的"展示板"。

### （四）突破推进阶段（2017年至今）

2016 年底，中央农村工作会议提出建设现代农业产业园，这是新时期中央推进农业供给侧结构性改革、培育农业农村经济发展新动能、加快农业农村现代化的重大举措。2017 年中央一号文件明确提出，"建设现代农业产业园。以规模化种养基地为基础，依托农业产业化龙头企业带动，聚集现代生产要素，建设'生产+加工+科技'的现代农业产业园，发挥技术集成、

---

① 《农业部发布会介绍国家现代农业示范区建设有关情况》，中国政府网，2015 年 2 月 12 日，http://www.gov.cn/xinwen/2015-02/12/content_2818278.htm。
② 《关于国家现代农业示范区建设水平监测评价结果的公示》，农业农村部网站，2017 年 11 月 22 日，http://www.ghs.moa.gov.cn/tzgg/201904/t20190418_6180992.htm。

产业融合、创业平台、核心辐射等功能作用"，标志着现代农业园区建设进入突破推进阶段。2017年，《农业部 财政部关于开展国家现代农业产业园创建工作的通知》（农计发〔2017〕40号）下发，启动国家现代农业产业园创建工作，截至2022年共批准创建国家现代农业产业园238个（其中已经认定130个），纳入国家现代农业产业园管理体系12个（中央财政不支持），共计250个（见表1），带动各地创建了千余个省级现代农业产业园和一批市县级现代农业产业园，基本形成了以园区化推动现代农业发展的格局。从主导产业类别看，以粮食、畜牧、水果、蔬菜为主导产业的园区共计占创建总量的2/3，具有明显的产业发展优势。其中，以粮食为主导产业的园区共计68个，以畜牧为主导产业的园区共计60个，以水果为主导产业的园区共计47个，以蔬菜为主导产业的园区共计42个。

**表1 2017～2022年全国各地累计创建国家现代农业产业园情况**

单位：个

| 序号 | 地区 | 数量 | 序号 | 地区 | 数量 | 序号 | 地区 | 数量 |
|---|---|---|---|---|---|---|---|---|
| 1 | 北京 | 4 | 13 | 福建 | 7 | 25 | 云南 | 5 |
| 2 | 天津 | 4 | 14 | 江西 | 8 | 26 | 西藏 | 7 |
| 3 | 河北 | 9 | 15 | 山东 | 13 | 27 | 陕西 | 8 |
| 4 | 山西 | 8 | 16 | 河南 | 10 | 28 | 甘肃 | 7 |
| 5 | 内蒙古 | 6 | 17 | 湖北 | 7 | 29 | 青海 | 4 |
| 6 | 辽宁 | 7 | 18 | 湖南 | 8 | 30 | 宁夏 | 4 |
| 7 | 吉林 | 8 | 19 | 广东 | 16 | 31 | 新疆 | 7 |
| 8 | 黑龙江 | 10 | 20 | 广西 | 7 | 32 | 新疆生产建设兵团 | 3 |
| 9 | 上海 | 2 | 21 | 海南 | 5 | 33 | 广东农垦 | 2 |
| 10 | 江苏 | 14 | 22 | 重庆 | 8 | 34 | 黑龙江农垦 | 3 |
| 11 | 浙江 | 9 | 23 | 四川 | 14 | | 合计 | 250 |
| 12 | 安徽 | 8 | 24 | 贵州 | 8 | | | |

注：江苏创建国家现代农业产业园10个、纳入管理体系4个；浙江创建国家现代农业产业园8个、纳入管理体系1个；山东创建国家现代农业产业园12个、纳入管理体系1个；广东创建国家现代农业产业园11个、纳入管理体系5个；四川创建国家现代农业产业园13个、纳入管理体系1个。

资料来源：根据历年农业农村部、财政部批准创建国家现代农业产业园以及认定国家现代农业产业园的公示名单整理。

全面建成小康社会以后，我国开启了全面建设社会主义现代化国家新征程，"三农"工作重心从脱贫攻坚历史性转向全面推进乡村振兴，党的十九届五中全会明确提出要"建设农业现代化示范区"，提高农业质量效益和竞争力，把现代农业园区建设摆在了更加重要的位置。为探索差异化特色化农业现代化推进机制和有效途径，农业农村部、财政部、国家发展改革委于2021年7月联合启动农业现代化示范区创建工作，分别于2021年11月、2022年8月开展两批共200个农业现代化示范区创建工作。新提出的"农业现代化示范区"与"现代农业示范区"在名称上十分相似，但在内涵上更加丰富，涉及领域更为广泛，是党中央、国务院针对"十四五"时期农业农村面临的新起点、新使命和新局面做出的战略部署，更符合加快推进农业农村现代化新形势的需要。

## 二　陕西省现代农业园区发展状况

2011年是陕西现代农业园区启动建设年，同年3月在定边县召开的全省现代农业产业基地暨现代农业示范园区建设启动仪式，标志着陕西现代农业园区建设进入实质性阶段。《陕西省现代农业发展规划（2011～2017年）》明确提出，"加快现代农业园区建设"。"实现现代农业园区数量、质量双提升，形成以杨凌农业高新技术产业示范区为引领、国家现代农业区为示范、省级园区为支撑、市县园区为依托的全省现代农业发展格局。""实施园区'321工程'，建设省级现代农业园区300个、其他各类园区2000个以上，园区面积占到全省总耕地面积的10%以上。"2012年12月，陕西出台《陕西省人民政府关于深入持续推进现代农业园区建设的意见》，明确了全省现代农业园区建设的总体思路和目标任务。2015年4月，陕西印发了《陕西省人民政府办公厅关于推进现代农业园区提质增效建设的通知》（陕政办发〔2015〕22号），提出要"充分发挥现代农业园区的示范带动作用，扎实推进特色现代农业建设"。2016年1月1日，陕西施行国内首部关于现代农业园区建设发展的地方性法规《陕西省现代农业园区条例》。

从园区启动建设到 2016 年底，陕西现代农业园区快速发展，先后建成省级现代农业园区 362 个，其中种植类园区 212 个、养殖类园区 34 个、综合类园区 116 个，带动建设各类园区 2975 个，园区总规划面积 505.98 万亩，占全省常用耕地面积的 11.2%，园区建成面积 350.07 万亩，完成规划面积的 69.19%，实现了省级园区对涉农县（区）、主导产业、一二三产业的全覆盖，引领农业生产经营模式向产业化、集约化、规模化的现代农业方向转变，加快了全省农业现代化进程。

按照农业农村部关于国家现代农业产业园创建工作的部署，从 2017 年起，陕西在已有现代农业园区的基础上，启动创建国家级、省级现代农业产业园。《陕西省农业厅 陕西省财政厅关于开展现代农业产业园创建工作的意见》（陕农业发〔2017〕86 号）指出，"把产业园打造成为我省现代农业产业园的'升级版'，建设成为农业现代化的率先突破区、核心示范区和引领发展区"。2018 年陕西省委一号文件《中共陕西省委 陕西省人民政府关于实施乡村振兴战略的实施意见》明确提出，"以特色产业为重点，争创国家级现代农业产业园，每年创建 10 个省级现代农业产业园"。截至 2022 年，全省共创建国家级现代农业产业园 8 个（已通过认定 5 个，见表 2），其中，宝鸡市 2 个、延安市 1 个、榆林市 1 个、商洛市 1 个、杨凌示范区 1 个、渭南市 1 个，安康市 1 个；省级现代农业产业园 66 个（已通过认定 24 个）。① 在国家级、省级现代农业产业园的带动下，全省各地立足产业基础和资源禀赋，建成了一批产业特色鲜明、要素高度集聚、设施装备先进、生产方式绿色、经济效益显著、辐射带动有力的现代农业产业园，成为发展特色农业产业、培育新型经营主体、三产融合的重要载体，基本形成国家级、省级、市级、县（区）级梯次推进的现代农业产业园发展格局，持续引领全省特色农业产业提档升级。

---

① 陕西省省级现代农业产业园于 2017 年开始创建，建设主体为县（市、区）人民政府，按照县区申请、市级核报、省厅现场考察和专家评审、省政府审定等程序批准创建。省财政对批准创建的省级现代农业产业园安排一定的资金予以扶持，创建期原则上为 2 年。批准创建的产业园，第 2 年年底进行评价考核，通过认定的正式命名为省级现代农业产业园，未通过认定的，第 3 年年底再次进行评价考核，两次均未通过认定的，取消创建资格，不再给予奖补，并收回剩余资金。

表2　陕西创建国家现代农业产业园情况

| 序号 | 产业园名称（主导产业） | 批准创建时间 | 认定时间 |
|---|---|---|---|
| 1 | 洛川县现代农业产业园（苹果） | 2017年 | 2018年（首批） |
| 2 | 杨凌示范区现代农业产业园（设施果蔬） | 2017年 | 2019年（第二批） |
| 3 | 眉县现代农业产业园（猕猴桃） | 2018年 | 2019年（第二批） |
| 4 | 榆阳区现代农业产业园（马铃薯、白绒山羊） | 2019年 | 2022年（第四批） |
| 5 | 陇县现代农业产业园（奶山羊、玉米） | 2020年 | 2022年（第四批） |
| 6 | 柞水县现代农业产业园（木耳） | 2021年 | 待认定 |
| 7 | 平利县现代农业产业园（茶叶） | 2022年 | 待认定 |
| 8 | 大荔县现代农业产业园（冬枣） | 2022年 | 待认定 |

资料来源：根据历年农业农村部、财政部批准创建国家现代农业产业园以及认定国家现代农业产业园的公示名单整理。

## 三　现代农业园区引领特色产业发展的岚皋实践

近年来，岚皋县紧紧围绕巩固拓展脱贫攻坚成果同乡村振兴有效衔接，以推动现代农业高质量发展为主线，强化统筹协调，集聚资源要素，完善扶持政策，全力推进现代农业园区建设，带动魔芋、茶叶、猕猴桃等特色主导产业不断做大做强，向产业化、集约化、规模化转型升级。截至2022年，全县共建成现代农业园区190个，其中包括省级园区1个、市级园区48个、市级航母园区3个，形成了产业特色鲜明、三产融合发展、利益联结紧密、体制机制完善的现代农业园区建设体系。同时，按照省委、省政府关于加快全省现代农业产业园建设的决策部署，岚皋县现代农业产业园于2020年获批创建并于2022年9月通过认定。① 产业园已发展魔芋种植面积12.98万

---

① 2022年9月，陕西省农业农村厅公布第二批18个省级现代农业产业园认定名单，岚皋县现代农业产业园名列其中，并获评优秀省级现代农业产业园，获奖补资金1000万元。

亩、茶园面积10.72万亩，主导产业产值达17.04亿元，带动1.6万余人实现就地就近就业，通过"建基地、强扶持、补链条、提质效"等多种措施，引领全县特色农业产业高质量发展。岚皋县以现代农业园区建设引领特色农业产业发展的创新做法如下。

一是加强协同联动，建立"321"工作机制。岚皋县始终把现代农业园区建设作为乡村振兴战略的重要抓手，采用"321"工作模式为园区纾难解困，及时解决园区建设中出现的困难和问题，确保园区早日达产达效。"3"是指每个园区分别由一个县级领导牵头抓总，一个县级部门包抓，一个镇级领导协助工作，形成齐抓共管、部门协同、合力推进的有效工作机制。"2"是指每个园区由县农业农村局安排一名技术干部不定期到园区开展技术指导；各镇农业服务站技术干部每人包抓一个以上农业园区，组织做好园区技术培训、科技示范和项目申报等工作。"1"是指打造一批基础设施完备、产业优势突出、科技应用领先、生态环境良好、产品优质安全的现代农业园区，使之成为全县高起点、高标准、高质量的现代农业发展先行示范区。

二是聚力提质增效，筑牢产业发展根基。加大扶持力度，将农业产业项目重点向现代农业园区倾斜，加快园区水、电、路等基础设施建设，不断改善生产条件和园区环境，2022年全县奖扶的现代农业园区产业项目共计50个，产业扶持资金达2329.95万元。实施百园提升工程，选取一批主导产业特色鲜明、经营主体明确、市场前景好、辐射带动力强的园区，强化设施配套，扩大园区规模，完善园区功能，加快推动县级园区向县级航母园区、市级航母园区提档升级。建立现代农业园区数据库，实行梯级建设、目标考核、末位淘汰、有进有退的动态管理，对于经营不善的园区通过招商引资、改建重组等方式注入新活力。

三是深化三产融合，提升产业竞争力。坚持以科技创新驱动特色产业发展，鼓励园区与大专院校及科研院所合作，加大新产品开发力度，支持园区开展商标注册、SC认证、"两品一标"及富硒检测，加强品牌营销，大力发展"农业+"旅游、康养、休闲等新业态，进一步延伸农业产业链、价值链,拓展产业增值增效空间,提升园区综合效益和竞争力。目前全县已开发静跃绞股蓝、众达黄花菜、金碧云茶叶、红润茶叶、秦巴红香椿酱等富硒产品40余种;烛山魔芋、明富魔芋、宏大猕猴桃、鑫鹏农业等20家现代农业园区开展了绿色农产品和有机农产品认证;成功打造了一个县域公共品牌——南宫山;岚皋大米、岚皋富硒鸡蛋入选国家名特优新农产品名录;岚皋县秦巴红农业开发有限公司获得第六届陕西省农业科技创新创业大赛一等奖。

四是实施精准培训,壮大产业主力军。聚焦县域产业特色和农作时令,精准开展先进实用技术培训,大力培养新型职业农民、创业致富带头人、农业职业经理人、乡村工匠、文化能人等专业技术人才,助力特色农业产业高质量发展。通过公众号推送农业科技培训、职业农民观摩交流、魔芋田间管理、防灾减灾技术指导等信息服务,2021年线下开展猕猴桃、畜牧、茶叶、魔芋等产业培训共计122场4805人次。采取线上线下融合教学模式开展职农培训,截至2022年已认定初级职农100人,培育中级职农23名、高级职农43名,建设职业农民实训基地2处,选送央视"田间示范秀"6个,为乡村产业兴旺提供了强有力的人才支撑。

## 四 现代农业园区赋能特色产业提质增效的实践策略

### (一)聚焦园区的生产功能,打造特色产业集聚优势

按照国家级和省级农业产业园的建设要求,第一要务是实现主导产业水平领先,并且主导产业的覆盖率要达到60%以上。从陕西创建的洛川、杨凌示范区、眉县、榆阳、陇县、柞水、平利、大荔等8家国家现代农业产业园和岚皋现代农业园区建设的实践来看,现代农业园区建设必须紧紧围绕特色主导产业,依托区位和资源优势,强化土地、资金、技术、人才、信息等现代农业生产要素的集聚,打造标准化、规模化、机械化、集约化、产业化

程度较高的示范引领区和乡村新的经济增长极，进一步推动区域特色农业产业升级为"大产业"。

## （二）聚焦园区的创新功能，提升特色产业综合效益

纵观我国现代农业园区的发展历程，科技创新引领是园区最初的功能定位，随着农业农村现代化深入推进和物联网、大数据、云计算等新技术的应用，园区功能不断拓展，但仍然是农业高新技术产业发展的主阵地和示范区。以眉县现代农业产业园为例，在标准化示范基地应用智能化技术，可以实现猕猴桃生产和管理水平大幅提升，亩均增产10%，优质果品率提高5%以上，同时节省人工费用超过50%。现代农业园区建设要以科技进步和自主创新为动力，大力推进产学研深度融合，围绕特色农业产业破解全产业链发展中的技术难题，加快新品种、新技术、新装备的试验示范和推广，提高特色农业产业的土地产出率、劳动生产率和资源利用率，推动特色农业发展提质增效。

## （三）聚焦园区的融合功能，推动特色产业"三链同构"

现代农业园区集创新理念、技术集成、产业融合、绿色发展、联农带农、试验示范等功能于一体，是优化农业产业与经济结构、促进三产融合、推动"三生"（生产、生活、生态）融合的重要载体。以陕西苹果产业为例，洛川县现代农业产业园以"后整理"推进全产业链开发，配套建设苹果标准化生产示范区、会展中心、交易仓储、物流配送、产业加工、文化展示等10大功能区，从苹果产、贮、加、销各个环节挖掘效益，有力推动了苹果产业全链条增值，2022年，全县以园区为引领实现苹果综合产值60亿元。① 现代农业园区建设要着力强化融合功能，不断拓展农业在精深加工、生态保护、休闲体验、文化旅游等方面的功能，促进特色产业与第二产

---

① 《洛川县人民政府工作报告》，洛浦县人民政府网站，2023年2月15日，http://www.lcx.gov.cn/zfxxgk/fdzdgknr/zfwj/xzfwj/1626469629469675522.html。

业、第三产业深度交叉融合，加快特色产业全产业链建设，实现产业链、价值链、利益链"三链同构"，为乡村振兴和农业农村现代化提供有力支撑。

### （四）聚焦园区的组织功能，强化特色产业联农机制

"大国小农"是我国的基本国情、农情，陕西省也不例外。2021年全省承包地流转率为26.6%，说明近3/4的农户仍处于家庭经营状态。[①] 实现小农户和现代农业有机衔接，推动小农户融入特色农业产业链，就是要充分发挥现代农业园区的示范引领作用，通过基地"做给农民看、带着农民干、帮着农民赚"，引导和组织农户采取入股分红、劳务用工、订单收购、土地流转等方式参与特色产业发展，带动农民增收致富。积极探索"现代农业园区+集体经济+农户"的联农带农新模式，充分发挥农村集体经济组织"统"的作用，以集体经济组织为载体平台推动土地规范流转，盘活闲置土地资源，不断壮大特色产业发展，有效连接园区经营主体、村集体和农民，形成利益共享、风险共担的利益联结关系，夯实共同富裕的产业基础。以现代农业园区为载体，大力培育规模化、专业化农业生产社会化服务主体，推广中化MAP（现代技术服务平台）农业生产托管服务模式，围绕全省"3+X"等特色产业扩大社会化服务覆盖面，加快把小农户引入现代农业发展大格局，为特色产业发展提供坚实的组织保障。

**参考文献**

吴圣、吴永常、陈学渊：《我国农业科技园区发展：阶段演变、面临问题和路径探讨》，《中国农业科技导报》2019年第12期。

罗其友等：《现代农业园区发展机制探析》，《中国农业资源与区划》2020年第7期。

---

① 《开辟现代农业新天地》，群众新闻网，2021年7月1日，https：//esb. sxdaily. com. cn/pc/content/202107/01/content_ 760074. html。

矫健等：《现代农业园区发展现状及国际经验借鉴》，《农业展望》2018 年第 11 期。

张红宇等：《塑造现代农业园区建设的中国模式——正大慈溪现代农业园区调研与启示》，《农村工作通讯》2021 年第 2 期。

张淑荣、纪红旗、刘永胜：《国际农业科技合作引领现代农业发展的实践与启示——以北京中以示范农场和上海孙桥现代农业开发区为例》，《世界农业》2012 年第 9 期。

# B.5
# 促进陕南乡村振兴重点帮扶县乡村产业可持续发展研究

张娟娟*

**摘　要：** 发展乡村产业是巩固拓展脱贫攻坚成果的重要抓手。打赢脱贫攻坚战以来，随着农村创新创业环境不断改善，乡村振兴重点帮扶县乡村产业发展取得了积极成效，但仍然存在产业发展质量效益不高、新型经营主体带动农户发展能力较弱、龙头企业和农户的利益联结机制不健全、风险防控能力弱等问题。对此，需要进一步构建一二三产业融合发展的乡村产业体系、培育壮大新型农业经营主体、完善利益联结机制、构建产销对接长效机制、完善乡村产业发展风险防范体系等有效机制，不断推动乡村产业可持续发展。

**关键词：** 重点帮扶县　乡村产业　可持续发展　陕南

乡村振兴是当前陕西省"三农"工作的重要任务。产业振兴是乡村振兴的重中之重。乡村振兴重点帮扶县①产业能否实现健康可持续发展，事关陕西省乡村振兴战略全局。

---

\* 张娟娟，中共陕西省委党校（陕西行政学院）中国特色社会主义理论研究中心副教授，研究方向为贫困治理、乡村振兴。

① 陕西省国家乡村振兴重点帮扶县 11 个：略阳县、镇巴县、安康市汉滨区、紫阳县、岚皋县、白河县、山阳县、柞水县、镇安县、丹凤县、商南县。全部集中在陕南 3 市。省级乡村振兴重点帮扶县 15 个：周至县、麟游县、淳化县、铜川市耀州区、澄城县、延川县、延长县、清涧县、子洲县、佳县、宁强县、西乡县、洋县、旬阳县、洛南县。陕南 3 市有 5 个。

# 一 陕南乡村振兴重点帮扶县乡村产业发展取得积极成效

近年来，在省委、省政府坚强领导下，在陕南各市大力推动下，陕南乡村振兴重点帮扶县坚定地把产业发展作为增加农民收入的重中之重、关键举措和根本之策，立足自身资源优势，不断理清发展思路，制定扶持政策措施，创新产业发展模式，推动产业发展由"输血型"向"造血型"转变，产业发展成效显著，发生了深刻变化。

## （一）发展了一批有地域特色的主导产业

陕南乡村振兴重点帮扶县普遍立足当地资源优势、资源禀赋、比较优势、产业发展基础和农民发展意愿，因地制宜地谋划主导产业。在稳定发展粮食产业的基础上，突出发展食用菌、茶叶、中药材、猪、鸡、核桃、板栗等特色优势产业，加快发展油橄榄、中蜂、魔芋、油菜等地方特色产品。积极创新乡村旅游、观光农业、电商、光伏、劳务经济等新产业、新业态，形成了一批辐射带动能力强、农民增收效果好的主导产业。商洛市6个乡村振兴重点帮扶县的香菇、核桃、板栗、中药材、冷水鱼产量以及肉鸡出栏量居全省第一。

## （二）培育了一批带动力强的新型农业经营主体

陕南乡村振兴重点帮扶县积极培育以主导产业为主的种养大户、家庭农场、农民合作社、农业企业等新型农业经营主体，着力引进农业产业化龙头企业，一批产业发展"龙头"成长壮大、落地生根，成为带动产业发展的"火车头"。截至2021年10月，16个乡村振兴重点帮扶县已培育规模以上龙头企业133家，其中国家级5家、省级87家、市级41家。

## （三）形成了一系列带农增收的利益联结机制

商洛市坚持以创新为引领，健全"五项激励""六型联结"机制，积极创新订单生产、股份合作、生产托管、产品收购、资产租赁、土地流转等利益联结模式，让广大农户真正嵌入产业发展之中，成为产业发展的最大受益者。山阳县"依靠市场化手段招引企业参与产业脱贫"的做法在全省推广。汉中市镇巴县重点推行"新型农业经营主体+农户就业"等四种带动模式，充分发挥了新型农业经营主体带动农户增收的作用。

### （四）创建了一批有特色的省级产业园区

陕南乡村振兴重点帮扶县围绕要素集聚和产业融合发展，全面启动现代农业产业园国、省、市、县"四级联创"工作，累计培育省级以上现代农业产业园13个，其中国家级现代农业产业园1个、省级现代农业产业园12个。洋县有机产业园区、宁强县循环经济产业园区、汉滨区五里工业集中区富硒农产品加工园区，由于优势突出、特色鲜明，已成为省级农产品加工示范园区。

### （五）打造了一批有影响力的特色品牌

陕南乡村振兴重点帮扶县重视培育提升农业品牌，形成了以区域公用品牌、大宗农产品品牌、特色农产品品牌为核心的农业品牌格局。安康市积极开展富硒农产品宣传推介，着力打造农业产业品牌体系，"安康富硒茶""岚皋魔芋"入选"全国名特优新农产品"。汉中市持续宣传和打造"汉字号"农产品，品牌建设取得明显成效。商洛市扎实推进特色农产品品牌建设，形成了商洛香菇、商南茶叶、镇安板栗、山阳硒耳等一批特色产品品牌。

## 二 陕南乡村振兴重点帮扶县乡村产业发展面临的困难和问题

总的来看，陕南乡村产业发展虽取得了重要进展，但受整体县域经济发展较为滞后的影响，乡村产业仍处在起步、初成长的发展阶段，还存在不少困难和问题，只有加力补差扬长促优，才能推进高质量发展。

## （一）产业基础设施仍较薄弱

从自然条件来看，陕南乡村振兴重点帮扶县大多是山区县，自然条件差，山大沟深，土地瘠薄，暴洪、泥石流等自然灾害频发，对生产生活造成了诸多不利影响，而且这种影响是持续的、长久的。2021年7月22~23日，洛南县遭遇特大暴雨袭击，大片农田被毁，农作物被洪水浸泡淹没，农业生产受灾损失严重，受损总计14754万元。从区位功能看，陕南乡村振兴重点帮扶县大多属于南水北调中线核心水源区和生态屏障区，如商洛市5个县（洛南、镇安、柞水、山阳和商南），都被列入了国家和省级重点生态功能区，肩负着守护秦岭生态安全的使命，因而发展受限较大。从基础设施来看，一些乡村振兴重点帮扶县网络通信、仓储物流等设施并未实现全覆盖。产地批发市场、产销对接、鲜活农产品直销网点等设施相对落后，物流经营成本高，不利于产业发展。

## （二）发展质量效益不高

大部分乡村振兴重点帮扶县乡村主导产业大而不强，农业生产专业化、规模化、标准化水平还不够高。除汉中市西乡县茶产业2020年产值达22亿元外，多数县区乡村主导产业规模依然偏小，难以成为带动县域经济发展的支柱产业。略阳县2020年乌鸡、中药材、食用菌产值达6.48亿元，仅占全县农业总产值的34%。丹凤县2020年肉鸡产值达6.67亿元，仅占全县农业总产值的24.48%。多数乡村企业科技创新能力不强，特别是农产品精深加工不足（陕南16个乡村振兴重点帮扶县中，只有洋县、宁强县和汉滨区各建有1个省级农产品加工示范园区，3个园区中县级以上龙头企业仅有26个，加工能力非常有限），产业链条较短，融合主体带动能力不强，促进三产融合发展面临较大的要素制约。大部分县区农产品供给仍以大路货为主，优质绿色农产品占比较低，休闲旅游普遍存在同质化现象，缺乏小众类、精准化、中高端产品和服务，农产品品牌"小、散、乱"特征比较明显。乡村产业聚集度较低，仅有不到1/3的乡村产业集中在各类园区。

## （三）新型农业经营主体带动农户发展能力较弱

鉴于农户直接应对市场风险和自然风险的能力较弱，必须在产业发展中培育龙头企业、农民合作社和家庭农场等新型农业经营主体。然而陕南乡村振兴重点帮扶县受整体经济发展滞后的影响，大部分县区新型农业经营主体数量少，且多数是小微企业和农民专业合作社，经营规模小、产业链条短、市场竞争力弱。据不完全统计，陕南16个乡村振兴重点帮扶县中，仅有西乡县、洋县、汉滨区、商南县、山阳县各有1家国家级规模以上龙头企业。同时龙头企业因激励政策较少，难以在经济利润和社会责任间取得平衡，多局限在农业产业园区和示范园区里，辐射带动范围有限。农民专业合作社整体数量大、规模小，同质化严重，大多数合作社还处在技术服务阶段，没有经济实体，社员的参与较随意，与合作社的关系相对松散，可持续性差。村级集体经济发展不充分，存在规模偏小、人才匮乏、实力较弱、运行模式单一、管理不规范、内生动力不足等诸多困难和问题，带动能力不强。农村"三变"改革中，资源变资产、资金变股金、农民变股东在一些地方推进的力度还不够，激活资产资源、促进产业增收发展的效应还没有完全显现。

## （四）龙头企业与农户的利益联结机制不够健全

从调研情况看，一些新型农业经营主体往往缺少与农户的利益联结和利益共享机制，企业与农户对接不紧密。大部分农户缺乏"投资共负、风险共担、利益共享"的意识，没有真正参与双向互动的利益联结机制，农户对到户资金发展产业的参与度不够。一些经营主体、龙头企业出于经营成本、盈利考虑，带动农户的意愿不强。一些龙头企业与农户的利益分割不够合理，有的企业和农户没有按股分红的办法与契约，大多数企业把保底当分红，实际上没有分红，农户还没有真正与企业形成利益共同体。

## （五）风险防控能力弱

陕南乡村振兴重点帮扶县产业发展基础薄弱，规模化、组织化、集约化程度低，可持续发展面临多重风险。灾害风险多。如陕南地区每逢夏季常有暴雨洪水发生，在面对自然灾害时，往往缺乏有效应对措施。市场风险大。目前不少从事种植业生产的农户仍然是小农户经营模式。面对大市场，小农户生产规模小、经营成本高、抗风险能力弱，一旦出现比较大的自然灾害或者市场波动，有可能辛苦一年所收无几。镇安是"中国板栗之乡"，该县板栗年产量达到 80 万吨，但因缺乏板栗食品加工龙头企业，板栗价格波动较大，加之防霜冻、防虫害缺乏有效的技术手段，板栗产业一直没有在群众增收中发挥主导作用。如何将小农户逐步纳入统一大市场，促进其集约化、规模化经营，提高现代农业发展水平，是乡村产业振兴面临的一个重大课题。依赖风险大。调研发现，一些县区部分产业的市场化程度不高，在资金投入、产品销售等方面过度依赖政府或帮扶单位，一旦失去政府或帮扶单位等的外部支持，将无法运行下去。

## 三　推进陕南乡村振兴重点帮扶县乡村产业可持续发展的对策建议

为进一步促进陕南乡村振兴重点帮扶乡村产业高质量发展，夯实乡村振兴的基础，现提出如下对策建议。

### （一）进一步优化量身定制发展方案与支持举措

持续促进乡村产业高质量发展，是实现巩固拓展脱贫攻坚成果同乡村振兴有效衔接的前提，是扎实推动共同富裕的关键。建议借鉴浙江省加快推进山区 26 个县跨越式高质量发展的有效做法，在省级层面，围绕"龙头带动、科技支撑、建设基地、培育主体、带动农户、打造品牌"等方面，尽快出台《乡村振兴重点帮扶县乡村产业高质量发展实施方案》，对乡村振兴重点帮扶县给予更突出的关注，实行更加差别化、精准化的帮扶政策，全面激发乡村振兴重点帮扶县发展活力、创新力和竞争力。在县级层面，陕南16 个县区要适应城乡居民消费需求变化、立足资源禀赋，精准选出最适合本地发展的产业，迅速扩大规模，推动乡村产业发展由粗放分散向集约化规模化转变。要围绕做强洛南核桃、丹凤肉鸡、三县（紫阳、商南、西乡）茶叶、柞水黑木耳、岚皋魔芋、宁强中药材、略阳乌鸡、洋县有机农业及生态猪等特色产业，因地制宜发展乡村旅游、休闲农业、文化体验、健康养老、电子商务等新产业新业态，出台产业发展规划和支持举措，因地制宜促进乡村产业加快发展。

## （二）进一步构建一二三产业融合发展的乡村产业体系

一要夯实产业融合发展的基础。陕南乡村振兴重点帮扶县要把发展农产品加工业作为促进农业增效、农民增收的重要途径，尤其要推动粗加工向精深加工发展，着力延长产业链，通过农村第二、三产业发展推动第一产业提升发展质量，推动农业由增产导向转为提质增效导向。积极发展绿色食品、有机农产品、地理标志农产品生产，提升农产品绿色化、优质化、特色化、品牌化水平，形成产业链条完整、区域特色明显的乡村产业体系。二要为产业融合发展提供技术支撑。推广柞水县充分发挥科技引领作用，推动各类新型农业经营主体和高校建立创新创业联盟，为全县木耳产业发展提供全链条、闭环式科技支撑的经验，促进农业科技成果快速转化，实现农产品多层次、多环节转化增值。三要推动多规合一，规范引领产业融合发展。陕南乡村振兴重点帮扶县要推动产业发展规划与村庄建设规划、土地利用规划、环境保护规划有机衔接。在"十四五"各专业规划编制中，要统筹协调安排农村一二三产业融合发展的空间布局、用地规模、生态要求，推进农业与旅游、文化、教育、康养等产业深度融合，发展数字农业、智慧农业，以产业深度融合拓宽农民增收渠道。

## （三）进一步培育壮大新型农业经营主体

发展乡村产业，必须要依靠市场能力强、技术水平高、带动意愿强的各类新型农业经营主体。不管哪种类型的经营主体，只要与农户有比较稳定合理的利益联结，能够带动农户和生产基地发展，使农户真正从中得到实惠，就应该一视同仁地从资金、土地等方面给予精准支持，着力扶持一批产业关联度大、市场竞争力强、辐射带动面广的龙头企业，打造农业龙头企业的"航空母舰"。应重点推广城固县培育新型农业经营主体、引领农业适度规模经营发展、带动农民就业增收、增强农业农村发展新动能的典型经验。其突出做法如下：一是积极引入国内外知名龙头企业强带动。城固县通过强化农业产业化招商，成功引入了诸如新西兰佳沛集团、北京顺鑫集团、陕西省果业集团、宇辰科技和华鲲生物等一批知名企业，有力地带动了果品、生猪、中药材等特色产业发展。二是注重培育本土龙头企业强示范。全县先后培育了省级农业产业化龙头企业 11 家、市级龙头企业 20 家，形成了良好的示范效应，成为乡村产业发展的生力军和乡村振兴的动力源。三是大力发展农民合作社强引领。城固县大力支持农民合作社和家庭农场开展加工流通等多种经营，积极向综合合作社方向发展。截至 2021 年 10 月，全县已成立978 家农民专业合作社，其中国家级示范社 3 个、省级示范社 12 个、市级示范社 16 个、185 个家庭农场（其中省级示范农场 31 个、市级示范农场 8个）。各类市场主体带动 1.38 万户农户实现稳定增收。

## （四）进一步完善紧密型利益联结机制

为高质量发展乡村产业，陕南乡村振兴重点帮扶县应将建立健全科学合理、规范运作、互利多赢的利益联结机制放在重要位置，着力以产业兴旺促进农民增收。一要加强相关政策设计。应通过科学的制度设计和模式设定，明确企业、合作社、村集体、农户在产业链、利益链上所处的环节和所占的份额，形成企业和农户在产业链上优势互补、分工合作的格局，让农民更多地分享产业发展的增值收益，实现持续稳定增收。二要完善利益联结机制。引导农业企业与小农户建立契约型、分红型、股权型等合作方式，把利益分配重点向产业链上游倾斜，促进农民持续增收。完善农业股份合作制企业利润分配机制，推广"订单收购+分红""农民入股+保底收益+按股分红"等模式。开展土地经营权入股发展农业产业化经营试点。三要更好地发挥财政作用。探索建立财政支持新型农业经营主体联农带农的约束性制度，引导龙头企业等新型农业经营主体带动小农户发展。比如，凡享受政府扶持资金、补贴补助、贴息贷款的新型农业经营主体，应把带动小农户发展作为重要的社会责任。凡申请财政扶持资金、补贴补助、贴息贷款和依托政府担保机构获得产业扶持贷款的龙头企业、能人大户，应把带动小农户增收作为前置条件，明确带动小农户的方式和数量，确保小农户在发展中受益。

## （五）进一步构建产销对接长效机制

产业发展，市场是根本。货畅其流，产业才能更兴旺。乡村产业要强化市场观念，多渠道拓宽农产品营销渠道。为了使农产品卖得快、卖得好、卖出好价钱，在实施产业项目时，就要把资源开发和产业规模扩张、市场开发和产业营销能力建设同规划、同部署、同实施、同推进，努力实现产品与市场的有效对接。一要改善流通基础设施。着力推进农产品批发市场和产地集配升级改造，着力推动乡村产业与龙头企业、批发市场、大型超市、电商平台良好对接，切实大力发展订单农业。二要拓展电商"新蓝海"。聚力发展电子商务，建立农产品网上销售、流通追溯和运输配送体系，加强营销专业合作社带头人、经销商、经纪人、电商人才等的培养，力争把空间上的"万水千山"变成网络里的"近在咫尺"，实现经营方式由"提篮小卖"向线上线下齐头并进转变。三要引导农户实行标准化高质高效生产。大力提升农产品品质，建立健全农技服务、农产品市场信息、质量标准、检验检测等体系，实现农产品"从田间到餐桌"全过程的质量安全监控，确保产品质量安全。

## （六）进一步发挥数字赋能乡村产业发展作用

积极推进乡村信息基础设施建设、智慧农业发展和乡村数字治理，将数字经济与传统农业产业融合发展，是助推乡村产业发展的必由之路。一要加大财政投入。积极推动"数字乡村建设发展工程""智慧农业"等新基建向农村延伸。在陕南16个乡村振兴重点帮扶县率先推出集智慧生产、智慧营销、智慧供应链于一体的科技农业示范基地及农业信息化综合应用平台，助力乡村产业振兴。二要打造农产品供应链。实施"数商兴农",打造农产品网络品牌,支持运营主体带动农户统一标准、统一生产、统一采购、统一品牌、统一销售,构建基于互联网的供应链管理模式,助力产品线上销售。三要筑牢农村信息人才支撑。大力培养适应数字农业发展的人才,赋予农民更多数字化工具,为发展数字农业、智慧农业及直播卖货、移动"菜篮子"等新业态提供人才支撑。

## (七)进一步完善乡村产业发展风险防范体系

致富靠增收,增收靠产业。产业只有在风险可控的前提下才能持续稳定发展,才能真正实现带动农民增收的目标。陕南乡村振兴重点帮扶县乡村产业发展面临自然灾害、市场价格、动植物疫病等潜在风险,同时面临项目选择、合作经营、资金接续、企业信誉等困难。应当高度重视乡村振兴重点帮扶县乡村产业发展中的风险防控问题,有效规避和降低各类风险对产业发展和农户造成的损失。首先要高度重视风险防控。从政府层面,省市皆要加快加强陕南乡村振兴重点帮扶县的产品保险、灾害补偿、价格保护、动植物疫病等风险防控体系建设,形成应对及时的风险防控体系,从而有效规避和降低各类风险对产业发展和农户造成的损失。其次要加大保险支持力度。省市要切实加大对涉农保险的支持力度,推动农业保险加快发展,推进农业保险"增品扩面提标降费",有效提高涉农企业的风险应对能力。再次要创新风险防控举措。应积极探索建立乡村产业风险补偿基金或设立风险保证金,通过龙头企业和合作社购买商业保险等管用举措,确保乡村产业稳定健康发展,使乡村产业真正起到"活一地经济、富一方群众"的作用。

**参考文献**

程伟:《产业旺了　农民笑了——西乡县发展特色产业助推乡村振兴纪实》,《陕西日报》2021 年 8 月 5 日,第 12 版。

李静：《产业扶贫难在何处》，《光明日报》2018年4月24日，第15版。

张娟娟：《深度贫困地区脱贫攻坚思考——基于陕西省11个深度贫困县的分析》，《宏观经济管理》2020年第3期。

本报评论员：《夯实乡村振兴的产业根基》，《农民日报》2021年1月12日，第1版。

《构建融合发展的乡村产业体系》，搜狐网，2019年10月16日，https：//www. sohu. com/a/347450155_ 162758。

谢茹：《持续促进乡村产业兴旺》，《江西日报》2021年5月12日，第10版。

《产业兴旺是乡村振兴解决农村一切问题的前提》，"新农人袁帅"搜狐号，2021年3月1日，https：//www. sohu. com/a/453288465_ 243993。

《国务院关于促进乡村产业振兴的指导意见》，中国政府网，2019年6月28日，http：//www. gov. cn/zhengce/content/2019-06/28/content_ 5404170. htm。

《关于拓展农业多种功能　促进乡村产业高质量发展的指导意见》，农业农村部网站，2021年11月17日，http：//www. moa. gov. cn/xw/bmdt/202111/t20211117_ 6382385. htm。

# 人才振兴篇

Talent Revitalization

# B.6
# 乡村振兴战略下陕西乡土人才队伍建设研究

张雪梅　李思静　李晶晶　史晓筠*

**摘　要：** 在乡村振兴战略中，乡土人才发挥着重要的人才支撑作用。乡土人才懂农业、懂农村，尤其热爱农村，能够发挥自身技术专长与带动效用，以极大的热情为乡村振兴注入人才动能。本报告从乡村人才振兴的整体要求出发，梳理陕西关于乡土人才队伍建设的实践，研究发现，乡土人才队伍建设在人才开发、激励、结构、思想观念、技能提升等方面还存在一些问题与挑战，在一定程度上制约了乡土人才的发展。本报告从完善政策机制、强化激励措施、提升文化素质、健全培训体系等方面提出措施建议，进一步加强陕西乡土人才队伍建设，全面推进乡村振兴。

* 张雪梅，陕西省社会科学院人事处副处长，馆员；李思静，陕西省社会科学院人事处干部；李晶晶，陕西省社会科学院人事处干部；史晓筠，陕西省社会科学院后勤管理处干部，馆员。

**关键词：** 乡村振兴　人才振兴　乡土人才　陕西省

# 一　乡村振兴对乡土人才队伍建设的要求

党的二十大报告提出"全面推进乡村振兴"，"坚持农业农村优先发展"，"巩固拓展脱贫攻坚成果"，"加快建设农业强国"，"扎实推动乡村产业、人才、文化、生态、组织振兴"。在乡村振兴战略中，人才振兴是关键一环，人才是建设农业强国的基础性支撑。从党的十九大做出"实施乡村振兴战略"重大决策部署以来，中央高度重视农业农村人才队伍建设，2021年印发了《关于加快推进乡村人才振兴的意见》，要求"坚持把乡村人力资本开发放在首要位置，大力培养本土人才，引导城市人才下乡，推动专业人才服务乡村，吸引各类人才在乡村振兴中建功立业，健全乡村人才工作体制机制，强化人才振兴保障措施，培养造就一支懂农业、爱农村、爱农民的'三农'工作队伍，为全面推进乡村振兴、加快农业农村现代化提供有力人才支撑"。2022年中央一号文件《中共中央　国务院关于做好2022年全面推进乡村振兴重点工作的意见》指出，"加强乡村振兴人才队伍建设……培养乡村规划、设计、建设管理专业人才和乡土人才"，将乡土人才培养作为乡村人才队伍建设的重要内容。

陕西全面落实中央要求，充分结合省情实际，进一步细化乡村人才振兴的具体内容，2022年省委办公厅、省政府办公厅印发了《关于加快推进乡村人才振兴的实施意见》，提出培养乡村产业、乡村公共服务、乡村治理、农业农村科技等各类专业人才，充分发挥人才作用，健全人才培养体系。同时，为深入推进全省高素质农民培育，建设与农业农村高质量发展相适应的高素质农民队伍，2022年6月陕西省农业农村厅编制出台了《陕西省"十四五"高素质农民培育发展规划》（以下简称《规划》）。《规划》指出，截至"十三五"末，全省共有农村实用人才105万人，培育高素质农民20.63万人，认定12.69万人，有10.18万高素质农民成为产业发展大户，占到了49.36%，高素质农民充分发挥自身所长，带动了当地经济发展。《规划》提出了"十四五"阶段的发展目标，计划到 2025 年，全省高素质农民总量达到 25 万人，高素质农民村组覆盖率由 40% 提升到 70% 以上，提升培育质量、优化培育体系，全面推动高素质农民发展。

# 二　乡土人才概况

## （一）乡土人才的定义

乡土人才是指生长在农村，长期扎根农村，对农村具有深厚的情感，常年活跃在农村发展一线，农村生产生活经验丰富，具有一定专业领域知识技能，掌握着当地发展前景和规律的各类本土人才。乡土人才是具有技能专长的专业能人，是乡村振兴战略的受益者和领头人，是推动乡村振兴中具有示范和带头作用的农村实用人才，是传统文化的传承者、乡村产业的开拓者、群众致富的带领者。

乡土人才主要包括以下五类。一是具有农业生产经营专长，在种植、养殖等方面有专业技术、有一定带动效应的新型职业农民。二是土生土长、熟悉村情村况，致力于乡村发展、为村民办实事的村干部，以及返乡大学生村官等乡村治理人才。三是在乡村特色产业、优势产业中形成一定生产规模、具有经济效益、提供大量就业岗位的本土企业经营者。四是在生态、农业农村设施等领域，具有设计、制造、建筑等方面的专业技能，能够创收增收并带动其他农民的能工巧匠。五是传播优秀传统文化、先进思想，提供专业医疗卫生服务、基础教育、农村公共管理的社会服务人才。

## （二）乡土人才的特点

乡土人才主要具有以下几个方面的特点。一是"根在农村"。乡土人才生在农村、长在农村、根在农村，对农村的乡土文化、历史传统、地理环境等方面都较为熟悉，能够充分结合农村当地实际情况，以极大的真情和热情、以自身所学所能投身农村发展。二是"情在农村"。乡土人才具有极大的乡情羁绊，无论是短暂外出打工还是外出求学，都依然怀有对故土的情感与留恋，他们更加热爱脚下的土地，愿意返乡投入乡村建设。受社会经济大环境波动的影响，一些乡土人才由于城市经济生活的不稳定性，有意愿返回乡村从事生产生活，打好这张"乡情牌"，能够为乡村振兴提供更多的人才动能。三是"专在农村"。乡土人才通常在农业生产领域具有一定专长，具有亲和力和感召力，能够为农村群众传授经验、答疑解惑，带领群众增收致富，得到社会各界和农民群众的认可，是农村真正养得起、下得去、留得住、用得上的人才。因此，基于乡村振兴的美好蓝图，在充分挖掘本地乡土人才的基础之上，应该加大力度吸引更多乡土人才返乡，凝聚力量，形成系统化、科学化的乡土人才队伍体系。

### （三）乡土人才的价值

党的二十大报告提出"人才是第一资源"。乡土人才作为农村本土的"金种子"，是乡村振兴战略中建设农业农村不可或缺的"动力引擎"。乡土人才一头连着田间地头，一头连着农业农村可持续发展，他们熟悉农业农村的方方面面，具有深厚的民俗文化情感，与农村自然生态共同生长，在促进产业兴旺、生态宜居、乡风文明、治理有效、生活富裕等方面具有带头作用，能够为农村发展提供智力深厚的人才储备，是农村持续发展、不断再生的人才资源。只有充分认识乡土人才的独特性，激发乡土人才的主观能动性，发挥乡土人才在各个环节的创造性，才能逐步实现乡土人才开发从依靠外输到实现内生，才能建设出一支农业农村现代化所需的爱农村、懂农业、肯作为、高技能的乡土人才队伍。

## 三 陕西关于乡土人才的经验

### （一）关中地区

咸阳市礼泉县不断优化乡土人才资源配置，促进乡土人才由"分散"

转向"抱团",推进产业专家工作站建设,在农业、电商领域共有专家工作站 23 个,吸纳常驻高级职称专家 66 名、乡土人才 1000 余人,为农户提供专业性和针对性指导。积极开展培训及交流活动,乡土人才培训在礼泉县村镇的覆盖率达到 80% 以上,超过 12 万群众受益,持续推动人才成长。

渭南市富平县搭建了人才引进、培育、留用的创业平台,并成立了乡村振兴农业专家服务团,共吸纳 53 名乡土人才、67 名在职农业专业技术人才,并按照人才专长、产业特色和需求,将人才划分为不同产业领域的技术服务团,把控产业方向、破解生产难题、提高农业质量、带动当地农业农村发展。根据经济社会发展需要精准引进"对口人才",对于引进的高层次创新创业人才,最高给予 30 万元的资金支持,团队最高给予 100 万元的资金支持,鼓励专业人才发挥带头作用和引导作用,开展研究、破解难题。

## (二)陕北地区

榆林市吴堡县作为陕西首批乡村人才振兴的典型案例之一,把乡土人才队伍建设作为重要抓手,培养了一大批"土专家""田秀才",为乡村发展建设注入了"源头活水"。与职业技术学院合作培养农牧类定向委培生 142 名,毕业后回乡对口安置,引进农牧类专业硕士高层次人才 4 名,择优聘任 24 名农业专业技术人员,包抓农业科技示范户 120 户,推广新技术新方法,2 万余户农户从中受益。完善乡土人才评价、认定、晋升机制,2021 年以来组织培训共 11 场 558 人次,认定了 1300 余名农村实用人才。

## (三)陕南地区

安康市石泉县充分挖掘乡土人才资源,激发人才活力,设立了乡土人才服务站,注重人才选聘、培训、考核、激励、薪酬等方面的管理,在石泉县范围内选聘了 177 名有产业支撑、经验丰富、具备专业技能、致力于投身乡村振兴的乡土人才,并外聘了 9 名农林技术专家和 42 名技术员,由专家提供专业指导,解决"疑难杂症",形成"技术+人才"的结对模式。通过设立乡土人才服务站，强化人才培养，在乡村开展技术指导和实用技术培训，涉及 10342 户农户，培育乡村技术能手 871 名、职业农民 4279 名，以人才为基础动能，全面带动技术推广、产业兴旺、农民增收。

## 四 乡土人才队伍建设面临的挑战

### （一）人才开发激励机制不健全

乡土人才作为乡村人才振兴的主力军，具有极大的发展潜能和人才动能，是乡村发展重要的人力资源。现阶段，基层政府部门对乡土人才的重视程度和挖掘力度还不够，对乡土人才缺乏科学化、规范化、制度化的管理。一方面，乡土人才资源并没有得到完全开发，有些"土秀才"并不知道自己的专业技能优势，闭门造车、缺乏交流，人才潜能长期得不到挖掘，人才资源利用不足，造成本土人才埋没，反而依赖外请专家。另一方面，乡土人才分层分类、统筹管理、供需平衡的机制尚未形成，造成人才专业技能与农村产业需求不对口，缺乏统一管理，难以发挥乡土人才的整体效应，没有把乡土人才的专业优势和带动作用最大化。

乡土人才评定及激励政策不配套，激励方式不完善、效果不显著。第一，乡土人才的技术职称评审、技能鉴定、人才认定等政策制度没有充分落实，评定不及时、评定人数较少，不利于构建系统的乡土人才信息库。第二，乡土人才激励措施主要表现为物质激励和非物质激励，受限于城乡差距以及农村经济水平，虽然各级政府对人才奖励都有一定的补贴政策，但农村物质奖励仍较低，奖励项目较少，无法起到显著的激励效果。在非物质激励方面，荣誉激励等政策带来的激励效用十分有限，部分荣誉奖励的社会认可度较低，影响范围小，并没有给乡土人才带来实质性精神满足和切实的帮助。第三，各类职业技能大赛往往流于形式、走过场，比赛项目单一，比赛方式传统，乡土人才从中只能获得荣誉头衔，无法获得更大范围的社会尊重。

## （二）人才支撑体系不完善

随着城镇化的持续推进和城镇就业岗位持续增多，陕西城镇就业人口比重持续上升。2021年，陕西城镇化率达到63.6%，较2012年提高13.9个百分点。2021年全省城镇就业人员1253万人，占就业人员总数的59.9%，比2012年提高23.5个百分点；乡村就业人员838万人，占比40.1%，较2012年下降23.5个百分点。这说明随着城镇就业吸引力不断增强，乡村就业人员进一步流向城镇，乡村人才流失加剧。

从人才数量来看，乡村就业人员总量不足，陕西2021年乡村就业人员占就业人员总数的40.1%，人才外流严重，尤其是具备专业技能、扎根农村的乡土人才更为匮乏，缺乏劳动力，制约了农业农村及产业经济发展，难以为乡村振兴提供强大的人才支撑。从人才年龄来看，2020年第七次全国人口普查数据显示，我国乡村常住人口中16～59岁劳动年龄人口规模为2.85亿人，占全部乡村人口的比重为55.9%，乡村常住人口规模和劳动年龄人口规模都在逐步减小，年龄结构老龄化严重。乡村常住劳动群体以中老年居多，人才活力不足。经调研统计，在农民生产合作社、当地企业从事劳动生产的40岁以上劳动力占到76%，年轻劳动力较少，年龄断层严重。同时，农村传统技艺及文化领域也缺乏年轻的技艺传承人，传统技艺难以传承并发展壮大。从人才学历来看，统计数据显示，乡村文盲人口占全国文盲人口的72.4%。2020年我国乡村依然有文盲人口2440万人，其中女性文盲1806.6万人，成为农村文盲的主体。农村40岁以上劳动群体基本只有高中及以下学历，受农村经济水平和村民家庭条件制约，大部分年轻人在接受九年义务教育后就会离开学校，或外出务工或当学徒，导致长期以来农村人才的文化程度偏低。而高学历大学生返乡就业的数量较少，高层次人才引进力度相对不足，客观上较难提升农村人才的知识结构。从人才专业来看，农村人才主要集中在种植业和畜牧业等传统农业领域，且高级职称人才较少，专业化程度有待提高。随着经济社会高质量发展，农业产业涌现出一批新技术、新业态、新专业，但目前掌握新兴领域专业的人才只是少数，影响新兴产业专业技术推广速度。从人才性别来看，调研发现，长期生活在农村的女性占比为58%，高于男性，女性承担了更多的家庭责任，且受限于就业领域，大多留守乡村从事简单的农业生产，农村的成年男性则大多外出务工，常年在外从事采矿业、建筑业等领域的工作，为家庭提供主要的经济收入，造成人才队伍的性别不平衡。[1]

### （三）人才发展主体意识有待加强

在调研走访中发现，大多数农村地区，特别是地处偏远的农村，思想观念较为保守，受经济发展水平、地理位置和出行交通等条件的制约，村民日常生产生活只局限在相对狭小的乡村范围之内，很多村民出行的最远距离只到所属市、县，他们与外界的联系较少，接受新观念、新鲜事物的能力较低，思想观念陈旧，主体意识淡薄，比较安于现状，往往存有一种谨慎行事、怕担风险、不求创新、小富即安的心理，缺乏干事创业的积极性与主动性。同时，很多村民的人才观念淡薄，对人才缺乏正确的认识，没有充分发挥利用自己的专业技能，主要表现在以下几个方面。一是信息闭塞，人才埋没。问卷调查发现，某村80%的村民常年独自埋头苦干，对自身通过辛勤劳作练就的农业、手工业等方面的技能水平缺乏正确的科学评估，他们不清楚自身技能水平的高低，以及将技能分享传授给他人所能带来的价值，更没有个人长远发展规划，造成人才埋没与浪费。二是对学习技能及评定不够重视。乡土人才主动学习的意识不足，在参加政府组织的培训之余，缺乏通过专业化、针对性培训进一步提升专业技能，获得专业技能鉴定及相关职业证书等，从而提高自身价值的意识。三是传统观念对返乡就业存在偏见。农村传统家庭希望接受过教育的后辈们能够走出大山、跳出"农门"，对年轻人返乡就业创业并不支持，即便有些大中专毕业学生或常年在外打工的乡土人才，对自己土生土长的乡村有感情，想回乡施展抱负，但碍于传统观念和亲

---

[1] 匡时、萧霞：《我国乡村人口变动趋势及其对乡村建设的影响》，《中国发展观察》2022年第6期。

戚邻里的评价，认为返乡"丢面子"，往往顾虑重重而留在大城市打工。四是对乡土人才认可度不高。大多数村民不清楚、不信任乡土人才发挥的带动作用，很多农业农村的专业性问题依靠自己的土办法解决，并不采纳专家团队的建议。综上，传统思想观念与新时期乡土人才发展之间存在一些思想差异，无形之中制约了乡土人才队伍建设，成为实施和持续推进乡村振兴战略的隐形阻力。

### （四）人才培养实效有待提升

近年来，陕西各行业主管部门按照乡村振兴战略中对人才振兴的具体要求，分别对各类乡土人才开展了专业培训，培训工作在一定程度上提高了乡土人才的素质和能力。但在调研走访中仍然发现，乡土人才培训还存在一些问题。一是培训供需失衡。乡土人才培训一般由上级部门统一组织部署，分级实施，培训内容主要考虑整体性与普遍性，会出现区域供给不均衡，部分培训内容与乡土人才实际需求脱节，存在供给标准化与需求多元化之间的矛盾，不能适应乡土人才多层次、多类型培育的需要。二是培训形式单一。大多数从事种植业、养殖业、畜牧业等农业基础领域的农民，文化程度普遍偏低，日常生产活动以"土办法"为主，对专业理论知识的理解能力较差，而培训课程多以"你讲我听""满堂灌""填鸭式"的方式为主，实际操作较少，没有将听、看、学、做相结合，缺乏针对不同年龄群体、学历层次、专业技能的分类培训方式。三是培训重形式轻实效。一些培训注重走过场、重场次，参加培训的人员只需按期完成一定课时的学习任务，课时量达标即可，培训期间的人员管理、培训中的交流反馈、培训效果的评估、培训后期的跟踪服务相对缺乏，导致培训效果欠佳。四是培训工作与人才成长衔接不紧密。培训工作是人才培养的一个重要环节，是为了更好地助推人才成长，提高人才专业能力，而培训后，农业专业技术水平评估、职称评审、发展前景等方面缺乏配套的跟踪管理与服务，造成乡土人才培训"上面热底下冷""开始热后面冷"的局面，长此以往，乡土人才培训工作难以发挥真正作用，难以保证培训的实效性和持续性。

## 五 推进乡土人才队伍建设的对策建议

### （一）加大人才开发力度，完善政策机制

坚持党管人才原则，各级政府及组织人事部门具体负责乡土人才队伍建设，形成制度化的管理机制，不断完善乡土人才的分类管理及资源统筹，通过"挖""选""评"等政策措施，充分开发、有效管理乡土人才这个"金种子"。一是"广泛挖"。按照不同的专业领域和农业类别，在农村广泛挖掘具有专业特长的乡土人才，通过系统摸排，全面了解乡土人才的专长类别以及带动辐射范围，分门别类、分层分级建立乡土人才信息库，按照"及时发现、及时储备"的原则，将符合条件的乡土人才吸纳入库，实现动态化人才管理，将人才的"底"摸清。二是"精准选"。结合乡土人才的专业领域，有针对性地组织开展各类职业技能大赛，通过技能大赛进一步筛选技能突出的乡土人才，为乡土人才提供展示技能、交流经验的舞台。将在技能大赛中脱颖而出的优秀乡土人才纳入专家服务团，充分发挥专家的专业优势和聚合效应，促进产业发展、带动村民致富创业。三是"专业评"。2019年11月，江苏省就在全国率先建立了乡土人才职称评价制度，从助理乡村振兴技艺师到正高级乡村振兴技艺师将乡土人才分成了四个层级，与工程师系列职称享受同等待遇，共有845名乡土人才通过评审获得高级职称。陕西应借鉴全国先进典型做法，进一步建立完善全省乡土人才技术职称评审和技能等级鉴定制度，定期评鉴选拔人才，引导用人单位建立培训、鉴定、考核与使用、待遇相结合的用人机制，从而拓宽乡土人才的职业发展空间，提升乡土人才的社会认同。

### （二）优化人才队伍结构，强化激励措施

以构建一支爱农村、懂农业、肯作为、高技能的乡土人才队伍为目标，不断优化人才队伍结构。一是大力吸引青年人才。充分利用"乡情"来吸

引、鼓励高校毕业生返乡就业创业，激发青年人才的创新活力和创造热情，在农村传播新观念、新方法，发展新型种植业、休闲旅游业、电商农业、农创、文创等新业态，依托乡村振兴的大平台，使广大青年人才在建设农村中实现自身价值。二是鼓励扶持外出务工农民返乡。农村大部分成年男性常年打工在外，造成家庭责任缺位，从事专业技能单一，导致职业病高发。近年来乡村产业快速发展，提供的就业岗位越来越多，农村部分企业、工厂在旺季时甚至出现劳动力供不应求的现象，因此，政府应做好宣传引导工作，有计划、有组织地扶持外出农民工返乡。三是推动乡土人才可持续发展。重视乡土人才之间的情感联系与技能传承，注重传统手艺、乡村非遗、乡村特色品牌等本土资源的传承，发挥乡土技能大师的"传帮带"作用，形成"一带一""一带多"的人才"老带新"模式，持续挖掘培育乡土人才，实现技能和技能人才队伍的可持续发展。

完善长效激励机制，鼓励支持乡土人才全面发展。各级政府应深入了解乡土人才的职业情况和专业特长，掌握其发展需求，以鼓励人才发展、激发人才创造活力为目标，加大政府奖励力度，制定科学有效的激励措施。一是经济激励。充分落实国家利好政策，将各项助农惠农政策向乡土人才倾斜，为乡土人才争取更多专业性、针对性补贴。加强对本土创业及返乡创业的支持，从项目启动、培训学习、基础设施、税收优惠、贷款及经销等方面给予政策优惠。设立乡土人才成长基金，对表现优异、经济效益突出、创新成果丰富的乡土人才进行评比，按照贡献大小给予不同的物质奖励，激励乡土人才成长进步。二是荣誉激励。加大对各级优秀乡土人才的表彰力度，颁发荣誉证书，宣传优秀典型事迹，提升乡土人才的荣誉感、满足感、获得感，扩大社会影响力、获得社会认同，使乡土人才更能"立住脚"，持续激发乡土人才干事创业的主动性。三是政治激励。以综合素质能力为基础条件，选取政治素养过硬、专业能力强、有社会支持度的优秀乡土人才，优先发展为共产党员和乡村后备干部人选，并积极推荐为各级党代表、政协委员等候选人，强化基层组织的政治领导力，提高乡土人才在乡村治理中的话语权。

## （三）提高人才文化素质，转变思想观念

提高村民思想文化素质，是一项长期、复杂且艰巨的社会系统工程，需多措并举，多点发力。一是与时俱进做好思想宣传工作。针对村民思想觉悟不高、文化程度普遍偏低、接受新知识较慢等特点，应加强农村基层组织建设，强化村民尊重科学与尊重人才的意识。各基层组织应大力宣传乡村振兴战略的伟大意义、人才振兴在乡村振兴战略中的重要性以及乡土人才的重要价值，引导村民树立"有用就是人才，人才就在身边"的理念，将典型的乡土人才事例作为榜样大力宣传，用正能量来引导村民人才思想观念的转变，从行动上积极推动乡土人才队伍建设。二是大力培养乡村文化人才。持续加大中华优秀传统文化的宣传力度，培养乡土文化能人、民俗文化传承人和乡村文化骨干，推动乡风文明建设，丰富村民精神世界，不断提高农民群众的思想、文化、道德水平，形成崇尚文明、崇尚科学的社会风气。三是促进城乡思想文化交流。建立城乡之间的交流互通，促进乡村人才思想观念的转变。鼓励大学生、返乡创业者投身乡村建设，鼓励动员城市相关领域的从业者定期到乡村走访交流，通过"三下乡"活动，推动文化下乡、科技下乡、卫生下乡，给广大乡村带来一缕新风，给广大村民带来新思想、新观念。

## （四）健全人才培训体系，助推全面发展

健全乡土人才培训体系，一是明确培训目标。做好培训前期的需求调研工作，充分了解当地乡土人才的培训需求，结合地方发展实际和乡土人才专长特点，按照全面推进、重点突出、分类指导、学有专长的原则，制定详细的中期培训规划和年度培训计划，明确培训内容、培训方式和培训目标。二是确定培训对象。乡土人才培训应充分涵盖各行业各领域，企业通过开展"订单式"培训、以工代训，鼓励青壮年劳动力就读技工院校或参加中长期培训，引导有意愿的妇女、老人、残疾人等特殊群体，接受职业技能培训。共青团陕西省委于2022年5月举办了2022年第一期"陕西省农村青年致富

带头人线上培训班"，培训对象包括驻村第一书记、新型职业农民、涉农青年创业者、家庭农场经营者、电商创业青年等群体，培训主体多元化、形式多样化。三是完善培训内容。乡土人才培训应紧跟时代发展，贴近乡村实际，补齐人才成长短板，加强"流动培训"，开展"知识送基层""知识到现场"等活动，培训内容更接"草根气""泥土气"，真正切合乡村发展需要。四是创新培训形式。借助互联网、微信等新载体，采取线上线下相结合的技能培训模式，实施培训下乡"直通车"、远程培训、网络培训等，拓宽乡土人才获得职业技能的渠道。强化言传身教，鼓励培训实效突出的乡土人才主动分享心得体会，讲授实践经验，发挥带头和引领作用，增强培训工作的实效性。健全乡土人才培训体系，定期组织培训交流，不断激发乡土人才的学习热情，提升乡土人才专业技能，持续推进乡土人才全面发展。

## 参考文献

《中共中央办公厅　国务院办公厅关于加快推进乡村人才振兴的意见》（中办发〔2021〕9号），2021年2月23日。

《中共中央　国务院关于做好2022年全面推进乡村振兴重点工作的意见》（中发〔2022〕1号），2022年1月4日。

《关于加快推进乡村人才振兴的实施意见》，陕西省人民政府网站，2022年1月13日，http：//www.shaanxi.gov.cn/xw/sxyw/202201/t20220113_2207273.html。

《陕西省农业农村厅关于印发〈陕西省"十四五"高素质农民培育发展规划〉的通知》，陕西省农业农村厅网站，2022年6月7日，http：//nynct.shaanxi.gov.cn/www/snynctwj/20220607/9796205.html。

崔光宝：《新形势下农村乡土人才培养激励机制探析》，《中国人才》2020年第6期。

刘清泉、卢先明：《乡土人才队伍建设的路径选择》，《湖南理工学院学报》（自然科学版）2021年第1期。

王甜：《乡村振兴战略下农村乡土人才激励机制研究》，《乡村科技》2021年第4期。

# B.7
# 陕西农民数字素养培育与乡村振兴研究[*]

赖作莲[**]

**摘　要：** 培育农民数字素养与技能是提升全民数字素养与技能行动的重要组成部分，也是弥合城乡数字鸿沟、促进乡村振兴的关键举措。农民数字素养提升有助于乡村产业发展、生态宜居实现、乡风文明建设、乡村有效治理和农民增收致富。当前，陕西农民具备一定的数字素养，农村网民规模不断扩大，数字生活成为农民的重要生活方式。但是，农民数字素养总体偏低，提升任务繁重，农民数字素养与技能培训体系不完善，数字化设备的工具价值还有待开发。提升陕西农民数字素养，助力乡村振兴，要完善农村数字基础设施建设，全面提升农民科技文化素质，提高农民数字意识与数字技术的使用意愿，扎实推进农民数字素质与技能培训，提升农村居民数字安全素养。

**关键词：** 农民数字素养　乡村振兴　陕西省

当前，公民数字素养与技能的提升受到国际社会的普遍重视。在美国数字素养被视为"21世纪基本技能"，欧盟推出了"数字素养项目"。提升全民数字素养与技能是实现我国"十四五"数字经济发展规划目标的重要保障。培育农民数字素养与技能是提升全民数字素养与技能行动的重要组成部

* 本报告为陕西省自然科学基金项目"陕西农民数字素养对家庭收入的影响机制研究"（2023-JC-YB-633）的阶段性研究成果。
** 赖作莲，陕西省社会科学院农村发展研究所副研究员，研究方向为农村经济管理。

分，是我国实现从网络大国迈向网络强国的必由之路，也是弥合城乡数字鸿沟、促进乡村振兴的关键举措。农民数字素养与技能提升将有力地推进乡村振兴，推动农业农村现代化实现。

# 一　数字素养与农民数字素养

1994 年以色列学者 Yoram 提出了"数字素养"的概念。在他看来，数字素养包括软件或操作数字设备的技能以及各种复杂的认知、运动、社会学和情感技能。此后，Gilster、Eshet-Alkalai、Martin 等许多学者对数字素养的概念进行了探讨。国内学者肖俊洪、王佑镁等、程萌萌等也从不同的角度对数字素养进行了探讨。

2007 年，欧盟委员会将数字素养作为 21 世纪欧洲公民必备的 8 项核心素养之一，并提出了包含信息域、交流域、内容创建域、安全域和问题解决域 5 个方面的素养域。2018 年，联合国教科文组织《全球数字素养框架》项目组的 Law 等提出了包括设备操作、信息处理、交流协作、内容创作、安全保护、问题解决和特定职业相关域 7 个方面的素养域。[①]

中央网络安全和信息化委员会印发的《提升全民数字素养与技能行动纲要（2022~2035 年）》指出："数字素养与技能是数字社会公民学习工作生活应具备的数字获取、制作、使用、评价、交互、分享、创新、安全保障、伦理道德等一系列素质与能力的集合。"数字素养具体包括：数字意识、计算思维、数字化学习与创新、数字社会责任。

农民数字素养是数字化情境下农民在生产与生活实践中所具备的或形成的有关数字知识、数字能力和数字意识的综合体。数字素养的高低，直接关系农民的互联网使用和对数字资源的持续使用意愿及能力。2022 年中央一号文件提出，加强农民数字素养与技能培训。在农村数字基础设施具备一定

---

[①]　N. Law et al., "A Global Framework of Reference on Digital Literacy Skills for Indicator 4. 4. 2.," Montreal：UNESCO Institute for Statistics，2018.

条件后，提升农民数字素养的重要性日益凸显。只有提升农民数字素养，才能让数字技术更好赋能乡村振兴。

## 二 农民数字素养与乡村振兴

### （一）农民数字素养提升助力乡村产业发展

具备一定数字素养和技能的农民，能利用手机等数字化"新农具"；农民运用数字化"新农具"的能力随着数字素养和技能的提升而增强。一是农民数字素养提升，促进农产品销售。农产品销售始终制约着农业产业的发展。当前，随着以智能手机为代表的数字设备在农村地区普及，手机成为"新农具"，直播带货成为"新农活"。农民运用云直播、短视频等数字化手段销售农产品。直播带货的能力将随着农民数字素养的提高而增强。二是农民数字素养提升，推动农业生产的智能化管理，实现农业生产环节精细化。随着数字素养的提升，通过对大数据的分析，农民可以通过手机、电脑操作，控制温室、大田的生产环境等，实现精准施肥、灌溉、打药等生产管理，从而使种地更加便捷高效。在极端天气条件下，可以更好地利用数据进行预警和补救，实现减灾稳产。三是农民数字素养提升，促进乡村旅游、休闲康养等新产业新业态的发展。随着数字素养的提高，农民可以通过直播以更加便捷直观的方式推介自然风景、人文风情、乡村文化等，可以实现网上预约预定餐饮住宿，从而更好地利用数字技术发展乡村旅游和休闲康养产业。

### （二）农民数字素养提升助力乡村生态宜居

农民数字素养提升有助于发展绿色农业，防治农业面源污染。农民可以更好地利用先进的数字技术发展绿色农业、生态农业，在灌溉、施肥、病虫害防治上实现精准化、减量化，既降低成本，又促进农业生态环境改善。

农民数字素养提升有助于推动乡村人居环境治理。随着数字素养的提升，农民可以利用数字化技术进行生活垃圾治理，实现农村生活垃圾治理的智慧化、数字化、规范化。垃圾分类是提升生活垃圾减量化、资源化和无害化管理水平，推进乡村生态宜居的重要措施。借助数字化技术，推进智能垃圾分类能有效提高垃圾分类效率和便利性。将监管平台与智能分类桶、微信小程序、分拣中心监控、车辆 GPS 等实时联网，通过基础数据管理、积分管理、智能桶管理、二维码溯源、车辆追踪、视频监控及大数据分析，实现垃圾分类智能化、精细化管理。智能垃圾分类的顺利实施离不开农民数字素养的提升，只有农民能较好掌握和运用智能垃圾分类 App，才能保障智能垃圾分类的顺利运行。

### （三）农民数字素养提升助力乡风文明建设

农民数字素养提升有助于乡村文化焕发生机。数字化技术将田园风光、乡村古韵、民俗活动等场景转化成数字场景，以视频、音频等丰富的形式展现乡村文化，使乡村文化焕发生机。随着数字素养的提升，农民可以利用数字化技术，以独特的方式表达乡风民俗风物，用鲜活的视听语言描摹乡村人文风情，从而丰富乡村文化内容。

农民数字素养提升有助于乡风文明积分超市的运行。乡风文明积分超市促进乡风文明建设的作用明显，是推动乡风文明建设的有形载体。全国已有100 多个县（市、区）试点推广积分制、文明随手拍等乡村治理新模式。通过数字技术赋能，推动积分超市管理数字化、智慧化、精细化，统计更方便、兑换更便捷，可以有效克服以往积分超市存在的积分统计难、积分登记难、群众参与难等问题。通过对农民进行手机功能培训，提高其数字素养，使农民通过微信小程序，参与文明实践活动，赚取积分，再通过小程序进行物品兑换，从而有效激发农村群众参与乡风文明积分超市活动，推动乡风文明建设。

### （四）农民数字素养提升助力乡村治理

在以互联网、大数据、人工智能等技术应用为特征的技术深刻变革的背景下，推动政府治理方式的现代化转型，不断推进公共服务数字化、智能化是大势所趋。乡村治理同样必须向数字化、智能化方向的现代化转型。农民数字素养直接关系其参与乡村数字治理的积极性、主动性和创造性，从根本上影响着乡村数字治理中农民主体作用的发挥和乡村数字治理能力的整体增强。

党务公开、村务公开和财务公开等"三务"公开是乡村治理中群众最关注的事项。但通过公告栏公开容易因为时空阻隔，难以实现人人知晓。随着农民数字素养的提高，"三务"在网上公开，能让人快速、及时了解。随着农民数字素养的提升，有关乡村治理的很多事务可以实现网上办理。不少地方推出的村务微信群，政务服务"网上办""快捷办"，村民日常办事不出村，是乡村治理的新方法新路径，也是乡村治理现代化的生动写照。而线上办理、服务群众"零距离"的实现依赖农民数字素养的提高，需要以农民能有效地利用手机等数字化工具为前提。

### （五）农民数字素养提升助力农民增收

数字素养能够降低知识和有效信息获取成本，培养和导入市场经济意识，拓展既有资产价值转化路径，提高资产决策和配置效率，从而有效促进增收。不少农民通过提高数字素养，不断提高直播带货的能力，收入实现倍增。许多农民"拿起手机做主播，一年收入翻一番"，生活发生了巨大的变化。2021年，淘宝直播平台累计已有11万名农民主播，通过直播带动农产品销售超过50亿元。农民主播不仅提高了自己的收入水平，还带领乡亲们走上了致富的道路。

数字素养提升，促进农民改变以生产为导向的农业生产方式。以生产为导向的农业生产方式，生产与市场脱节，很容易导致农产品卖难。随着农民数字素养的提升，农民通过利用电商平台和分析大数据捕捉市场信号，使农业生产由生产导向转向需求导向，从而实现农产品供给与市场的有效对接，增加农业生产经营收入。

数字素养提高，还有助于农民获取就业信息和就业机会。随着数字素养的提升，农民借助数字化平台，通过手机查询各种就业信息，能更加便捷地获取就业信息，实现就业增收。

## 三 陕西农民数字素养的基本状况

### （一）农村网民规模不断扩大

在全国互联网蓬勃发展的大势驱动下，也得益于陕西经济社会快速发展的推动，陕西农村网民规模快速扩大。城乡上网差距进一步缩小，现有行政村已全面实现"村村通宽带"。陕西互联网发展水平略高于全国平均水平。截至 2020 年底，陕西省网民规模达 3164.2 万人，互联网普及率约为 80.05%。陕西省网民城乡结构与全国网民总体的城乡结构相近。按全国城乡地区互联网普及率的差异计算，2020 年，陕西农村互联网普及率约为 64.45%，农村网民规模达 951.24 万人，比 2012 年增加了568 万人。[①]

### （二）数字生活成为农民的重要生活方式

随着乡村网络基础设施的不断建设和完善，农民上网时长不断增多，新型数字生活逐渐成为农民的重要生活方式。即时通信、网络视频、网络购物、网络游戏、网络音乐等成为农村网民日常生活的重要组成部分。随着手机的普及，农民生存方式快速向数字化转变，农民数字化生存能力不断增强。微信、抖音、快手、淘宝、京东已成为农村网民最常使用的 App。农村网民主要通过淘宝、拼多多和京东从事电子商务活动。微信、QQ 是农村网民使用的主要社交 App。网络视频主要使用腾讯视频，网络音乐主要使用抖音、爱奇艺和快手。

---

① 《2020 年度陕西省互联网发展报告》，陕西省互联网协会网站，2022 年 1 月 5 日，https://www.issn.org.cn/html/info/fzbg/2022/0104/862.html。

## （三）农民数字素养和技能培训广泛开展

按照《提升全民数字素养与技能行动纲要（2022～2035 年）》的要求，陕西各地积极开展农民数字素养与技能培训活动，推动数字技能进乡村。西安市鄠邑区甘亭街道韩村以"新农具""新农场""新农民"为主题，为农民进行抖音与直播带货运营的知识和技能培训。围绕用好"新农具"短视频运营、认识抖音平台、账号定位与搭建、视频内容、账号运营、直播前准备、直播中技巧、直播后复盘等方面进行讲解和培训。杨凌示范区开展农村电商培训活动，着力培养农产品网络主播和农产品代言人，促进农产品"直播+带货"销售。宝鸡市开展农民手机应用技能培训，增强农民防范电信诈骗意识，提升农产品直播带货与品牌营销技巧。咸阳市旬邑县出台免费培训、培训补贴、优秀奖励等政策，开展数字素养与技能培训，主要围绕短视频营销、直播带货环境搭建、短视频内容拍摄制作、直播带货等内容，培训和指导农民学员掌握淘宝、京东、拼多多、快手、抖音等平台直播带货方法，全面提升直播带货素质和能力。数字素养与应用技能培训，增强了农民适应数字时代的能力。

## （四）农民数字化"新农具"应用能力大幅提升

随着农民直播带货和数字素质与技能培训的不断开展，越来越多的农民使用数字化"新农具"。直播成"新农活"、手机成"新农具"、数据成"新农资"，越来越多的农民拿起手机当主播。借助阿里巴巴集团与陕西省商务厅合作实施的"春雷计划"，2020 年陕西成了"淘宝农民直播第一省"，一年内淘宝农民主播猛增 7 倍，每 4 个淘宝主播中，就有 1 个是农民主播。

作为"新农具"的手机，不仅用于直播，而且用于生产管理。农民利用手机对智能化农业进行远程管理和控制。在手机上安装智能化农业生产软件后，通过手机操作就能实现对农作物灌溉、施肥及大棚温度、湿度等的控制，不仅省时省力，而且精准，能提高水肥利用效率，避免水肥浪费。

### （五）农民数字安全防护意识逐渐增强

随着农民数字素养和技能培训中数字安全内容的讲授，及有关手机 App 过度采集个人信息、盗刷、泄密的报道，有关网络诈骗、网络攻击、个人隐私泄露、大数据杀熟、无良算法等事件和问题的不断曝光，农民数字安全防护意识逐渐增强。表现为对个人数据和隐私的保护意识，对网络谣言、电信诈骗、信息窃取等不法行为的辨别能力和对游戏、短视频等的自控能力有所提高。大多数农民对互联网既能丰富和便利生活，有助于提高人们的生存生活能力，又存在潜在风险的两面性具有较清醒的认识。

## 四　提升陕西农民数字素养面临的问题与挑战

### （一）农民数字素养总体偏低，提升任务繁重

陕西数字经济发展整体处于全国中等水平。2020 年陕西省数字经济总量达到 7200 亿元，数字经济占全省地区生产总值比重达 30.2%，综合指数排全国第 14 位。陕西城乡居民数字素养状况大致与全国平均水平相当。根据 2021 年中国社会科学院信息化研究中心发布的《乡村振兴战略背景下中国乡村数字素养调查分析报告》，我国城乡居民数字素养参差不齐，平均得分仅 43.6 分（满分为 100 分），总体处于"不合格"状态。而农村居民平均得分远低于城市居民，城市居民平均得分为 56.3 分，农村居民平均得分为 35.1 分，差值高达 21.2 分；农民群体平均得分显著低于其他职业群体，农民群体的数字素养得分仅为 18.6 分，全体人群平均得分为 43.6 分，农民群体平均得分比全体人群低 57.3%。可见，农民数字素养总体偏低。实现农民数字素养显著提升的目标，任务还很繁重。

### （二）部分农村数字基础设施薄弱

基础设施是数字经济建设和运行的重要前提条件。农村基础设施和网络

普及程度在很大程度上制约着农民数字素养的提升。虽然农村互联网基础设施建设成效显著，陕西现有行政村已实现"村村通宽带"，但还存在一些网络基础设施建设薄弱的地区，特别是偏远山区仍然存在网络信号还没有覆盖或者信号差、智能手机使用体验差等问题。陕南秦巴山区地质灾害频发，洪水、泥石流等自然灾害常常导致网络基础设施遭受破坏和损毁。乡村专门数字基础设施建设薄弱。对于农民个体而言，手机、电脑等智能设备具有高价易损性，部分农民无力或不愿意购置，不少农村家庭没有计算机，没有接入宽带网络，缺少必要的数字化工具。

### （三）农民数字素养与技能培训体系不完善

虽然各地广泛开展农民数字素养与技能培训，但是尚未建立较完善的农民数字素养与技能培训体系。一是还没建立和形成常态化、定期的培训方式。现有农民数字素养与技能培训主要以短期项目培训的形式进行，缺乏定期的常规性培训活动。二是培训内容缺乏全面性、系统性。农民数字素养包括数字生存素养、数字生产工作素养和数字安全素养，目前的培训主要集中在直播带货上，而缺乏生产环节的数字化、数字安全措施等方面的培训。三是缺乏符合农民实际需要的师资和培训课程设置。提升农民数字素养需要与之相匹配的师资队伍，既要能用好数字新技术新媒体，又要懂农业经营管理和农业技术，但是这种人才较欠缺。大部分培训没有紧密结合当地农民实际情况设计培训课程和项目。

### （四）数字化设备的工具价值还有待开发

农民数字素养提升，并不是简单地会用手机上网、刷视频，更重要的是要运用数字化技术进行农业生产和农业经营管理。只有农民利用手机、电脑等数字化技术和工具设备解决问题、创造收入的意识和能力增强，才真正意味着农民数字素养提升。

《乡村振兴战略背景下中国乡村数字素养调查分析报告》显示：随着智能手机在乡村地区的全面普及，尽管农村居民使用智能手机的能力正在快速接近城市居民，但是超过 1/3 的农村居民仅使用智能手机进行娱乐消遣活动，近 1/3 的农村居民认为手机或电脑的应用对于个人就业、创业及收入提升"没有起到任何作用"。

### （五）部分农民文化程度较低、数字安全意识弱

部分农民文化程度较低限制了农民数字素养提升。利用数字工具，获取、使用数字资源，需要具备一定的文化知识储备。部分农民缺乏使用数字化产品所必需的文化知识储备和获取、使用数字资源的能力，无法及时有效地接收数字网络的基本信息。在推进益农信息社建设的过程中，所推送的贯穿于整个农业生产过程的益农信息及市场信息很少得到有效运用，其主要原因在于，农户受自身教育水平的限制，缺乏获取益农信息与市场信息所必需的信息检索能力，仍倾向于经验主义。一些农民数字化意识不强，对数字时代的认知不足，限制了其提升数字素养的主动性和积极性。

数字安全素养的本质是基本安全素养在数字世界的延伸。受对数字化的熟悉、适应、融入程度的限制，大多数农村网民对网络安全和数据安全的认知还停留在较为初级的层面。一些农村网民没有足够的数字安全意识，数字安全素养还较低，容易遭受网络攻击、网络诈骗、隐私泄露等网络安全事件，一些网民还不同程度地存在沉迷网络、受不良内容侵蚀、过度网络消费等问题。《乡村振兴战略背景下中国乡村数字素养调查分析报告》显示：城乡居民数字素养的最大差异就是数字安全意识。

## 五 提升陕西农民数字素养，助力乡村振兴

### （一）完善农村数字基础设施建设

持续推进乡村数字基础设施建设。数字素养的培育需要以网络基础设施为支撑。要持续推进乡村网络基础设施建设、推动农村基础设施数字化改造升级，进一步提高农村互联网普及率。着力打通农村偏远地区网络基础设施建设"最后一公里"，扩大农村偏远地区 4G 网络覆盖范围。推进农村地区

5G网络建设，让农村居民人人都"能用得起好的网络"。

搭建"软件平台"。充分考虑城乡差异以及不同乡村之间的产业、人口等结构特点，整合数字资源和数字技术，打造综合数字服务平台，以满足农村居民不同层次的需求。充分发挥现有益农信息社的优势，利用益农信息社等村级站点统筹建立县乡村三级农产品网络销售服务平台。针对农民数字素养总体偏低的状况，所建设的数字平台要简化使用流程，降低操作难度，以便于更多的群众利用平台资源。

提高数字化工具普及率。政府在加大乡村数字基础设施投入的同时，对于部分无力或不愿购买手机等数字工具的农民，可以根据具体情况对农民购买电脑、手机等数字工具进行适当补贴，使其能在可接受的价格范围内获取与数字技术相关的网络与工具。

### （二）全面提升农民科技文化素质

提升农民科技文化素质是提升农民数字素养的基础。提升农民科技文化素质，既要提高农民的文化程度，培育乡村新风尚，提升乡村文明程度，又要提升农民应用现代科技的能力，提高农民的劳动能力和经营能力。

提高乡村教育水平，提升农民整体文化素养。学历的提升有助于促进农民对数字技术的掌握和使用。要提高乡村学校整体教学水平、提升乡村教师教学能力，提升乡村学校教学质量。推进农村职业教育，优化学科专业结构，支持办好涉农高等学校和职业教育，分类实施乡村教育培训，培养多类型乡村人才。

加强农村科普工作，提升农民科学素质。围绕生产、生活，结合先进适用技术推广，特别是数字技术的推广和运用，向农民普及科学技术知识、倡导科学方法、弘扬科学精神。充分发挥高校和科研院所在推动农村科普方面的作用，创新农业科技社会化服务模式。通过农村科普，提升农民科学素质，提高农民对数字技术的认知，使一些农民对数字技术的态度由排斥向认可和接受转变。

### （三）提高农民数字意识与使用数字技术的意愿

提升农民数字素养的关键在于提高农民数字意识，提高农民对数字技术的认知及应用数字技术的意愿和能力。要为农民营造数字技术的应用场景，为农民搭建应用智能设备的展示平台。采取线上数字主题交流活动，线下参观学习、现场会、现场数字技能大赛活动等线下线上相结合的方式方法，营造提高农民数字意识的良好氛围，吸引农民参与、互动、沟通、分享，在活动中提高数字意识。

通过建构和现实生活联通的真实场景，提高农民使用数字技术的意愿。贴近数字生活场景容易获得农民群众的认同，引起情绪共鸣，从而提高农民参与和使用数字工具的意愿。微信、支付宝等第三方支付逐渐为农民所接受，就在于贴近农民生活、便利农民生活。

### （四）扎实推进农民数字素养与技能培训

推进农民数字素养与技能培训，提升农民数字能力是助力农民分享数字化红利的现实途径。

要继续推动农民手机应用技能培训，提升农民应用数字化"新农具"的能力。通过经验分享、实战指导、案例分析和互动答疑，帮助农民利用"直播+短视频"开展农产品线上营销，运用手机 App 进行数字化营销活动，推动"互联网+"农产品出村进城。结合农业生产管理，指导农民熟练掌握智慧农业等农业软件的应用，发挥手机的生产功能。

营造有利于农民数字素养和技能提升的良好环境。从返乡下乡人员、农村青年中选聘信息员，培训乡村留守群体，使其学习电脑、智能手机等智能设备使用，网上购物、各种常见 App 使用等技能。倡导年青一代对年长一代进行"数字反哺"，以提高年长一代数字综合素养。鼓励数字素养高的优秀青年和大学生下乡对农民进行培训。

支持和鼓励社会力量广泛参与农民数字素养与技能培训。结合农村实际，引导企业、公益组织等参与农民数字技能提升工作，进一步发挥益农信息社在促进数字乡村建设中的作用。

### （五）提升农村居民数字安全素养

网络安全意识是数字素养的重中之重。要加大数字安全科普力度，树立

"大安全"理念，只有农村居民网络安全意识有了明显增强，全社会数字素养才会有质的跃升。

要增强网络法律意识，强化网络法治思维。加强《网络安全法》《个人信息保护法》《数据安全法》等法律法规的宣传教育，一方面要教育和引导农村网民知法懂法守法用法，利用法律保护自身合法权益；另一方面要为农村网民划出底线、红线、高压线，防止其沉迷网络及受不良内容侵蚀，使其自觉同不法行为做斗争，自觉抵制网络不良信息。网络安全教育内容要贴近农民群众的生活需求、生活场景，要根据网络数字的不断发展，不断推出与现实需求相符的网络安全教育内容。

## 参考文献

苏岚岚、彭艳玲：《农民数字素养、乡村精英身份与乡村数字治理参与》，《农业技术经济》2022 年第 1 期。

单德朋、张永奇、王英：《农户数字素养：财产性收入与共同富裕》，《中央民族大学学报》（哲学社会科学版）2022 年第 3 期。

郁静娴、常钦：《数字化赋能，乡村治理更有效》，《人民日报》2022 年 5 月 13 日，第 18 版。

《提高农村居民数字素养与技能，助力数字乡村建设》，光明网，2022 年 8 月 22 日，https：//m. gmw. cn/baijia/2022-08/22/35968682. html。

《国家网信办发布〈数字中国发展报告（2021 年）〉》，贵州省大数据发展管理局网站，2022 年 8 月 5 日，http：//dsj. guizhou. gov. cn/xwzx/gnyw/202208/t20220805_ 75978461. html。

# 文化振兴篇
## Cultural Revitalization

**B.8**

# 陕西农耕文化研究报告*

刘 宁**

**摘　要：** 陕西作为中国农耕文明重要发祥地，绵延四千年的农耕史，两千余年的水利灌溉史，形成南北兼跨、耕作与游牧并存的生产方式，积淀下丰富的农书，悠久的古村落、村镇，多姿的民间文艺、民俗节庆。丰赡的农耕文化遗迹与遗产是新时代中华民族伟大复兴文化自信的底蕴，也是现代中国、现代陕西农业发展的坚实基础，在乡村振兴战略中将发挥重建乡村文明的重大作用。

**关键词：** 农耕文化　历史遗迹　非物质文化遗产　陕西省

---

* 本报告系 2021 年陕西省社会科学基金项目"地理景观与近现代关中文学研究"（2021H003）、2021 年陕西省"六个一批"人才专项研究课题"乡村地理景观视域下近现代陕西文学与百年农村建设运动关系研究"阶段性成果。
** 刘宁，陕西省社会科学院文学艺术研究所副所长、研究员，研究方向为当代陕西文学与文化、人文地理学。

陕西农耕文化在中国农耕文明中占有极其重要的地位，不仅是中华优秀传统文化精华，也是中国农业现代化发展的坚实基础。

# 一 陕西自然地理与农耕文化地位

从地理位置讲，陕西向西是中国西北地区，向南隔秦岭比邻四川，向北与大漠相交，向东与河南、山西连接，跨黄河与长江水系，高原、平原、丘陵、沙漠、山地、河流兼备，优越的区域位置使其自古以来就是中国农耕文化发祥地、发展地。

## （一）陕西自然地理

陕西地跨中温带、暖温带、北亚热带三大自然地带，南北自然条件差异较大，农业生产方式自北向南分为半农半牧区、麦作农业区和稻作农业区。按照自然地理状况，将陕西划分为渭河平原（关中平原）、黄土高原与秦巴山地三大区域，形成与之对应的关中、陕北与陕南三个自然地理单元。

### 1. 关中平原

《史记》载"关中自汧、雍以东至河、华"① 是指从宝鸡汧阳直到黄河边上属于关中，徐广认为关中位于"东函谷，南武关，西散关，北萧关"之中，② 今天所讲的关中是指东至潼关、西达宝鸡、北濒北山、南界秦岭，东西长四百公里、南北宽约八九十公里的区域，人称八百里秦川或渭河平原。渭河是黄河第一大支流，也是陕西的母亲河，在西安附近有泾、浐、灞、沣、滈、涝、潏诸水。关中属于旱作农业区，原始农业时代作物以黍、粟为主，传统农业时期是我国小麦重要种植区，先秦时始种植水稻。

### 2. 陕北黄土高原

陕北黄土高原包括关中平原向北至鄂尔多斯草原之南，宁夏回族自治区

---

① （汉）司马迁：《史记》，上海古籍出版社，1997，第2462页。
② （汉）司马迁：《史记》，上海古籍出版社，1997，第217页。

和甘肃庆阳地区之东，黄河之西。"全区地形根据外貌特点，可分作黄土高原沟壑、黄土丘陵沟壑和梢林山地三类。"① 榆林地区是长城沿线风沙区，位于毛乌素沙漠边缘，坐落在中国农牧交错地带。陕北农业形成麦作圈和粟黍旱作圈，前者包括富县、洛川、黄龙、黄陵、宜川和宜君南部；后者包括甘泉、延长、延川、安塞、子长、清涧、米脂、绥德、靖边、神木、横山等北部县（市、区）。

### 3. 秦巴山区

该区由北部秦岭与南部巴山及横贯其间的汉水构成。狭义的秦岭是指横亘在关中与陕南间的山脉，与淮河一起构成中国南北分界线。巴山耸立于陕南与四川、湖北之间，分布在宁强至白河等 10 个县。陕南为陕西省内的主要稻谷产区以及全省亚热带资源的宝库。历史上开发较晚，直到清前期大量流民进入山区才得到开发，农业以旱地作物为主，玉米、洋芋、红薯是首选作物。

### （二）陕西是中国农耕文明的重要发祥地

半坡、姜寨等原始农业发源地。西安半坡遗址反映的是距今 7000 年至 6000 年前的史前农业，现已发掘有数以万计的包括各类石斧、石刀、石铲、骨铲、石锄等在内的劳动工具，种植业工具明显超过渔猎工具的比重，考古曾发现整罐子的芥菜或白菜等蔬菜的种子。临潼姜寨遗址是我国原始农业发源地之一，出土了大量石器农具，数百个存粮窖穴以及粮食朽壳和动物骨骸，是我国史前较早的村落雏形。

后稷教民稼穑，杨凌是先周农业文明核心区之一。武功县发现并确认 40 多个先周农业遗址，在杨凌疙瘩庙遗址发现原始农业文化、先周以至秦汉农业文化的叠压层，反映了先周文化与原始、秦汉文化的继承关系。

农本思想奠定国家重农体制。战国时商鞅界定了中国的"本业"为男

---

① 史念海：《陕西北部的地理特点和在历史上的军事价值》，载《史念海全集》第 4 卷，人民出版社，2017，第 62~63 页。

耕女织，对商贾进行严厉打击，从而把中国农业推向独尊地位。秦汉统一后重农体制成为我国基本国策，历代王朝设农官管理农业生产，地方官吏以农事为要务。

### （三）重要农书

见诸古籍目录者约 37 种，现存 28 种，包含耕桑树畜各部门生产技术知识，具有传统经验农学的理论体系。

《吕氏春秋》中《上农》《任地》《辩土》《审时》被《齐民要术》概括为"顺天时，量地利，则用力少而成功多"。"夫稼，为之者人也，生之者地也，养之者天也"等三才理论，月令图式体现以遵农时安排农业生产的思想。

《氾胜之书》是汉成帝时氾胜之以关中为试验区撰写的一部记载农业生产经验的著作，讲述区种法和溲种发，还有耕地法、种麦法、种瓜法、种瓠法等；讲述耕作基本原则——选种、播种、溲种等农业生产技术和一些林木栽培技术。

唐时农书《兆人本业》，由武则天时文学之士周思茂等编撰，开辟了以农书在全国范围内督导农业生产的制度，反映出封建政权由重农业到重农学的转变。

明清时陕西农书复兴。明末泾阳人王徵所撰《诸器图说》是重要的农业机械著作，杨屾的《豳风广义》是发展本地区蚕桑业的指导性文献，他另一本农学著作是《知本提纲》。道光年间三原人杨秀元作《农言著实》。

### （四）陕西农耕文化发展脉络

#### 1. 周人农耕传统与农业

周代农业的重大贡献在于，蔬菜种类已有萝卜、葫芦、苦苣菜、荇菜、芹等 40 多种，果类作物有桃、李、梅、枣、栗、梨、猕猴桃、甜瓜等 10 多种。衣料作物有葛、麻及其他经济类作物。周代农田水利灌溉已有一定规模，《诗经》中《陈风·泽陂》载："彼泽之陂，有蒲与荷。"西周后期我国已有专门种植蔬菜、瓜果的园圃，专门种植经济林木的园林，种植业、园艺业、饲养业、畜牧业都发生了质的变化。

### 2.秦：中原农牧交错地带形成

秦霸西戎拉开中原政权经营农牧交错地带的序幕。秦国依靠关中移民实行西北畜牧业发展，故秦国农业发展的广度和深度远超过齐、楚、晋诸国，形成"西有巴、蜀、汉中之利，北有胡貉、代马之用"[①] 格局。秦初期农业在继承和吸收周、戎农牧业文化基础上发展起来，在与诸戎斗争中对保卫关中农区自周以来形成的先进农业传统具有重要意义。

### 3.汉代农业文化

《汉书·艺文志》载"农家者流，盖出于农稷之官。播百谷，劝耕桑，以足衣食"[②]，形成以精耕细作、培肥地力为主的农业生产体系。一是代田法。汉武帝时赵过创立了代田法。此前耕作方法为缦田法，耕种几年后，地力耗尽。代田法将田地开成垅和沟，每年互换。二是三脚耧。赵过创制的一种能同时播种三行的新播种机，能将开沟、下种、覆盖任务一起完成。赵过还训练各地官员、老农操作技术，从而提高生产效率。三是牛耕广泛使用。从汉代画像石、壁画以及文献记载中，可见汉代铁犁广泛使用，铁犁末下加犁床，有犁辕，末的中下部加拉杆，以箭控制犁铧入土深浅程度。

### 4.唐代农业文化

从目前出土的唐代铁犁、铁铧、铁范等文物得知铁曲辕犁和牛耕唐代已在陕西广泛使用；关中也普遍使用转筒水车灌溉；水稻种植是唐代关中农业一大特色；医学发达，孙思邈的《千金方》总编232门，合方论5300首，全面总结唐之前历代和当时医药学丰富经验，重视妇幼医疗保健，搜集民间验方，发展了食疗法。

### 5.近现代百余年巨变与农业现代化

近代陕西农业学校诞生。1934年国立西北农林专科学校成立，1938年国立西北农学院成立，抗战时泾阳农场从"斯字棉"中选育出"斯字517

---

① 缪文远、罗永莲、缪伟译注《战国策》，中华书局，2006，第26页。
② （汉）班固：《汉书》，中华书局，1962，第1743页。

号"和"泾斯棉"等多种棉花良种。新中国成立后陕西农业科技文化兴起。到1958年全省有拖拉机站46个，拥有拖拉机900多台，建立了中国农业科学院陕西分院（现改为西北农林科技大学的一部分），设有棉花、果树、蚕桑、农业机械、林业、畜牧兽医等研究所。改革开放以来形成陕北长城沿线、渭北旱作区、关中、陕南4个粮食产业带；陕北红枣、杂粮、肉羊，渭北苹果、酥梨、柿子，关中畜禽奶蛋、猕猴桃、葡萄、蔬菜，秦巴地区稻米、生猪、中药材、林特产、茶叶产业带。2022年全省农村经济保持稳定发展，全年全省实现农林牧增加值2710.56亿元，同比增长4.4%。①

## 二　陕西大型水利工程与灌溉文化

陕西古代水利工程主要在关中地区，两千余年的水利灌溉史改变了关中的农业灌溉环境，使关中成为我国重要粮食生产基地，对陕西经济发展、千年国都地位产生影响深远。

### （一）战国时秦国郑国渠大型水利工程

郑国渠是战国时秦国利用韩国水工技术与秦国人力资源，修筑的淤灌压碱性质的大型水利工程，改良了低洼盐碱地，极大地扩大了关中耕地面积。

### （二）汉代陕西大型重要水利工程

汉代水利灌溉事业发展较快，有漕渠、灵轵渠、成国渠、六辅渠、白渠等。

#### 1.六辅渠

《汉书·沟洫志》载："自郑国渠起，至元鼎六年，百三十六岁，而兒

---

① 《2022年我省粮食喜获丰收　农业生产形势稳定》，"陕西统计"微信公众号，2023年1月20日，https：//mp.weixin.qq.com/s？＿＿biz＝MzA5OTY2MDk1NQ＝＝&mid＝2648494038&idx＝4&sn＝64f908ed5d0a6e459787f88c5d3cbde1&chksm＝88d68a22bfa10334ab07af90545321baa1a8658241811f54e5ef848ed7c1eca855ff055974e4&scene＝27。

宽为左内史，奏请穿凿六辅渠，以益溉郑国傍高卬之田。"① 到六辅渠完成关中才有了大型引河浇田水利工程。

2. 白渠

公元前 95 年赵中大夫白公引泾水灌田四千五百余顷，是为白渠，其经济效益在于持续稳定地建立了旱地农区大型水利灌溉系统。

3. 漕渠

汉武帝时任用郑当时为大司农，在渭河南岸沿渭河开挖了一条人工运河，引渭河水达潼关入黄河，这便是著名的漕渠，修建三年，以渭水为源。

### （三）唐代关中水利灌溉网形成

唐代在陕西共修水利工程 32 项，大多集中在关中地区，形成以国都长安为中心的发达水利灌溉网，并在韩城、华阴和华县等地开挖修筑引黄河水灌田的水利工程。

### （四）宋代丰利渠、元代王御史渠、明代广惠渠

至唐末陕西关中水利设施尽毁，再无较大的水利工程修建，宋元明清时关中以旧渠疏浚补漏和泉河散流引灌的小型水利工程为主。宋代丰利渠从仲山旁开凿水渠，连接白渠下游故道；元代在丰利渠上再开王御史渠；明代开凿广惠渠。清时王心敬与陕西代理巡抚崔纪倡导凿井灌田，陕西井利大兴，《井利说》《井田说》《井利图说》都是当时用于指导凿井技术的专书，全面反映了清代陕西井灌技术。

### （五）20世纪陕西现代水利建设

#### 1. 20世纪30年代的关中八惠

近代水利专家李仪祉于 1931～1936 年先后在关中修建泾惠、洛惠、渭惠、梅惠四渠，后又修建黑惠、涝惠、沣惠、泔惠四渠。泾惠渠是陕西也是

---

① （汉）班固：《汉书》，中华书局，1962，第 1685 页。

中国当时现代化水利工程之典范。该渠吸收历史引泾灌溉经验，使用现代技术修建，建成后灌溉面积达 4.26 万公顷。

2.1958年至20世纪70年代的关中水利

宝鸡峡引渭灌溉工程引流渭河水到宝鸡、咸阳，横贯关中 14 个县（市、区）19.78 万公顷农田，缓减了渭河洪水对下游地区的威胁。新中国成立以来在渭河下游川台塬地共建成 112 处灌区，形成宝鸡峡引渭灌区、泾惠渠灌区、洛惠渠灌区、冯家山水库灌区和交口抽渭灌区等五大灌区。

3.陕北、陕南水利灌溉

1958 年引延河水修建延惠渠，引榆溪河修建榆惠渠、三岔湾渠，引窟野河修建云惠渠，引大理河修建大理渠，引红柳河修建新桥渠。陕南建成褒惠渠、汉惠渠、月河渠、板凳堰、七里堰、跃进渠、恒惠渠等。1969 年开工的石门水库是褒河上游大型水库，以灌溉为主，兼顾发电、防洪。

# 三 陕西传统乡村聚落与农业文化遗产

陕西传统村落主要分布在经济较为落后、交通不便的地区，如关中西、北部山区的一些县和陕南山区，陕北黄河沿线及历史上的大漠边陲。截至 2022 年 10 月，陕西省共 113 个村落列入中国传统村落名录（不含第六批中国传统村落名录），占全国总数量的 1.65%。

## （一）陕西入选中国传统村落名录情况

第一批陕西 5 个：铜川市孙塬村是药王孙思邈故里，韩城市党家村有黄河岸边明清建筑群，绥德贺一村以常氏庄园闻名，佳县神泉村、米脂县杨家沟村均是红色革命遗址。

第二批陕西 8 个：三原柏社村以地坑院称著，礼泉袁家村是关中印象基地，富平莲湖村有 600 年老城，合阳灵泉村以泉水著名，佳县张庄村诞生了红色歌曲《东方红》。

第三批陕西 17 个：关中 3 个，陕北 8 个，陕南 6 个，宝鸡市麟游县酒房镇万家城村、渭南市合阳县同家庄镇南长益村、渭南市韩城市芝阳镇清水村、汉中市宁强县青木川镇青木川村、延安市黄龙县白马滩镇张峰村、榆林市绥德县四十里铺镇艾家沟村、榆林市绥德县满堂川乡常家沟村、榆林市绥德县满堂川乡郭家沟村、榆林市佳县康家港乡沙坪村、榆林市佳县峪口乡峪口村、榆林市佳县朱家坬镇泥河沟村、榆林市子洲县双湖峪镇张寨村、安康市石泉县后柳镇长兴村、安康市紫阳县向阳镇营梁村、安康市旬阳县赤岩镇七里村庙湾村、安康市旬阳县赤岩镇万福村、安康市旬阳县赤岩镇湛家湾村。

第四批陕西 41 个：关中 16 个，大多为历史文化深厚、古建筑丰富的村落，由此可见陕西农耕发展脉络。蓝田县石船沟村有 300 年族谱，周至县老县城村是傥骆古道驿站，彬县程家川村是公刘故里，大荔县大寨村有岱祠楼、丰图义仓，东高垣村是有魏长城的数百年古堡，合阳县东宫城村以织锦著名，蒲城县椿林镇山西村是明清古堡，韩城市王峰村是中国第一桥村，韩城市薛村的行鼓、张代村的古建筑皆著名。

陕北 14 个，或以古堡闻名，或人才辈出，或以民居出名，延安的石村、米脂县高庙山村是人才辈出的村庄，杨家沟镇岳家岔村有 200 年以上的石窟，米脂县刘家峁村有姜氏庄园，子长市安定村有宋明古堡，佳县木头峪村有秦晋水旱码头。陕南 11 个，城固县上元观镇乐丰村、汉滨区共进镇高山村、汉滨区谭坝镇马河村水资源丰富，镇安县云盖寺镇云镇村以云盖寺著名。

第五批陕西 42 个：关中 17 个，渭南市入选 10 个，集中在黄河岸边，以民俗、文艺以及花炮制作为特色，合阳县南社村的南社秋千是"华夏一绝"，白水杜康镇康家卫村、白水县北塬镇杨武村与杜康酒、仓颉庙有关。铜川市入选村落 2 个，展现耀州窑技艺，如陈炉镇立地坡村，华阴市双泉村是华阴老腔发祥地。陕北 19 个，延川县 8 个，主要体现黄河流域的民居、红色革命遗址、乾坤湾景观，以梁家河村、马家湾村、上田家川村、甄家湾村、碾畔村、刘家山村著名。榆林市入选 10 个，展现长城军堡、史前文明、古寺庙、革命遗址，著名村落有贾大峁村、响水村、五龙山村、王皮庄村、刘家坪村。陕南 6 个，留坝县城关村、留侯镇庙台子村、石泉熨斗镇长岭村、山阳县漫川关镇古镇社区、汉滨区谭坝镇前河村、留坝县江口镇磨坪村。

## （二）陕西十大古镇

### 1.青木川古镇

形成于明代，鼎盛于民国，位于陕西、甘肃、四川交界的汉中宁强县，民国时魏辅唐在此发展商业经济，建有洋房子，回龙场老街、烟馆，因叶广芩的《青木川》小说拍成电视剧而家喻户晓。

### 2.吴堡古城

位于陕北榆林地区吴堡县宋家川镇北黄河西岸，史建于五代北汉，宋时续设吴堡寨，明清至民国时期繁华一时。堡内有衙署、仓廪、商铺、文庙、城隍庙、观音阁等建筑，大部分建筑为石砌窑洞。

### 3.蜀河古镇

位于旬阳市汉江支流蜀河边一座颇具江南特色的古镇，是明清时期与湖北汉水流域商贸往来的货物集散地。镇上遗留下黄州馆、武昌馆、万寿宫，以及杨泗庙、火神庙、清真寺等建筑，是汉水文化的一个标本。

### 4.漫川关古镇

位于陕南商洛市山阳县丹江支流金钱河畔。春秋时为蛮子国，战国时为楚国疆域，南宋时是宋金两国战场，明清时期曾是陕、鄂、豫、蜀物资交流的集散地之一。古镇分为码头区与漫川街，街上古建筑采取传统的木构架结构，飞檐斗拱，雕梁画栋，有黄家宅院、骡马会馆、武昌馆，一派南国景象。

### 5.陈炉古镇

位于铜川市印台区，是耀州窑国内唯一遗存的"炉火千年不绝"的烧造基地，现有金、元、明、清陶瓷烧造区34余处，古窑炉120余座，作坊遗址和各时代文化堆积层20多处，采集和出土文物标本1.5万件（片）。

### 6.上元观古镇

位于汉中市城固县，始建于明代，古镇地形独特，建筑别致，是一个背山面水的形胜之地，古镇龟形轮廓是我国仿生学古城镇规划的样板。

### 7.熨斗古镇

位于石泉、汉阴、西乡三县接壤处，毗邻镇巴县，因地形酷似熨烫衣服的熨斗而得名。古镇多为明清建筑，吊脚楼是其特色建筑。

### 8.凤凰古镇

商洛金钱河水系上游的商业市镇。清嘉庆年间，因为西南有凤凰山，被命名为凤凰嘴，自古是重要驿站、军事驻地，清代中期发展成为商业重镇，行旅、驼骡、货运、商号、店铺、钱庄遍布，客户不绝。

### 9.华阳古镇

傥骆古道上的一座驿站、军事要地。古道上300多个院落排在600米铺板门街边，多为清末民初前店后居式建筑。镇上保存唐代古堡遗址，明清古戏楼、客栈、酒楼、茶楼、庙宇等，村外有堰渠、残桥等。

### 10.后柳古镇

位于安康市石泉县汉江边，为古时水上交通驿站。古镇三面环水，呈半岛状，始建于唐宋，明清时繁华一时，建有油坊十多家，竹编工艺发达，水域景观优美，镇上有石佛古寺、香柏石岩、仙鱼泉洞、鲤鱼上坡等景观。

十大古镇陕南占8个，关中、陕北各1个，可能陕南秦巴山地环境较为封闭，古建筑及其周围环境能较好地保存下来，明清时又是汉水流域商贸繁荣时期，古陕南商贸集镇得以发展起来。

## （三）陕西农业文化遗产

### 1.佳县古枣园

位于榆林市佳县泥河沟村，是世界上保存最完好、面积最大的千年枣树群，总面积36亩，现存活各龄古枣树1100余株。

### 2.凤县大红袍花椒栽培系统

该栽培系统地处秦岭腹地，位于亚热带和暖温带分界线上，从三国时始，将多种果树、粮食和农业经济作物与花椒共同栽培，构成区域内的生态循环。

### 3.蓝田大杏种植系统

包括蓝田县华胥镇、洩湖镇、三官庙、金山、厚镇等10余个乡镇，

2000 年前开始种植,核心区在华胥镇,总面积为 80 平方公里,百年以上的古杏树有 530 多株。

### 4. 临潼石榴种植系统

包括西安市临潼区斜口、骊山、行者等 11 个街办,总面积为 456 平方公里,种植面积 10 万多亩,临潼现有石榴古树 712 株,石榴古树群 19 个,树龄最大的为华清池五间厅贵妃手植石榴,树龄有千余年。

### 5. 汉阴凤堰古梯田

清代古梯田,位于汉阴县漩涡镇境内的凤凰山南麓,覆盖黄龙、东河、中银、堰坪、茨沟、双河 6 个行政村,共 11.5 平方公里,形成黄龙、东河、堰坪约 1.2 万亩三块古梯田,集山、水、田、屋、寨、村、庙、农于一体。

此外还有千阳稻作文化系统、南郑古茶园与文化系统、佛坪山茱萸栽培系统、石泉桑蚕养殖系统等农业文化遗产,呈现了陕西农耕文化南北融合的特点。

## 四 陕西民间文艺、民俗与手工艺

据不完全统计,截至 2022 年 10 月,陕西共有国家级非物质文化遗产项目代表性传承人 46 人,省级 398 人,市级 1281 人,县级 3977 人,入选联合国教科文组织人类非物质文化遗产代表作名录 3 项、国家级名录 79 项(见表 1)、省级名录 441 项、市级名录 1415 项、县级名录 2592 项,基本形成了以市、县级名录项目为基础,省级名录为骨干,国家级名录为重点的保护体系。

表 1 陕西国家级非物质文化遗产代表性项目批次类别统计

单位:项

| 序号 | 类别 | 第一批 | 第二批 | 拓展 | 第三批 | 拓展 | 第四批 | 拓展 | 第五批 | 拓展 | 总计 |
|---|---|---|---|---|---|---|---|---|---|---|---|
| 1 | 民间文学 | 0 | 0 | 0 | 1 | 2 | 1 | 1 | 1 | 0 | 6 |
| 2 | 传统音乐 | 3 | 4 | 1 | 0 | 2 | 1 | 0 | 0 | 2 | 13 |
| 3 | 传统舞蹈 | 3 | 2 | 0 | 0 | 0 | 0 | 0 | 0 | 0 | 5 |
| 4 | 传统戏剧 | 6 | 3 | 1 | 1 | 1 | 0 | 2 | 0 | 1 | 15 |
| 5 | 曲艺 | 2 | 3 | 0 | 1 | 0 | 0 | 0 | 0 | 1 | 7 |

| 序号 | 类别 | 第一批 | 第二批 | 拓展 | 第三批 | 拓展 | 第四批 | 拓展 | 第五批 | 拓展 | 总计 |
|---|---|---|---|---|---|---|---|---|---|---|---|
| 6 | 传统体育、游艺与杂技 | 0 | 1 | 0 | 0 | 0 | 1 | 0 | 0 | 0 | 2 |
| 7 | 传统美术 | 3 | 3 | 0 | 0 | 1 | 0 | 1 | 1 | 0 | 9 |
| 8 | 传统技艺 | 2 | 2 | 1 | 0 | 1 | 0 | 0 | 1 | 4 | 11 |
| 9 | 传统医药 | 0 | 0 | 0 | 0 | 0 | 0 | 1 | 0 | 1 | 2 |
| 10 | 民俗 | 2 | 1 | 2 | 0 | 0 | 0 | 3 | 0 | 1 | 9 |
| | 总计 | 21 | 19 | 5 | 3 | 7 | 3 | 8 | 4 | 9 | 79 |

资料来源：薛龙、陈兆禹：《陕西非物质文化遗产的结构描摹与分布态势》，《陕西广播电视大学学报》2021年第4期。

## （一）传统戏曲与民间鼓乐

### 1. 戏曲艺术

秦腔。又称桄桄、乱弹，流行于陕西、甘肃、青海、宁夏、新疆等西北地区，在传统秦声与西音基础上发展起来，受金元杂剧影响，借鉴昆曲、弋阳腔、青阳腔。唱腔激越慷慨、悲壮苍凉，分为东府秦腔与西府秦腔。

皮影戏。陕西华县皮影戏、华阴老腔皮影戏、阿宫腔皮影戏、弦板腔皮影戏均为第一批国家级非物质文化遗产代表性项目。华州皮影以上等驴皮或牛皮在水中浸泡，经过雕刻、染色而成，剧目多神话传说、民间故事、历史人物、地方典故。

眉户。流行于宝鸡眉县和户县（今西安市鄠邑区）一带，又叫曲子戏或弦子戏，传唱于关中平原。唱腔音乐有50多个曲牌，形成《张连卖布》《五更鸟》《梁秋燕》等经典剧目。

华阴老腔。一种板腔戏曲剧种，流传于华阴一带，表演者由签手（指挥皮影）、前手（主唱）、后台（奏乐和帮唱）、板胡手构成，伴奏乐器有惊木、月琴、胡琴、梆子、大锣等。表演时前手一人担纲，众人帮唱，用板凳敲打伴奏。

### 2. 民间鼓舞

安塞腰鼓。来源于元宵节间的节庆活动。青年头系英雄结，身系红绸带，以扭身、踢腿、腾跳等舞姿形成奔放场景，反映迎春纳福的喜气景象。

华县蹩鼓。又称蹒鼓、蹦鼓子或背花鼓。流传于华县下庙村一带。一般有24个鼓，加以锣吹号者30人左右，以双数组队，每位舞者胸前挂一扁鼓，双手持鼓槌擂鼓，蹩跳不止。

### 3. 古戏楼

陕西戏曲元之后历数百年发展为一个独立艺术门类，现在关中戏楼多修建于明清时期，大多以城隍庙戏楼为主体，分布在各县城中心。

三原县城隍庙戏台。位于三原县城北街城隍庙内，每年农历八月十二日为其商会，即约戏班献艺酬神。白水县仓颉庙东西两座戏台。据说建戏楼的初衷源自仓颉奇异的四眉四目长相，东西并列是想让他两只眼睛都能看戏楼。韩城戏楼，有金、元北营庙戏楼，三清殿戏楼，禹王庙戏楼，三圣庙戏楼，玉皇后土庙戏楼和玉皇庙戏楼。山阳双戏楼。山阳是历史上南北移民积聚之地，是南北物产、文化交流通道之一。骡帮会馆的鸳鸯戏楼是山阳南北文化共存的象征，由南北两座戏楼相连而成。丹凤船帮会馆花戏楼。船帮会馆又名平浪宫，祭祀的是水神杨泗将军，会馆里的戏楼也称为花戏楼或北戏楼，主体建筑为重檐歇山顶式戏台。

## （二）民歌民谣与曲艺

### 1. 陕北民歌

有信天游、劳动歌、船工号子、酒曲、秧歌等形式。伞头秧歌一般来自比唱、角逐临场演绎，自编自唱，即兴发挥，涌现出李有源、李思命、贺玉堂、王向荣等民歌手。

### 2. 陕北说书

流行于延安与榆林地区，最初由盲人运用陕北名歌小调演唱，后来吸收眉户、秦腔及道情和信天游曲调。表演采用陕北方言、手拨三弦说唱，曲调激扬粗犷，有韩起祥、张俊功等大师。

### 3. 商南山歌

诞生于商南人的日常劳作中，村民们以村为单位组织劳动，以轮唱、对唱、合唱等形式鼓舞劳动，气氛热烈。山歌内容丰富，描绘劳动场面、爱情、历史故事等，每首歌以七句为准，前三句起兴，后四句落尾。

### 4. 柞水渔鼓

又称道筒、竹琴，起源于说唱道情，以乐器名称"渔鼓"命名，柞水历史上有大量南方移民迁入，柞水渔鼓以柞水方言演唱，混合了南北特色。

### 5. 商洛花鼓

又名跳花鼓、舞花鼓、打花鼓。清光绪年间由湖北传入商洛，吸收了当地的山歌、小调与渭南华阴地区的秧歌、迷糊小调，用商洛方言演唱，今天在镇安、山阳、丹凤、商县一带盛行。

## （三）节庆民俗

### 1. 陇县社火

社火是春社和秋社当天的大型祭祀庆典及各种表演，用于祈福，后来成为一种民间娱乐活动。宝鸡陇县秦汉时民间有百戏游演活动，明清时期州境内各庙会唱戏斗台，各家社火不熄，形成迎神赛会风俗。

### 2. 关中细狗撵兔

渭北一带流行的民间竞技活动。细狗原是古埃及狗种，汉时传入关中成为皇家御用狩猎犬，后传入民间。每逢冬季渭北地区的农村就要举行一年一度的撵兔比赛，人与狗跨越深沟、山岭、土坡，喊叫声在黄土地上回荡。

### 3. 关中面花

俗称花馍，用小麦面粉为原料捏制成飞禽走兽、花鸟鱼虫、历史人物、神话人物等，蒸熟后用色素上色。合阳、华州等地有面花之乡称谓，著名的有华州的大谷卷面花、"八个糕"，较大者如渭北面花九座糕，主体有三四层高。

### 4. 补天节

又名天穿节，纪念女娲补天的节日。一般在农历正月二十三，家中年纪最大的女性将做好的煎饼扔到屋顶，再扔到井里，为补天补地之意。

5. 九曲黄河阵

又名八卦阵、转黄河，场景装在沿黄村边空地，栽杆布阵，用绳子连成九曲连环阵，杆上燃油灯360盏，从正月十四始，至正月十六达到高潮。

## （四）民间手工艺

### 1. 凤翔泥塑

俗称耍货，以老虎形象为主，绘有佛手、桃子及四季花朵，主要产地是凤翔城关六营村。凤翔泥塑兽面挂脸，以双鱼为眉，太阳为目，装饰以花草纹样，具有象征意义。

### 2. 凤翔木版年画

距今有500多年的历史。多采用手工连史纸，吸收汉唐壁画、石刻、古代绣像插图、秦腔身段造型，结合民俗绘制而成。凤翔农民制作的《春牛图》《二十四节气》《男十忙》《耕作图》《女十忙》《纺织图》较著名。

### 3. 马勺脸谱

来源于民间社火活动，表演时人们所戴的面具，俗称代面。制作马勺脸谱的木材是秦岭所产的梧桐、杨树、柳树或桃树，手工打磨成马勺形状。

### 4. 凤县瓢画

绘制在木瓢上的画，来自傩戏面具、吞口面具和社火脸谱。大致有图腾画（龙图、凤图、佛图脸谱）、社火脸谱与戏剧脸谱。现在凤县共有120多种龙图、50多种凤图、10多种佛图、10多种太极八卦图、200多种社火脸谱、近百种花鸟虫鱼图及菊瓣纹等图案。

### 5. 渭北拴马桩

又名拴马石、拴马柱，是近两米高的石柱，一端雕刻动物与人物，另一端埋在地下，柱身刻图案饰纹，置于门前，大多集中在渭南各县乡村，现关中民俗文化博物院收藏最为集中、丰富。

### 6. 陕北剪纸与石狮子

陕北剪纸乃民间妇女做活计时而生，用来祛毒、辟邪、护生；著名的有安塞的人鱼剪纸、抓髻娃娃、坐生娃娃。陕北石狮子用于镇宅、辟邪、护生。有镇宅狮子、拴娃石狮子或摆设石狮，多稚气可爱，以绥德石头狮最为有名。

# 五 陕西农耕文化特色

陕西农耕文化历史悠久，从未中断，各个时期皆有发展。从仰韶时代就有定居生活和生产的聚落，汉代始形成精耕细作的小农经济制度，唐时奠定我国水稻种植基础，形成南北兼跨、耕作与游牧并存的生产方式，其突出特点如下。

## （一）水利灌溉2000余年，关中始终是中国重要农业区

在陕西这样一个降雨量明显不足的黄土区域，要想发展农业，水利建设必须要跟上。陕西，尤其是关中地区能够成为古农业区，就在于水利灌溉持续2000年不绝。历朝历代修建水利遗留下的大量遗迹，成为陕西农耕文化繁荣的明证，很多现代水利是在古水利基础上修建而成的。

## （二）陕西村庄就是陕西农耕文化史缩影

村庄（村落）是中国农耕文化的重要标本，定居在农耕文化形成上具有决定性作用，前现代社会农民就生活在自己的村庄里，形成一个成体系的生活系统。从村庄里的民居、寺庙、戏台、军事防御体系来看，以物质形态而存在的古建筑是农耕文化的有形存在。村落的民居、寺庙、戏台等形成的古建筑群是中国建筑艺术的精华所在。像三原柏社村的地坑院、党家村的明清建筑群、韩城柳枝村的三大古建筑群、韩城王峰村的十一座桥梁，还有陕北、关中一些村落如大荔县东高垣村的古堡建筑，都显现出中国传统建筑之独有特色。

农业文化遗产是由农业生产体系与周边环境构成的一个生态系统，是物化、活的文化存在，陕西五大农业文化遗产都有相关历史故事和文化，因此更增加了农业文化的精神特质。民间文艺、手工业技艺都有从某个村落发生，然后传播发展的现象，像华阴老腔是从渭南市华阴市岳庙街双泉村黄河

号子演变而来，华夏秋千从合阳的南社村兴起。一些乡镇也是在村落贸易基础上发展起来之后产生的。还有一种现象是耕作与手工业相辅相成发展，韩城清水湾村农商并举，尧头村是商贸型的集镇。这都说明中国乡村社会的农耕与工业并列同步发展。

耀州窑、尧头窑以制造瓷器著名，白水杜康镇的康家王村以酿酒作坊出名，韩城清水湾村以制造犁铧出名，富平县老庙镇笃祜村以花炮制作出名。

### （三）民间艺术是陕西农耕文化的重要构成

陕西民间艺术丰富多彩，农民创造了绚丽多彩的文化生活，尤其是陕北民歌经过革命洗礼，成为家喻户晓的民间文艺。佳县的张庄村诞生了《东方红》，佳县荷叶坪村诞生了《黄河船夫曲》，佳县赤牛坬村是文艺之乡，合阳南社村被誉为"民间文化艺术之乡"。

绥德贺一村是影视基地，该村"党氏庄园"呈现最美的"陕北印象"；蓝田县的石船沟村家族文化绵长；甄家湾村是画家笔下田园生活的向往，陈炉是最好的油画写生地；延安的石村是一个秀才村，以文兴村，讲究耕读传家；高杰村笃学重教。这些村庄皆呈现独特的文化气质。

## 六　陕西农耕文化助力乡村振兴建议

乡村振兴是现代中国建设题中应有之义，未来农村将是人类生活的新家园之一，乡村劳动也将成为人们的休闲生活方式之一，要以陕西农耕文化助力乡村振兴战略。

### （一）把根留住：陕西农耕文化整理、研究与传播

#### 1. 将陕西农耕文化研究纳入省哲学规划课题"黄河文化"研究范围

目前陕西农耕文化研究零散，浅层次研究、笼统性研究居多，且集中在乡村旅游方面，研究时段停留在 2010 年前后。经过梳理陕西农耕文化，尤其是历史文化村落，发现很多村落与黄河有关系，尤其是沿黄村落的黄河文化非常兴

盛，建议将陕西历史文化村落放置在黄河流域古村落研究视域下展开。

2. 编写出版一套"陕西农耕文化系列丛书"

目前关于陕西进入国家古村落名录的村庄的研究基本上没有。河南出版了"中原农耕文化丛书"，陕西要尽快加强研究力量，并尽快出版"陕西农耕文化系列丛书"，其中包括以下方面：周秦汉唐农耕文化精要；中国历史文化村落中的陕西名村、名镇；陕西家风、家训与民俗节庆文化；陕西民间文艺；陕西民间工匠与手工艺。

3. 制作《农耕文化里的陕西》纪录片

以《农耕文化里的陕西》为题，拍摄好陕西农耕文化故事，并与黄河文化联系。对基础较好的村落进行精品化、经典化打造，尤其要讲好古村落故事。选取关中、陕北、陕南经典古村与乡镇以及五大农业遗产，拍摄成类似于《舌尖上的中国》这样的文化纪录片，以展示陕西农耕文化。

## （二）讲好故事：建立陕西农耕文化博物馆，建立连片保护系统

### 1. 规划建设陕西农耕文化博物馆

陕西现在有一定规模和影响力的农耕文化博物馆有陕西水利博物馆、关中民俗艺术博物院，还有散落在陕西大地上的历史文化村落的一些农耕博物馆，像王峰村草根堂农耕文化陈列室、碛畔村黄河原生态文化民俗博物馆等。现全国许多省份已建立了农耕文化博物馆，陕西至少要建立一座陕西农耕文化博物馆，因此建议对散落在村落的重要农耕文化博物馆进行摸家底工作。

### 2. 以系统论眼光保护和开发陕西历史文化村落

陕西进入中国传统村落名录的村落，很多是连片存在的，因此在保护、开发时建议统筹兼顾考虑，比如陕北延川的历史村落、韩城的村落集中在一片区域，希望能够以系统论眼光进行陕西历史文化村落的保护和开发。

## （三）工匠精神：手工艺制作与人民生活融合

### 1. 手工艺进城，让传统文化进千家万户

手工艺是活化的非物质文化遗产，可以积极鼓励传承人进入城市，让更

多的人了解陕西农耕文化精髓。在这方面，袁家村已经先走一步，进城发展，可借鉴其进城路径和经验。

**2.手工艺重塑生活方式，民间与精英文化互动**

手工艺关系社会发展，进入现代化以后中国面临的最大问题是传统的日渐消亡，手工艺为人的衣食住行服务，是生活所需，也具有生活象征意义，建议在陕西选取进入中国传统村落的十个村庄作为标本进行打造。农工相辅是中国文化的基因，要让耀州瓷、鄠邑农民画、武功纺织品重塑生活方式，美化、提升人民的生活。

### （四）"让村庄火起来"：文艺下乡、乡村文旅与村晚活动

**1.复活乡村文艺与发展艺术乡建**

民间艺术体现工匠精神，也来自母体艺术，主要由广大农村妇女继承并创造。但是广大农民却并不自知，因此文艺工作者必须要"带一面镜子"到农村去，不仅要向民间艺人学习，而且要与农民融合在一起，将一些濒临失传的艺术复活，让村庄火起来。

**2.举办大型传统节庆民俗活动，复活、繁荣、提升农耕文化精神**

节庆是人们休闲娱乐的好时机，也是农民农村高质量发展的关键所在。对于传统节庆民俗活动要进行创造性转化，可以将庙会时间与大型博览会活动结合起来，利用陕西农民丰收节展现农耕文化，促使人们了解陕西农耕文化的核心内容和精髓，助力民族文化自信心增长。

**参考文献**

李令福：《关中水利开发与环境》，人民出版社，2004。

韩茂莉：《中国历史农业地理》，北京大学出版社，2012。

杜鹃：《历史时期关中的土壤环境与永续农耕》，中国环境出版集团，2020。

中国地理百科丛书编委会编著《秦岭》，世界图书出版广东有限公司，2016。

中国地理百科丛书编委会编著《关中平原》，世界图书出版广东有限公司，2020。

王开主编《陕西航运史》，人民交通出版社，1997。

杨雯、王晨仰、刘军民：《论陕西地区农业文化遗产的保护与发展》，《西北农林科技大学学报》（社会科学版）2021 年第 5 期。

苏毅、刘薇：《陕西百年农业科技发展研究》，《中国农学通报》2020 年第 31 期。

张波、冯风：《陕西古农书大略》，《西北大学学报》（自然科学版）1990 年第 2 期。

# B.9
# 陕西数字乡村文化建设的
# 现状、问题及趋势研究[*]

刘 静[**]

**摘 要:** 席卷全球的数字化浪潮对陕西传统乡村文化产生较大影响,伴随陕西省统筹推进乡村振兴战略与数字经济发展各项措施的逐步落实,数字乡村文化建设深入推进,新兴业态不断涌现。当前,陕西省数字乡村文化建设仍面临一些困难与挑战,突出表现为乡村数字文化特色不明显、乡村数字技术设施不健全、乡村数字文化人才储备不充足。疫情冲击叠加乡村文化生产环境不确定性,2022年前三季度陕西乡村文化发展仍面临下行压力。今后一段时间,陕西数字乡村文化建设需平衡短期政策应对与中长期治理,形成以政策落地保障乡村文化建设高质量发展、以技术创新健全数字乡村文化产业链、以人才互补催生数字乡村文化建设区域融合的新格局。

**关键词:** 数字乡村文化 乡村振兴 陕西省

党的十九大以来,"数字乡村战略"使乡村发展产生弯道超车的可能,对农业科技进步的贡献率超过60%。2018年中央一号文件提出"加强农村公共文化建设。按照有标准、有网络、有内容、有人才的要求,健全乡村公

---
[*] 本报告系陕西省社会科学院博士科研启动项目"陕西乡村文化产业传承发展路径研究"(22KYQD05)的阶段性研究成果。
[**] 刘静,陕西省社会科学院农村发展研究所助理研究员,研究方向为乡村文化。

共文化服务体系"。2019 年 12 月农业农村部等印发的《数字农业农村发展规划（2019~2025 年）》进一步为数字乡村建设提出指导意见。2022 年第十三届全国人民代表大会第五次会议审议通过的《政府工作报告》，把数字乡村建设作为加强数字中国整体布局的硬任务，为确保乡村振兴的接续发展提供科学指南。

数字乡村文化建设是数字乡村战略的核心，是利用数字技术助推乡村传统文化数字化研发、加工、制作、传播的建设过程。《关于深入学习贯彻习近平总书记来陕考察重要讲话重要指示精神全面打赢脱贫攻坚战的意见》中特别强调，加快实施"互联网+"农产品出村进城工程、引导建档立卡户发展美丽休闲乡村、设计农业精品景点路线等。《中共中央　国务院关于做好 2022 年全面推进乡村振兴重点工作的意见》做出推进数字乡村建设的专门部署，是推动数字乡村文化建设深层次变革和高质量发展的重大举措。

# 一　陕西数字乡村文化建设的现状

陕西正处于全面推进乡村振兴和迈向农业农村现代化阶段，强调立足乡村特色资源，坚持科技兴农。进入数字乡村发展阶段，陕西数字乡村文化建设结合乡村经济振兴与乡村特色文化，有力推动乡村产业融合多元化与需求多样化，呈现在稳步推进中初见成效、数字新技术激发乡村文化活力、数字乡村文化建设区域差异化发展的状态。

## （一）数字乡村文化建设稳步推进，初见成效

在数字经济背景下，陕西数字乡村文化建设正在平稳推进。具体做法体现在三个方面。一是数字乡村文化建设政策陆续出台。陕西发布了《陕西省加快数字乡村发展三年行动计划（2020~2022 年）》《关于推动公共文化服务高质量发展的实施意见》《陕西省"十四五"数字经济发展规划》等文件，不断加强区域数字文化建设相关领域的政策引导。二是数字乡村文化建

设平台逐渐扩展。在平台内容方面，陕西发布了首批省级数字乡村试点地区名单，以乡村信息网络平台为基础，建设数字乡村文化园区、5G乡村网络建设工程、乡村文化百兆工程，整合数字乡村文化平台。在平台运行方面，推进数字乡村文化惠民活动。例如，渭南、汉中等地下达专项资金，支持乡村文化数字化建设与乡村文化信息资源共享。三是数字乡村文化建设市场不断成熟。截至2021年初，全省建成乡村电子商务服务站点7890个，通过产业数字化终端将政策、文化、市场紧密连接，增加村级文化产品的交易频率。

数字乡村文化建设成效初步显现，乡村文化服务数字化方案深入落实。近十年陕西数字乡村文化建设各项指标总体保持平稳。从生产价格变动程度看，2011~2015年陕西数字乡村文化生产价格指数持续低位波动，同比增长在2016年出现历史低点（6.63%），从2017年开始增速逐渐调整，略有增幅，实现稳步发展。从基础设施投资看，陕西数字乡村基础设施投资增速呈波动趋势，"双高点"出现在2012年、2014年，"双低点"出现在2011年、2019年。2017年增速逐渐收窄，较上年降低1.8个百分点，2020年投资回暖。从乡村文化类电子商务销售收入增速看，陕西省数字乡村文化消费水平持续提升（见图1），2020年乡村文化类电子商务销售收入为4679.40万元，增幅较2011年与2016年分别提高38.02个和8.66个百分点。全省乡村文化类电子商务销售收入占全国电子商务交易活动文体娱乐业收入的比重达到11.61%。这说明数字乡村文化建设虽受结构性调整、疫情及经济下行等不确定因素影响，但乡村文化平台生产力不断增加，进一步凸显陕西数字乡村文化建设在举措覆盖面扩大、公共服务多元化、投资拉动等方面的成效。

## （二）数字技术形成新支撑，激发乡村文化活力

数字技术支持陕西乡村文化建设新业态，激发乡村文化振兴活力。数字乡村战略推进以来，陕西乡村高技术文化服务类产值增速明显快于整体文化发展增速，2020年同比下降5.30%，此后降幅收窄，2021年乡村高技术文

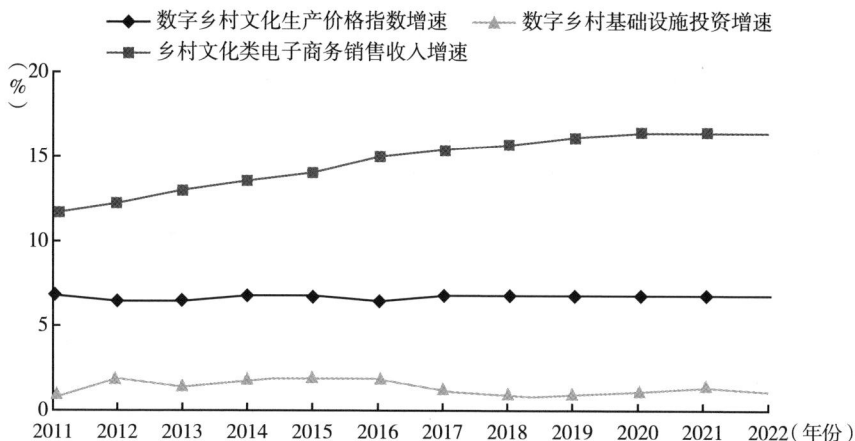

**图1　2011~2022年陕西数字乡村文化建设主要指标**

资料来源：根据陕西省统计局公布数据计算整理。

化服务类产值同比增长17.2%。数字乡村文化类型日益丰富，催生了包括数字阅读、数字乡村博物馆、三维全息沉浸式旅游场馆、乡愁档案馆在内的多种新业态。

分结构看，陕西乡村数字文化技术创新中，发挥带动作用的技术出现新变化，智能化、数字化生产要素逐渐取代信息化、网络化等硬科技，成为乡村文化建设新的投资动力，与乡村实体文化建设紧密结合。2017~2020年，光纤网络、4G网络年均增速在15%以上，2017年增速为22.01%，显著高于同期传统乡村广电媒体等文化技术增速。2016年后，乡村集成电路生产呈现快速发展态势，2017年增速达18.72%，得益于2020年数字化战略"互联网+"的飞速发展，2020年增速高达29.61%。陕西乡村数字文化技术增长的另一突出特点就是乡村文化数字平台建设异军突起，2019年增速达到了30.48%，表明伴随"云端陕西""泛在陕西""宽带陕西"战略推进，乡村文化"云管端"加速成长。陕西数字乡村文化新技术、新业态、新模式加速增长，传播平台深度整合，数字文化平台成果加快转化，带动了相关产业快速增长。截至2020年底，陕西拥有主要农机量2388.0万千瓦，同比增长2.45%（见表1）。2017~2020年，全省农用机械公共文化建设服务能力的发展呈平稳趋势，年均增速为 2.42%。数字技术加速文化资源"下沉"乡村，推动数字经济与县域乡村文创建设有机融合，激发乡村文化振兴活力。

表 1　2017~2020 年陕西数字乡村文化技术指标增速

单位：%

| 指标 | 2017 年 | 2018 年 | 2019 年 | 2020 年 |
| --- | --- | --- | --- | --- |
| 广播电视 | -4.00 | -3.89 | -2.53 | -14.16 |
| 光纤网络 | 22.01 | 17.94 | 12.52 | 8.50 |
| 集成电路 | 18.72 | 11.18 | 8.87 | 29.61 |
| 农用机械 | 3.25 | 3.11 | 0.86 | 2.45 |
| 数字平台 | 14.73 | 22.19 | 30.48 | 19.87 |

资料来源：根据 2017~2020 年《中国统计年鉴》、《陕西统计年鉴》、《陕西科技年鉴》及相关统计公报计算整理。

### （三）数字乡村文化建设区域差异化发展

陕西省地域狭长，陕南、关中、陕北地区乡村文化风俗与数字资源禀赋各异。陕南地区南倚巴山，北靠秦岭，自然资源具有明显的南方地域特性，特色物产丰富。区域内秦楚农耕文化、乡村生态旅游发展迅速，近年来大力推进数字乡村模式与智慧社区工程，积极加快数字乡村文化建设步伐。2020年陕南地区的汉中市、安康市、商洛市数字乡村文化建设发展指数分别为6.53、6.20、6.65，与全省数字乡村文化建设平均发展指数基本持平，除邮电业务发展指数略低外，陕南地区其余指数均略高于同期陕北地区。关中地区自古是黄河文明与最早的原始农业的发祥地之一，农业基础设施水平与工业实力相对较高，乡村综合文化建设辐射面相对较大，2020 年关中地区数字乡村文化建设发展各项指数均居于三区首位，邮电业务与数字电话发展指数增幅高于其他两项指标，产值分别为 1094.4 亿元、1158.5 亿元。农用机械、文化平台发展指数分别达到 7.25、6.40（见图 2），高于上年同期水平。乡村文化治理数字化的发展势头逐渐超过传统农耕文化建设，形成乡村发展新动力。陕北地区是革命圣地，受地区历史因素影响，形成相对多元、淳朴的乡村文化，以其特有的传统乡土民俗文化为特征，着力打造陕北民俗及红色文化产业。2020 年陕北数字乡村文化建设发展指数均值为 6.30，受工业基础、区位环境等因素影响，相较陕南、关中地区发展缓慢。近年来通过乡村文化数字链将文化、科技、产业结合起来，逐渐激活陕北数字乡村红色精神密码。2021 年，陕北数字乡村发展优秀成果 2 项、最佳实践案例 2 项，分别分布在榆林市绥德县、靖边县和米脂县、子洲县。

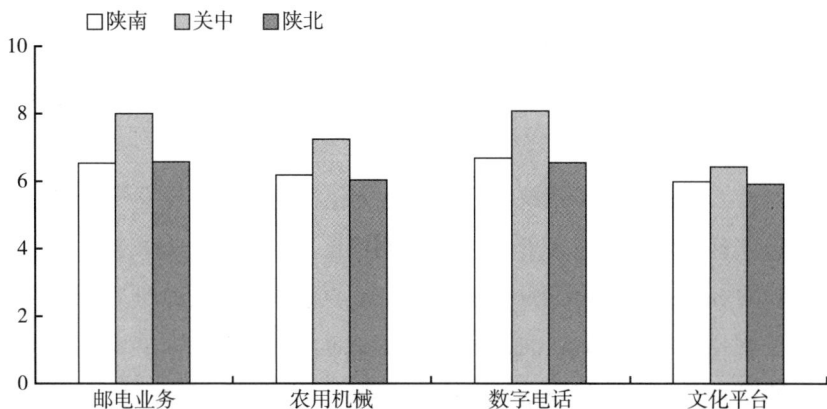

**图 2　2020 年陕西各地区数字乡村文化建设发展指数对比**

资料来源：根据 2020 年《陕西统计年鉴》及陕西省统计局统计公报计算整理。

## 二　陕西数字乡村文化建设中存在的问题

当前陕西数字乡村文化建设取得了阶段性成效，带动了数字经济与乡村文化的有机融合，乡村文化振兴稳步推进。但文化建设数字化进程仍面临一些困难与挑战，突出表现为乡村数字文化特色不明显、乡村数字技术设施不健全、乡村数字文化人才储备不充足。

### （一）乡村专项规划缺位，数字文化特色不明显

近年来陕西省各地各部门陆续出台了数字乡村、文化助农等相关政策措

施，但区域数字乡村文化发展措施与专项规划相对较少。从政策供给层面看，一方面，涉及陕西数字文化建设的细化措施与方案偏少。出台的相关政策多涉及数字经济、数字农业农村、乡村文化建设层面，政策延伸性与融合性不够。另一方面，过分依赖公共财政，社会资本投入专项规划缺位。陕西省统计局的数据显示，2022年1～5月全省第三产业民间投资同比下降2.4%，乡村文化建设民间投资乏力，专项规划启动力量不足。从政策需求层面看，全省倡导数字经济特色化，培育具有竞争力的"数商兴农"文化市场，强调专项政策落地及区分度。在数字乡村文化建设专项政策供给有限、需求多元化的现实背景下，数字乡村文化建设方向不明确，发展潜力受到限制。

针对性措施较少，导致缺乏数字乡村文化特色。一是开发模式雷同。部分乡村数字资源与文旅建设开发主题不明确，文化IP无原真性。陕西省高度重视数字乡村文化建设，出台了一系列相关政策。在此推动下，不少乡村竞相"复制粘贴"样本村，地毯式推广乡村网络快餐文化，导致多个"副本式"的工程项目烂尾。二是运行市场碎片化。数字乡村文化建设亦表现出市场黏合度不高、乡村数字经济价值链与文化产业链衔接不力的特点。2022年上半年，陕西高技术制造业增幅为23.80%，而第三产业增幅仅为1.81%，[①] 文化市场的数字技术链驱动性不足，导致难以构建陕西数字乡村文化生产的统一市场。三是产业结合点少。与数字经济结合的乡村文化大多停留在数字乡村文化基础设施建设层面，产业深度挖掘不够。以乡村电商为例，陕西乡村文化产业的商务推广主体分散，产品结构单一，缺乏乡村电子商务产业系统规划。

## （二）数字基础设施有待完善，技术支持不健全

数字技术是数字乡村文化基础设施建设的核心，以乡村广播、有线电视、数字网络等技术为代表的乡村数字基础设施发展鸿沟较大，区域差异较

---

① 陕西省统计局。

为明显。2022 年 8 月 31 日中国互联网络信息中心（CNNIC）在京发布的第 50 次《中国互联网络发展状况统计报告》显示，截至 2022 年 6 月，我国农村网民规模为 2.93 亿人，仅占整体网民的 27.93%，农村地区互联网普及率为 58.8%。根据表 2 中 2020 年全国 31 个省（区、市）乡村广播、电视、网络情况来看，一是传统技术设施开发、普及程度存在地区失衡。陕西广播节目覆盖率、有线电视覆盖率分别为 99.02%，99.45%，分别比同期增长 0.41 个、0.72 个百分点，分别居全国第 21 位与第 16 位，仍处于全国中等偏下水平，与排首位的北京、天津、上海、江苏分别相差 0.98 个、0.55 个百分点。二是行业投资高、资金沉淀大加剧网络技术收益压力。数字文化建设投资与回报周期较长，尽管大部分乡村享受相关惠农政策，但受生产投资建设循环不畅等因素影响，社会资本撬动不足，数字网络技术回款资金不到位。2020 年陕西网络技术收入为 440572.5 万元，在全国排第 22 位，排名落后于其他两项指标。三是自主研发技术比例较低，文化技术结合度不够。陕西着力推进数字乡村建设，2020~2021 年全省城乡宽带接入率基本持平，但乡村文化数字技术创新及其农业结合点挖掘不够，缺乏培育乡村文化新业态增长点的平台。

表 2　2020 年全国 31 个省区市乡村广播、电视、网络情况

单位：%，万元

| 省区市 | 广播节目覆盖率 | 排名 | 有线电视覆盖率 | 排名 | 网络技术收入 | 排名 |
|---|---|---|---|---|---|---|
| 北　京 | 100.00 | 1 | 100.00 | 1 | 42132442.3 | 1 |
| 天　津 | 100.00 | 1 | 100.00 | 1 | 3516227.0 | 7 |
| 河　北 | 99.68 | 11 | 99.80 | 10 | 577784.3 | 19 |
| 山　西 | 98.80 | 26 | 99.43 | 17 | 27425.0 | 30 |
| 内蒙古 | 99.37 | 14 | 99.37 | 18 | 65423.5 | 28 |
| 辽　宁 | 98.95 | 22 | 98.93 | 27 | 472212.1 | 21 |
| 吉　林 | 99.31 | 15 | 99.25 | 23 | 269122.8 | 23 |
| 黑龙江 | 99.93 | 6 | 99.86 | 8 | 165455.7 | 25 |
| 上　海 | 100.00 | 1 | 100.00 | 1 | 31847480.5 | 3 |
| 江　苏 | 100.00 | 1 | 100.00 | 1 | 7943526.6 | 5 |

| 省区市 | 广播节目覆盖率 | 排名 | 有线电视覆盖率 | 排名 | 网络技术收入 | 排名 |
|---|---|---|---|---|---|---|
| 浙　江 | 99.75 | 10 | 99.82 | 9 | 16573896.6 | 4 |
| 安　徽 | 99.92 | 7 | 99.88 | 6 | 1698390.2 | 10 |
| 福　建 | 99.76 | 9 | 99.79 | 11 | 3538648.0 | 6 |
| 江　西 | 98.92 | 24 | 99.37 | 19 | 1003660.6 | 15 |
| 山　东 | 99.24 | 16 | 99.52 | 14 | 976304.6 | 16 |
| 河　南 | 99.59 | 12 | 99.51 | 15 | 1094226.9 | 14 |
| 湖　北 | 99.80 | 8 | 99.73 | 12 | 1447487.0 | 12 |
| 湖　南 | 98.93 | 23 | 99.58 | 13 | 2096350.6 | 9 |
| 广　东 | 99.95 | 5 | 99.97 | 5 | 35303694.1 | 2 |
| 广　西 | 97.83 | 30 | 98.99 | 26 | 231027.3 | 24 |
| 海　南 | 98.83 | 25 | 98.88 | 28 | 1477820.5 | 11 |
| 重　庆 | 99.15 | 18 | 99.31 | 20 | 805275.8 | 17 |
| 四　川 | 98.47 | 28 | 99.24 | 24 | 3249811.5 | 8 |
| 贵　州 | 95.05 | 31 | 97.18 | 31 | 564789.7 | 20 |
| 云　南 | 99.07 | 20 | 99.24 | 25 | 1341748.8 | 13 |
| 西　藏 | 99.17 | 17 | 99.31 | 21 | 113324.9 | 25 |
| 陕　西 | 99.02 | 21 | 99.45 | 16 | 440572.5 | 22 |
| 甘　肃 | 99.15 | 19 | 99.29 | 22 | 37224.1 | 29 |
| 青　海 | 98.70 | 27 | 98.74 | 29 | 8214.2 | 31 |
| 宁　夏 | 99.52 | 13 | 99.87 | 7 | 80777.6 | 27 |
| 新　疆 | 98.46 | 29 | 98.55 | 30 | 599787.0 | 18 |

资料来源：根据《中国文化及相关产业统计年鉴2020》、《2020年互联网和相关服务业年度统计数据》、第50次《中国互联网络发展状况统计报告》整理。

### （三）人才后力不足，村域数字文化建设不平衡

乡村数字文化人才资源与全省水平存在差距，村域差异明显。2020年，陕西乡村信息技术科研人员仅占全省信息技术科研人员总数的2.09%，远低于东部沿海地区人力资本水平。伴随城镇化进程的加深，大量乡村人口随迁转移至城镇就学，乡村科技人才储备力量匮乏。《中国统计年鉴2021》数

据显示，全国乡村义务教育阶段入学率达到 13.02%，陕西仅为 6.58%，比全国乡村义务教育阶段入学率低 6.44 个百分点，表明陕西数字乡村建设的文化基础较为薄弱，乡村数字技术发展潜力受限。在疫情冲击与乡村文化经营不景气的情况下，乡村文化及相关产业首先成为被冲击的对象，加之数字技术人才支撑短缺，与数字乡村文化建设相关的生产性服务业增长动力弱化。受陕西省人民政府《关于加快推进乡村人才振兴的实施意见》影响，乡村数字文化人才培养模式虽趋于多元，但城乡居民的数字素养依旧差距较大，2021 年这一差距达 37.50%，且乡村居民数字素养得分显著低于其他群体。

村域科技人才供给缺口加剧陕西区域乡村数字文化建设水平差距。一方面，数字乡村建设急需大量熟悉数字技术、热爱乡村文化的新型专业村民；另一方面，省域乡村复合型文化创客难以匹配，加剧地区间乡村数字文化鸿沟。陕南地区数字乡村生态文化建设中的优质教育资源覆盖率较低、存量不足。2020 年，汉中、安康、商洛每十万人拥有的各类受教育人口数量居全省后位，文盲率均值超过 5.03%，高于全省 2.28 个百分点。[①] 关中地区数字乡村功能文化建设中的创新应用人才储量有限、结构单一。《乡村振兴战略背景下中国乡村数字素养调查分析报告》统计资料显示，乡村居民数字化设备的创建开发及应用能力在各项评估项目中得分最低。与全国情况相似，关中地区城市带动作用相对明显，但数字科技转化率较低，村民数字文化素养短板尚未补齐，数字红利有待释放。陕北地区数字乡村红色文化建设中的优秀传承挖掘队伍缺乏规模性、影响力弱。传统陕北文化人才老龄化，乡村数字文创的新生力量培养滞后，使陕北乡村文化建设边缘化，数字化内生动力不足。

## 三 陕西数字乡村文化建设的趋势

数字乡村战略实施以来，陕西乡村文化建设短期内受到一定冲击，但从

---

① 陕西省统计局。

数字经济的中长期影响来看，现存问题难以改变乡村文化建设快速发展、创新增长的趋势。尤其是疫情发生以来，一些新的数字乡村文化建设项目资源应运而生，对保障乡村文化建设高质量发展、健全数字乡村文化产业链、催生数字乡村文化建设区域融合产生重要作用并反映了未来发展方向。

## （一）政策落地保障数字乡村文化建设高质量发展

面对全球数字经济的高速发展与国家乡村振兴战略的全面推进，陕西省在加快推进农业农村现代化进程中，将继续繁荣乡村文化，贯彻落实党中央、国务院及各部门关于数字乡村建设的部署和《关于推动文化产业赋能乡村振兴的意见》，逐步制定实施数字乡村文化建设的政策规划。在准入机制方面，2021年7月陕西省发布"首批陕西省级数字乡村试点地区名单"，依据乡村信息基础设施、数字经济增长点、文化治理能力等指标选择试点村，为加快乡村数字文化建设制定科学标准。2020年8月陕西省委网信办印发陕西省《加快数字乡村发展三年行动计划（2020~2022年）》，进一步落实数字乡村文化建设的重点任务及发展内容，为重点领域改革探索方向。在推进实施方面，2019年3月陕西省西安市政府发布《西安市乡村文化风貌塑造工程实施方案》，在全市涉农地区全面实施"乡村文化风貌塑造工程"，力图全方位打造陕西乡村文化高质量发展的区域样本。2020年7月陕西省网信办印发《陕西省2021年数字经济工作要点》，为"十四五"数字经济发展规划定调，对2025年前陕西数字城乡文化建设高质量发展提出新要求，加快推动部署陕西数字乡村发展格局、数字经济示范点工程、数字文化商业体系。在行业监管方面，2022年是实施"十四五"规划承上启下之年，根据陕西省《关于贯彻落实〈国家标准化发展纲要〉的实施意见》，应保证数字乡村"一县一品"措施及"农文旅"融合的规划布局切实落地。有针对性地细化数字乡村文化建设考核主体责任、实时完善城乡智慧督查平台、动态评估乡村文化数字化建设效果，防范由数字鸿沟造成的乡村文化生产精准化偏差，为数字乡村文化高质量建设提供政策规划保障。

## （二）技术创新将极大健全数字乡村文化产业链

一是紧抓数字技术研发，提升乡村文化价值链红利。针对乡村文化建设周期长、投入大、回款慢的特点，启动陕西乡村文化新基建工程，加快乡村 5G 农用步伐及 IPv6 部署，建设乡村文化场馆数控中心。将"数字+"、北斗新技术、元宇宙概念运用于陕西乡村传统文化场景中，增加乡村文化价值链附加值。引入社会投资减轻数字化研发负担，逐渐将乡村文化产业链下移，提高技术与资金的密集性，确保乡村文化建设价值链衔接速度与迭代效率。二是扩张数字技术生产，完善乡村文化企业链环节。陕西乡村文化建设单位多为村委临时组织或个体商户，相对分散，不具规模性，其中，有八成以上的乡村文化企业没有实现数字化。应强化数字云技术"去中心化"生产力，减少乡村文化企事业单位交易成本，缩短乡村文化企业生产周期，完善乡村文化建设运营流程。例如，陕西乡村文旅电子商务方面，利用"网店、网农、网货"将乡村文化"商流、人流、物流"各环节有机结合，实现精准生产。三是强化数字技术运用，调整乡村文化供需链平衡。从陕西省级层面到各地市各部门，直至数字乡村文化建设各行业，数据赋能市场适配功能正在达成共识。数字化将乡村文化资源供求信息前置，引导乡村文化建设主体突破时空边界。预计未来陕西乡村文化市场将继续启用农贸文化企业，运用智能终端 App、社区电商综合平台、跨区物流等发布供求对接信息，及时监测调控乡村文化建设资源的供需匹配度。四是促进数字技术推广，增大乡村文化空间链辐射。据测算，数字化可使乡村文化制造业产值年均增速达 11.43%。陕西将继续推行乡村文化场景线上线下一体化科技，通过数字技术背书达成乡村文化空间共识，探索数字技术叠加效应，打造数字乡村文化"一县一业"模式，引爆乡村文化要素新增长点。

## （三）人才互补催生数字乡村文化建设区域融合

如果说技术创新是将现存乡村文化建设武装起来的"硬科技"，那么人才储备则反映未来乡村文化建设"软实力"。尤其是陕西境内教育资源富集，更需要因地制宜地利用人才互补解决数字乡村文化建设增长潜力不足的问题，实现省内三大区域协调融合发展。一是陕南依托绿色循环发展布局，促进数字乡村文化建设多元主体协作。依托陕南地区丰富的生态资源、土特资源与旅游资源，大力发展绿色数字产业、农副产品加工业、文化生态旅游业，充分调动乡村文化建设多元主体的创造性，依托南方水稻种植长期形成的集体主义文化，增强乡村数字文化产业人力资本分工协作意识，构建乡村数字文化产业联动机制与数字智慧产业链，推动汉中、安康、商洛乡村文化行业数字化信息共享及产业内外双循环发展。二是关中集中利用区域优势，系统培养数字乡村文化复合型人才。关中城市群的科研院所综合科研实力比较雄厚，应充分利用西安市中心的带动作用，建设以县级乡村文化机构为中心的数字化产学研基地，培养懂乡情、技术、文化的应用型复合型人才，开展人才联合培养。从关中乡村实地调研和数字文化企业视频访谈中可知，关中地区在具备人才资源优势的前提下，要防止乡村传统产业人才流失，强化数字科技转化力，实施产业引导、行业培养，助乡纾困。三是陕北要在三次产业融合的基础之上，着力解决乡村新型人力资本短缺问题。依据陕北"能源导向"的客观经济规律与"结绳区域"的文化纽带优势，瞄准"老区智慧建设兴村、红色数字文化惠农"的目标，着力解决数字人才存量不足、文化传承人才浪费问题。完善陕北地区公共文化建设就业政策，增设数字乡村建设就业岗位，建立陕南、关中数字乡村文化人才储备池，为陕北培育输送乡村文化技艺传承的高端科技人才。

## 参考文献

曾亿武等：《中国数字乡村建设若干问题刍议》，《中国农村经济》2021年第4期。

范以锦、郑昌茂：《数字乡村文化振兴的路径探析和逻辑建构》，《中国编辑》2021

年第 11 期。

王浩、李晓晴：《数字乡村建设，让农民生活更美好》，《人民日报》2022 年 5 月 6 日，第 18 版。

中国社会科学院信息化研究中心：《乡村振兴战略背景下中国乡村数字素养调查分析报告》，2021 年 3 月。

中国互联网络信息中心：《中国互联网络发展状况统计报告》，2022 年 8 月。

# 生态振兴篇

Ecological Revitalization

# B.10
# 陕西乡村生态产品价值实现研究

黄懿*

**摘　要：**　乡村生态产品价值实现是确保生态产品有效供给、生态系统功能完整的重要途径。陕西乡村生态产品价值实现在林业生态产品、生态补偿、生态认证、农村生态环境质量等方面取得了初步成效，但存在产权不够明晰、价值实现程度偏低、资金来源不足、生态意识薄弱等问题。进一步推动陕西乡村生态产品价值实现，可从工作推进机制、产权制度体系、市场交易体系、要素投入机制、舆论宣传等方面入手。

**关键词：**　乡村生态产品　价值实现　陕西省

---

* 黄懿，陕西省社会科学院农村发展研究所助理研究员，研究方向为可持续发展、农村发展。

建立健全乡村生态产品价值实现机制，是新时代中国特色社会主义生态文明建设的基本方略和重要任务，是践行"绿水青山就是金山银山"的重要行动。探索乡村生态产品价值实现机制，提供丰富多样的生态产品，有利于满足新时代人民群众对美好生活的需要，有利于打造实现乡村生态振兴、城乡生态共建共治共享、城市反哺农村的重要抓手。陕西南北跨度大，纵跨黄土高原、关中平原和秦巴山地，森林、农田、草原、河流、湿地、草甸等生态系统类型丰富多样，生态产品供给潜力大。

# 一 乡村生态产品及其价值实现

## （一）生态产品及其价值实现的提出

为扎实推进生态文明建设，2010 年，国务院印发《全国主体功能区规划》①，首次在政府文件中提出"生态产品"。2012 年，党的十八大明确要求"增强生态产品生产能力"。2017 年，党的十九大提出"提供更多优质生态产品以满足人民日益增长的优美生态环境需要"。2019 年，中共中央办公厅、国务院办公厅印发《关于建立以国家公园为主体的自然保护地体系的指导意见》②，提出"提供高质量生态产品""提升生态产品供给能力""构建高品质、多样化的生态产品体系"等要求。

建立健全生态产品价值实现机制，是提供高质量生态产品的关键路径，是提升生态产品供给能力的根本途径。2017 年，《中共中央 国务院关于完善主体功能区战略和制度的若干意见》③ 提出，"建立健全生态产品价值实

---

① 《国务院关于印发全国主体功能区规划的通知》，中国政府网，2011 年 6 月 8 日，http：//www.gov.cn/zhengce/content/2011-06/08/content_1441.htm。

② 《中共中央办公厅 国务院办公厅印发〈关于建立以国家公园为主体的自然保护地体系的指导意见〉》，中国政府网，2019 年 6 月 26 日，http：//www.gov.cn/zhengce/2019-06/26/content_5403497.htm。

③ 《中共中央 国务院关于完善主体功能区战略和制度的若干意见》，河南中城规划设计研究院网站，2021 年 8 月 20 日，http：//www.hnzcpdr.cn/page158? article_id=276。

现机制，挖掘生态产品市场价值"科学评估生态产品价值，培育生态产品交易市场"。2018年，习近平总书记在深入推动长江经济带发展座谈会上指出，"开展生态产品价值实现机制试点""探索政府主导、企业和社会各界参与、市场化运作、可持续的生态产品价值实现路径"[①]。2021年，中共中央办公厅、国务院办公厅印发《关于建立健全生态产品价值实现机制的意见》[②]，首次系统全面地提出建立健全生态产品价值实现机制。

## （二）乡村生态产品及其价值实现的内涵

《全国主体功能区规划》将生态产品定义为"维系生态安全、保障生态调节功能、提供良好人居环境的自然要素，包括清新的空气、清洁的水源和宜人的气候等"，认为生态产品与农产品、工业品、服务产品一样，是人类生存发展所需。在国外，与生态产品相近的提法是"生态系统服务""生态标签产品"等。实践中，生态产品的内涵逐渐扩展。不单考虑自然属性，即清新的空气、清洁的水源、宜人的气候等形态的产品；还考虑经济属性、文化属性、社会属性，包括通过节能、低碳等途径生产出来的生态友好型、环境友好型农产品、工业品、服务产品，如有机农产品、生态原产地产品等。

生态产品价值实现是一个复杂的过程，强调人实际的需求和利用，综合体现经济价值、社会价值、生态价值、文化价值等内容。生态产品价值实现途径主要有三类。一是政府主导，包括政策支持、财政补贴、税收补贴等，如国家特许经营政策、财政转移支付、生态补偿、环境税补贴、排污税补贴等。二是市场主导，包括产品和服务的直接交易、产权交易，以及绿色金融等，如有机农产品交易、生态原产地产品交易、排污权交易、碳汇交易、森

---

① 《习近平在深入推动长江经济带发展座谈会上的讲话》，中国政府网，2019年8月31日，http://www.gov.cn/xinwen/2019-08/31/content_5426136.htm。
② 《中共中央办公厅 国务院办公厅印发〈关于建立健全生态产品价值实现机制的意见〉》，中国政府网，2021年4月26日，http://www.gov.cn/xinwen/2021-04/26/content_5602763.htm。

林银行、绿色基金等。三是社会主导,包括生态标志、生态倡议等,如联合国清洁发展机制、中国核证自愿减排机制、核证碳标准、森林认证体系等。

乡村是农民生活、从事农业生产的主要场所,是具有自然属性、社会属性、经济属性的地域综合体。乡村生态产品是指在乡村空间范围内,与自然、农业、农村、农民相关的,体现生态价值的产品和服务。如绿色农产品、有机农产品、生态原产地产品、水源地保护、耕地保护、人与自然共生的生态景观、生物多样性保护等。乡村生态产品价值实现的主要目标,是确保生态产品的有效供给,保护乡村生态系统的完整性和功能性。价值实现方式主要有退耕还林补贴、重点生态功能区生态补偿、乡村生态旅游、有机农产品交易等。

## 二 陕西乡村生态产品价值实现的现状

### (一)林业生态产品价值实现成效显著

森林在清洁水源、碳汇、舒适气候、水土保持、生物多样性、林产品、旅游、康养等方面,提供丰富多样的乡村生态产品。陕西森林资源富足,2021 年森林覆盖率达 46.39%,比全国高 23.37 个百分点。其中,集体林占比较大,达 70%以上。① 随着集体林权制度改革持续深化,林地生产力不断释放。2007 年,陕西启动集体林权制度改革,出台《关于推进集体林权制度改革的意见》。2009 年,推行集体林权抵押贷款改革。2017 年,为进一步巩固和扩大集体林权制度改革成果,实现森林资源持续增长、农民收入稳步提高,出台《关于完善集体林权制度的实施意见》。2021 年,陕西林业产值突破 1500 亿元;认定林业合作社示范社 142 个、龙头企业 198 个、林下经济示范基地 130 个。② 林麝存栏、麝香产量大幅增长,占全国七成以上;

---

① 生态环境部网站,https://www.mee.gov.cn/zcwj/bwj/gg/。
② 《新时代陕西林业十大成就》,中国网,2022 年 8 月 10 日,http://stzg.china.com.cn/2022-08/10/content_ 42066160.htm。

冬枣走出陕西、享誉全国；韩城、洛南分别建成全国最大的花椒基地和集散中心、全国核桃交易中心；打造了11条具有自然体验、休闲康养等功能的生态旅游线路。9市94县（市、区）划定封禁区，制度化、规范化、经常化的封山禁牧机制基本建立。

### （二）纵横结合生态补偿制度不断完善

生态补偿是政府推动生态产品价值实现的重要形式，包括纵向补偿、横向补偿、专项补偿、综合补偿等。如农业资源及生态保护补助、退耕还林还草补贴、林业草原生态保护恢复资金、农村环境整治资金、南水北调中线水源地生态保护补偿、耕地轮作休耕补助、重金属污染区调整种植结构补助等。2022年，陕西重点生态功能区转移支付收入达47.01亿元，增速高于全国平均水平（见图1）。

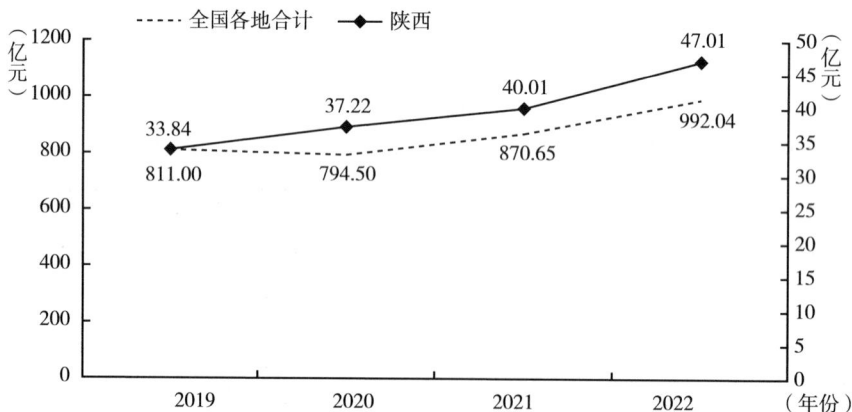

**图1 2019~2022年中央对地方重点生态功能区转移支付情况**

注：截至2022年12月1日。

资料来源：财政部网站，http://www.mof.gov.cn/zhuantihuigu/cczqzyzfglbf/ybxzyzf_7774/zdstgnqzyzf_7776/。

陕西相继出台了《陕西省生态保护纵向综合补偿实施方案》《陕西省人民政府办公厅关于印发健全生态保护补偿机制实施意见的通知》等政策文件。在秦巴山区实施了生态移民搬迁，保障了南水北调中线工程水源区水质安全。对国家生态文明建设示范县、国家"绿水青山就是金山银山"实践创新基地给予财政补贴，每年每县补贴金额分别为 500 万元、200 万元。2022 年，陕西对全省生态环境保护综合考评测算结果排前 20 名的县（区）、国家生态文明建设示范县、国家"绿水青山就是金山银山"实践创新基地等共下达补偿资金 1 亿元（见表 1）。

表 1　陕西国家生态文明建设示范县、国家"绿水青山就是金山银山"实践创新基地

| 称号 | 县（区） | 称号 | 县（区） |
|---|---|---|---|
| 国家生态文明建设示范县 | 宝鸡市凤县、陇县、太白县、渭滨区、麟游县<br>汉中市西乡县、留坝县、宁强县<br>铜川市宜君县<br>延安市黄龙县<br>安康市岚皋县、石泉县 | 国家"绿水青山就是金山银山"实践创新基地 | 安康市镇坪县、平利县<br>宝鸡市凤县<br>汉中市佛坪县、留坝县<br>商洛市柞水县 |

注：统计截至 2021 年底。
资料来源：生态环境部网站，https://www.mee.gov.cn/zcwj/bwj/gg/。

### （三）生态认证数量持续增加

截至 2022 年 11 月，陕西有效期内有机产品、绿色食品认证分别为 633 个、697 个。[①] 从三大区域来看，关中的有机产品、绿色食品认证最多，分别为 247 个、394 个；从各市来看，汉中市有机产品认证最多，达 140 个，咸阳市绿色食品认证最多，达 141 个。积极开展生态原产地产品、生态原产地产品保护示范创建工作。截至 2022 年底，榆林市靖边县和绥德县、宝鸡市太白县等 3 县获得国家级生态原产地产品保护示范区称号，眉县猕猴桃、太白高山蔬菜、靖边胡萝卜、佳县"大自然有机"红枣、米脂小米、陕北横山羊肉等 30 余项产品获国家生态原产地产品保护证书（见表 2）。

---

① 国家市场监督管理总局，http://cx.cnca.cn/CertECloud/resultSn/skipResultSnFull? currentPosition。

表 2　陕西生态原产地产品

| 地区 | 产品 |
| --- | --- |
| 宝鸡 | 眉县猕猴桃、太白高山蔬菜、太白县"药王茶"牌药王茶、陇县"YANDI"苹果 |
| 延安 | 富县苹果、富县"直罗贡米"大米、延川红枣、延川县"梁家河"牌小米 |
| 汉中 | 宁强巧姑妈牌香菇及其制品、宁强县羌州牌茶叶、宁强县青木川牌茶叶、洋县"朱鹮"牌黑米酒/黑谷牌黑谷酒、宏玮食品牌洋县魔芋精粉、洋县康原牌有机红薯/紫薯及其制品、双亚牌/周大黑牌大米及其制品、洋县谢村桥牌谢村酒、洋县晶霞牌大米、宁强银杏叶、石泉县"中球"牌黄花菜、陕西西乡鹏翔茶叶、洋县朱鹮牌/大咸德牌食醋 |
| 渭南 | 富平县"美羚"牌羊奶粉 |
| 榆林 | 靖边胡萝卜、红盛牌靖边荞麦米/荞麦粉、靖边马铃薯、横山大明绿豆、横山大米、佳县"大自然有机"红枣、米脂小米、陕北横山羊肉、吴起县"神棘"牌沙棘红茶、绥德绿源牌沙地红薯、绥德强盛科技牌黄芪、"塌头红"牌绥德山地苹果、绥德剪纸、绥德兰花花牌山地小米 |

资料来源：中国生态原产地（PEOP）品牌评定网，http：//www.stycd.org.cn/zhengwugongkai/renshixinxi/。

## （四）农村生态环境质量逐渐改善

陕西针对农村黑臭水体、农业面源污染等突出环境问题，强化源头减量、循环利用，乡村生态环境质量得到极大改善。2021 年，陕西农村生活污水治理率达 31.4%，[①] 比全国平均水平高 3.4 个百分点；[②] 小麦、玉米、水稻的化肥使用量、农药使用量均实现负增长。开展农用地土壤污染状况详查，土壤污染风险得到有效管控，土壤环境质量总体保持稳定。开展农田灌溉用水监测，推广了"循环利用生态修复"农田退水治理模式。持续开展农村黑臭水体整治，建立"拉条挂账，逐一销号"农村黑臭水体监管清单；落实河湖长制度，开展农村黑臭水体整治试点示范。有序推进改厕、农村户

---

[①] 《陕西通报农村生态环境保护进展情况》，"大西北消息速览"搜狐号，2022 年 7 月 15 日，http：//society.sohu.com/a/567682124_ 121106869。

[②] 《生态环境部：2025 年全国农村生活污水治理率要达到 40%》，"中国新闻网"百家号，2022 年 4 月 22 日，https：//baijiahao.baidu.com/s？id＝1730790548660875954&wfr＝spider&for＝pc。

厕问题摸排整改"回头看"等工作，农村生活污水治理实现"统一规划、统一建设、统一运行和统一管理"。农业废弃物资源化利用水平稳步提升。秸秆收储运体系逐渐完善，秸秆综合利用率达 91.34%，比全国平均水平高 4.34 个百分点；农膜回收率达 80.4%，比全国平均水平高 0.4 个百分点；实施了畜禽规模养殖场环境影响评价及排污许可制度，规范了工厂化养殖企业尾水排放监管，畜禽粪污综合利用率达 89.8%，比全国平均水平高 13.8 个百分点。[①] 农村生态环境质量的改善，不但提升了农村群众的获得感、幸福感、安全感，也提高了乡村旅游、绿色农产品、有机产品等乡村生态产品的供给能力。

## 三 陕西乡村生态产品价值实现存在的问题

### (一)产权不够明晰，现代产权制度有待健全

生态产品因其自然属性，具有公共物品性质。深化农村改革取得了明显成效，但土地、林地等资源的所有权、承包权、经营权"三权分置"的有效途径，仍在探索完善中。因此，乡村生态产品的产权难以完整界定，即碳排放权、排污权、集体林权、用能权、用水权等自然及农业资源产权，及其所有权、承包权和经营权等权利界定不清。与乡村生态产品相关的产权初始分配环节，仍然存在自然及农业资源资产家底不清、所有者权责不明晰、初始分配制度不健全、监管部门混乱等问题。产权再分配环节，以较低交易成本，通过市场化工具进行产权交易，实现乡村生态产品价值的目标难度较大。

### (二)价值实现程度偏低，市场交易机制有待完善

乡村生态产品的市场主体发育不成熟、市场运行不顺畅，统一的市场交

---

[①] 《陕西坚决打好农业农村污染治理攻坚战》，陕西省生态环境厅网站，2021 年 3 月 23 日，http://sthjt.shaanxi.gov.cn/dynamic/zhongs/2021-03-23/68052.html；《2021 中国生态环境状况公报》，生态环境部网站，2022 年 5 月 27 日，https://www.mee.gov.cn/hjzl/sthjzk/zghjzkgb/。

易体系尚未形成。乡村生态产品价值核算需要多学科交叉融合。目前缺少统一的价值核算标准,价值核算方法、指标体系、数据来源等存在较大差异,难以精准量化,难以科学、完整体现生态价值、经济价值、社会价值,从而影响各类主体参与乡村生态产品交易的积极性。不少地方政府在未经科学试验论证的前提下,鼓励发展"林—种—养"循环农业、生态旅游业等生态产业,但大多效果不佳。农户对稻田养鱼的积极性逐渐降低,乡村生态旅游产品同质化明显、附加值低,休闲农业季节性强、配套设施短缺、难以持续经营等问题普遍存在。此外,陕西暂时没有参与联合国清洁发展机制、中国核证自愿减排机制、农户森林经营碳汇交易体系等交易的乡村生态产品,价值实现方式亟待拓展。

### (三)资金来源不足,投入机制有待完善

政府财政支出是生态产品价值实现的主要资金来源。2021年,西安遭遇了严峻复杂的疫情,陕西经受了防控考验。全省GDP在全国列第15位,增长相对缓慢,比全国低1.6个百分点。投资、消费对经济的拉动作用不足。固定资产投资下降3.0%,比全国、西部平均水平分别低7.9个、6.9个百分点;社会消费品零售总额增长6.7%,比全国低5.8个百分点。国内疫情影响持续存在,在需求收缩、供给冲击、预期转弱多重不利因素影响下,陕西经济下行压力大,可能影响地方财政对乡村生态产品价值实现的资金投入。同时,生态产品、农产品都具有政策风险大、收益周期长、市场周期性波动明显、投资回报率偏低等特点,从而影响社会资本对乡村生态产品的投资积极性。水权和林权等使用权抵押、产品订单抵押等绿色信贷业务、绿色债券业务、绿色PPP模式等融资渠道较少,乡村生态产品价值实现的金融资本投入不足。

### (四)生态意识薄弱,生态价值观有待进一步夯实

部分乡村生态产品具有公共物品、俱乐部产品属性,排他性、竞争性不强,难以实现持续供给。如乡村清澈的溪流、岸边景观、农田景观等资源,

通过乡村旅游、休闲农业等形式实现生态价值、经济价值。但是，种植业化肥、农药的大量使用，养殖业粪便的直接排放，农村居民生活废弃物的随意处置，都可能影响乡村旅游、休闲农业的服务品质，并降低其产品价值或使其失去产品价值。另外，与一般农产品相比，有机农产品等具有私人产品属性的乡村生态产品，生产成本偏高、生产周期较长。同时，消费者难以直接体验、区分有机农产品的生态价值，购买意愿更容易受价格影响，"叫好不叫卖"现象长期存在，从而影响乡村生态产品的供给积极性。

## 四 推进陕西乡村生态产品价值实现的建议

### （一）分类施策，构建高效的工作推进机制

构建上下对接、平级联动的多部门协调配合机制，联合出台支持乡村生态产品价值实现的政策措施。完善选人、用人机制，适度加大对任期内生态产品价值实现成效突出的领导干部的提拔倾斜力度。厘清政府和市场边界，政府侧重于界定农业资源初始产权、培育乡村生态产品市场主体、监督规范乡村生态产品市场。厘清职能部门、各级政府、村委会、村集体经济组织、经济主体（农户、合作社、家庭农场、龙头企业等）关于生态产品的权责关系、利益关系。对于产权明晰的生态产品，鼓励市场主体自行交易，政府做好健全法律法规、强化市场监管等工作。对于具有公共物品性质的生态产品，鼓励政府和市场主体合作开发，政府做好补偿等政策支持，市场主体负责经营。

### （二）明晰权责，建立健全产权制度体系

开展乡村生态产品信息普查，建立登记信息管理系统。建立健全自然及农业资源资产的产权初始分配、再分配制度体系。理顺土地承包经营权、林权、矿权、水域滩涂养殖权等权能关系及其实现形式。完善和落实自然及农业资源有偿使用、污染者付费制度，建立健全有利于乡村生态产品价值实现

的多元化、纵横结合的生态补偿机制。持续推进农村集体产权制度改革，开展各类乡村产权交易试点。陕西乡村集体林业资源丰富，重点鼓励陕南秦巴山区发展中药、畜禽、森林旅游及康养等林下经济，努力将生态效益转化为经济效益。引导村集体经济组织，利用闲置土地、荒地开展植树造林、湿地恢复等活动；开展村集体经济参与碳交易试点，将农村尤其是偏远地区的林业资源等自然禀赋，转化为经济效益。

### （三）统一开放，不断完善市场交易体系

推动生态产品地方认证标识体系、定价体系、交易体系的组织化、专业化、标准化建设。鼓励各级政府积极出台促进乡村生态产品生产供给、消费的政策措施，加大乡村生态产品市场化工具的创新支持力度。结合生态环境保护目标，根据排他性和竞争性程度，合理选取政府定价、政府指导价、市场调节价等乡村生态产品定价方式。建立规范、安全、有效的乡村生态产品交易体系，完善交易审查备案、交易信用、交易黑白名单等制度。引导生态友好型、环境友好型农业龙头企业，生产、销售生态产品，塑造良好的社会形象和绿色品牌价值。积极推动农产品区域公用品牌纳入生态认证，助推乡村生态产品价值溢价。加快推进全国碳排放权市场试点争取工作，为陕西乡村生态产品的价值实现营造更好的市场环境。

### （四）聚焦创新，构建多元化要素投入机制

强化科技支撑。健全和完善政产学研合作机制，搭建乡村生态产品价值实现的科技创新、联合攻关平台。完善政府、科研院所、企业（农业龙头企业、村集体经济组织、合作社等）科技成果转化对接机制、产业化推动机制。联合职能部门、科研院所、土专家（农村能人）、企业家等力量，开展全面调研，摸清乡村生态产品家底，制定产品清单，提高政府职能部门出台政策的精准度。以项目实施为依托，加强职能部门与科研院所、高校在乡村深度开展战略合作、协同创新，重点持续推动生态价值评估、生态价值核算等方面科技成果的转化。鼓励科研机构学术会议与职能部门工作会议相互

融合，交流经验，共谋发展。

强化资金支持。设立乡村生态产品价值实现专项资金，撬动民间资本。加大财政资金支持力度，根据乡村生态产品的不同类型，开展各类项目试点，力争在生态产品价值核算、供需精准对接、可持续经营开发等方面总结经验。积极引导社会力量，将民间资本、先进技术、管理理念、市场资源带入乡村。引导新型农业经营主体、回乡创业人员、村集体经济组织发挥自身优势，开展乡村生态产品开发探索。引导金融机构创新绿色信贷业务，开展乡村生态产品项目贷试点。完善林权抵押贷款制度，推动集体林木由资源向资本转化。

### （五）强化理念，营造良好的舆论氛围

充分利用大数据、区块链等信息技术，建立信息开放共享的乡村生态产品综合平台。建立乡村生态产品公众日常消费生态信用账户、积分制度，推动生态产品消费和其他消费积分兑换、优惠互享。在经济效益层面，有利于实现生产者、普通消费者、商家的多方共赢；在社会效益、生态效益层面，有利于提升全社会对绿色生产、低碳消费的认同感。

充分发挥传统媒体、新媒体、融媒体的作用，多渠道、全方位宣传乡村生态产品及其价值实现的新理念、新政策、新要求。不断提升全社会对乡村生态振兴、生态文明建设、"两山"转化等的认知水平，深刻理解理论内涵、战略目标、实施路径，激发公众的参与性和积极性，切实提高乡村生态产品价值实现相关政策的执行力。

**参考文献**

马永欢等：《对我国生态产品价值实现机制的基本思考》，《环境保护》2020年第C1期。

秦国伟、董玮、宋马林：《生态产品价值实现的理论意蕴、机制构成与路径选择》，《中国环境管理》2022年第2期。

李燕等：《生态产品价值实现研究现状与展望——基于文献计量分析》，《林业经济》2021年第9期。

牛玲：《碳汇生态产品价值的市场化实现路径》，《宏观经济管理》2020年第12期。

《建立生态产品价值实现机制 推进生态文明建设》，"中国社会科学网"百家号，2021年3月7日，https：//baijiahao.baidu.com/s？id=1693576701978567810&wfr=spider&for=pc。

# B.11
# 陕南秦巴生态功能区实现
# 共同富裕研究报告

马建飞*

**摘　要：** 生态功能区是生态文明建设的重要内容，采取负面产业准入制度和财政转移支付双重管理方式。秦巴山区作为陕西省的两个国家级重要生态功能区之一，承担着南水北调中线水资源供给的重任，环境规制对于区内产业发展形成了较大制约。本报告从生态产品化、产业生态化和生态补偿转移支付资金的优化使用三个方面，提出秦巴山区实现共同富裕的发展对策，确保到2035年实现"全体人民共同富裕取得更为明显的实质性进展"的目标。

**关键词：** 共同富裕　生态功能区　秦巴山区

党的十八大报告提出"五位一体"总体布局，把生态文明建设提到了新的高度。生态功能区作为生态文明建设的重要内容，采取负面产业准入制度和财政转移支付双重管理方式，环境规制对区内产业发展形成了较大制约。2021年，党中央再次强调共同富裕。党的二十大报告中提出："到二〇三五年……全体人民共同富裕取得更为明显的实质性进展。"如何兼顾经济建设和生态文明建设，实现高质量发展，是生态功能区面临的课题。

---

* 马建飞，陕西省社会科学院农村发展研究所副研究员，研究方向为农村贫困及发展。

# 一 生态功能区发展现状

国家重点生态功能区，是指国土空间开发中限制进行大规模、高强度工业化城镇化开发，保持并提高生态产品供给能力的区域。

## （一）发展脉络

生态功能区的管理，涉及国家发展改革委、自然资源部和生态环境部。一是2010年国家发展改革委主导制定的《全国主体功能区规划》，按开发内容划分为城市化地区、农产品主产区和重点生态功能区，2016年国家发展改革委印发《重点生态功能区产业准入负面清单编制实施办法》之后，区内各县域均制定了详细的产业负面清单，涉及种植业、林业、畜禽养殖、采矿选矿、食品加工业、制造业等。二是2020年生态功能区产业管理职能转入自然资源部，新公布了《国土空间规划》，进一步细化主体功能区政策。三是生态环境部正在指导全国各省（市、区）制定"生态保护红线、环境质量底线、资源利用上线和生态环境准入清单"生态环境分区管控办法。这些行政法规和部门规章，均限制了生态功能区的产业发展空间。

截至2022年底，共有国家重点生态功能区25个，占国土面积的53%。具体包括：水源涵养生态功能区8个、水土保持生态功能区4个、防风固沙生态功能区6个、生物多样性生态功能区7个。区域内目前仍有大约1.8亿居民，人均GDP不足全国平均水平的一半。水土保持和防风固沙类型的生态功能区，由于立地条件较差、区内人口较少，异地城镇化可以成为主要解决路径。而水源涵养、生物多样性类型的生态功能区，生态环境较好、区内人口较多，较长时间内都将面临发展的难题。

## （二）陕西生态功能区简况

陕西省的国家重点生态功能区有秦巴生物多样性生态功能区和黄土高原丘陵沟壑水土保持生态功能区。2021年，陕西省共有7个市的43个县

（区）纳入国家重点生态功能区县域生态监测范围。具体包括：陕南 3 市所有 28 个县（区）；陕北延安市的 6 个县（区）（子长县、安塞区、志丹县、吴起县、宜川县、黄龙县），榆林市的 6 个县（绥德县、米脂县、佳县、吴堡县、清涧县、子洲县）；关中西安市 1 个县（周至县），宝鸡市 2 个县（凤县、太白县）。按照生态环境部、财政部 2021 年通报，陕西省达到自开展监测评价以来的最好水平。其中生态环境质量"变好"的县域较上年明显增多，"基本稳定"以上的县域比例达到 97.7%，高于全国 3.3 个百分点。

### （三）秦巴山区

秦巴山区作为维护生物多样性生态功能区，是指濒危珍稀动植物分布较集中、具有代表性生态系统的区域。主要发展方向是保护自然生态系统与重要物种栖息地，禁止对野生动植物进行滥捕滥采。生态环境质量要求是，水质达到Ⅰ类，空气质量达到一级。产业准入的总体要求是，严格限制区内"两高一资"（即高污染、高能耗、消耗资源性外资项目）产业，禁止大规模水电开发和林纸一体化产业发展。

秦巴山区作为国家重点生态功能区，兼具南水北调中线水资源涵养区的二重环境规制。秦巴山区山青水绿、环境优美，但由于环境规制，产业发展空间受限，实现共同富裕的难度更大。虽然目前将异地城镇化作为主要对策，但是秦巴山区内仍然有大量人口定居，这些人口老龄化严重，缺乏在城镇就业、生活的能力。秦巴山区内的低收入人口，将成为陕西实现共同富裕的最大难题。

## 二 共同富裕发展思路

产业发展类型受限，是秦巴山区实现共同富裕的最大难题。要基于现有产业基础，优化财政资金支持，逐步实现产业生态化和生态产品化。

## （一）负面产业清单

陕西省重点生态功能区内各个县（区），均编制了产业准入负面清单。截至 2020 年 7 月底，未纳入《陕西省国家重点生态功能区产业准入负面清单》管理的西安市临潼区等 20 个涉秦岭县（市、区），也印发了本区域的《产业准入负面清单》。

2018 年政府机构改革后，原省发展改革委负责的主体功能区规划以及与此相配套的产业准入负面清单等职能一并划入省自然资源厅。2018 年 2 月印发的《关于印发〈陕西省国家重点生态功能区产业准入负面清单〉（试行）的通知》（陕发改规划〔2018〕213 号），按照陕西省政府 216 号令第十二条第（二）款，行政规范性文件名称冠以"暂行"或者"试行"字样的，有效期不得超过 2 年，已经失效。

国家发展改革委、商务部联合发布的《市场准入负面清单（2022 年版）》提出：地方国家重点生态功能区和农产品主产区产业准入负面清单（或禁止限制目录）及地方按照党中央、国务院要求制定的地方性产业禁止准入目录，统一纳入市场准入负面清单。该目录"禁止准入类"下，设置第三款，"不符合主体功能区建设要求的各类开发活动"。

## （二）发展基础薄弱

生态功能区占到了我国国土面积的一半，大多属于欠发达地区，发展基础较差。习近平总书记在《扎实推动共同富裕》中提出："促进共同富裕，最艰巨最繁重的任务仍然在农村。"[1] 生态功能区更是农村地区中的困难地区。目前来看，水资源交易、碳汇交易等对于生态功能区具有长期发展能力支持的机制，短期内难以实施。2021 年，陕西农村居民人均可支配收入达到 14745 元，而秦巴山区三市中，汉中市 13274 元、安康市 12464 元、商洛市 11969 元，分列全省第 7 位、第 9 位、第 10 位，[2] 和城镇居民收入差距更大，实现共同富裕任务艰巨。

---

① 习近平：《扎实推动共同富裕》，《求是》2021 年第 20 期。
② 《陕西统计年鉴 2022》，陕西统计局网站，http://tjj.shaanxi.gov.cn/upload/2022/zk/indexch.htm。

### （三）产业富民路径

生态功能区实现共同富裕的路径，如图1所示，主要包括生态补偿资金优化使用、产业生态化和生态产业化。一是完善生态补偿政策，并对支持产业发展的财政资金进行补贴强度、补偿方式和金融创新再设计，更好地促进富民产业发展。二是对于精准扶贫阶段形成的"小、散、差"产业进行整合、优化、提升，研究与其他两个主要功能区——城市化区域和农产品主产区在产业链上的分工与融合，推进富民产业现代化。三是推进生态产品价值实现。形成促进生态功能区富民产业发展的政策集合，提高居民收入，实现共同富裕。

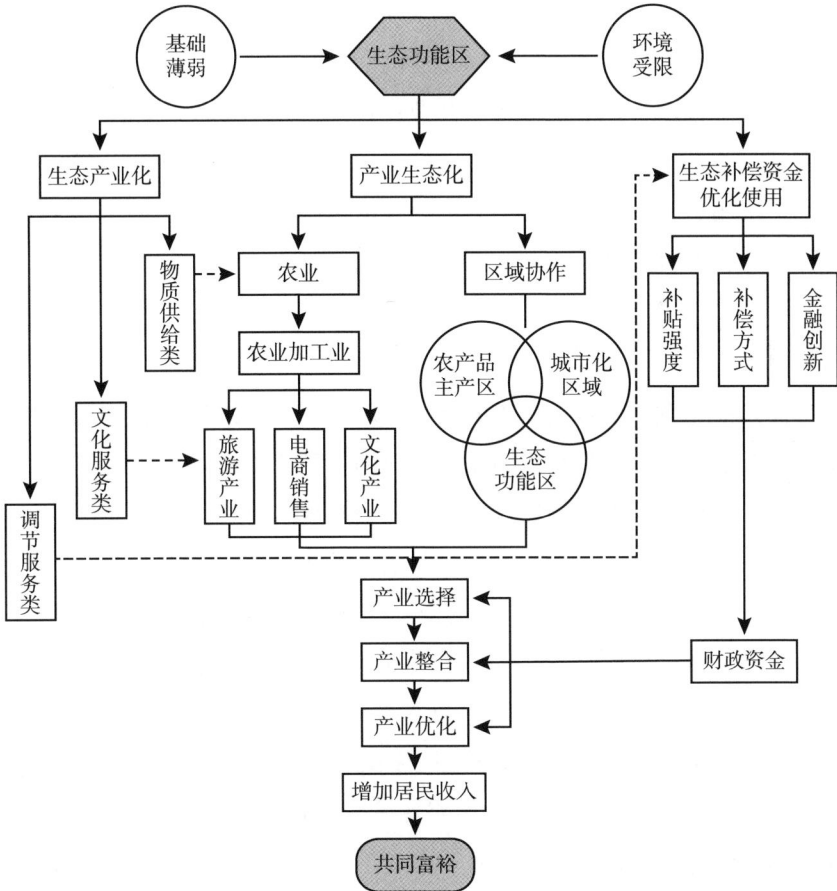

**图1　生态功能区实现共同富裕的路径**

# 三 生态产品化

党的二十大报告进一步指出："建立生态产品价值实现机制，完善生态保护补偿制度。"生态产品化，是将绿水青山真正变为金山银山的现实路径。

## （一）实践"两山"理论

"绿水青山就是金山银山"是习近平总书记在浙江工作期间提出的重要论断，是党的十八大以来习近平生态文明思想的重要组成部分。"两山"理论提出了经济发展和环境保护之间矛盾的对立统一关系：保护环境会限制一些污染产业的发展，但同时促进了产业在更高级别的绿色发展。尤其是如何将"绿水青山"转化为"金山银山"，是国家生态功能区面临的重大课题。党的二十大报告提出了绿色转型发展、环境污染防治、提升生态系统多样性稳定性持续性和推进碳达峰碳中和四方面的路径。

## （二）发展生态产品

生态产品是党的十八大提出的新概念。生态产品的定义具有广义和狭义之分。狭义的生态产品最初作为国土空间的一种主体功能，是指维系生态安全、保障生态调节功能、提供良好人居环境的自然要素。广义的生态产品既涵盖生态系统所生产的自然要素，也包括人类在绿色发展理念指导下，采用生态产业化和产业生态化方式生产的生态农产品、生态旅游服务等。

2021年，中共中央办公厅、国务院办公厅印发《关于建立健全生态产品价值实现机制的意见》，将生态产品分为三类：一是物质供给类，如木材、水产品、中草药等植物的果实种子等直接转化利用的物质产品；二是文化服务类，如休闲旅游、景观价值等；三是调节服务类，如水源涵养、土壤保持、水环境净化、空气净化、固碳、释氧、气候调节等。前两类可以作为生态产业化方向，最后一类需要通过建立水资源交易系统、碳汇交易系统等机制实现。

### （三）完善生态产业链

2021 年 7 月，陕西省人民政府办公厅印发的《关于进一步提升产业链发展水平的实施意见》提出了"十四五"期间陕西省重点发展提升的 23 条产业链，分别由省级领导或相关省级部门领导担任"链长"。23 条重点产业链中，涉及农业农村的只有生物医药、乳制品、富硒食品三个产业链。秦巴山区生态产品数量质量已经具备一定的基础，且生态产品产业链链条较长、覆盖面广，直接惠民、带动性强，由省级领导担任链长直接负责，对陕西省协调发展、绿色发展的意义将十分重大。因此，建议在现有 23 条省级重点产业链基础上，充分论证后适度拓展，增加专门面向秦巴山区的生态产品产业链。

### （四）生态产品价值实现

生态产品价值实现，需要充分整合政府、企业、农户、金融资本等主体，通过参股集体经济、带动合作社、共建平台经济等形式，构筑全社会广泛参与的价值实现体系。把生态产品价值实现与乡村振兴、巩固拓展脱贫攻坚成果结合起来，充分利用"农高会""林博会""绿博会"等线下平台和云交易、云招商等线上平台，高效对接生态产品供给方与需求方、资源方与投资方，积极推介全省各类生态产品。建立生态产品价值实现的价值评估和交易体系，完善生态产品价值实现的市场机制。建立绿色生态资源的有偿使用机制，试点碳排放权及碳汇交易、能耗指标交易、水资源交易机制，真正兑现"绿水青山"的"金山银山"价值。

## 四　产业生态化

生态功能区的产业生态化，重点发展农业的循环经济模式、科技创新、"互联网+"、文化旅游融合以及其他现代服务业，并体现区域发展差别和产业分工。

143

## （一）产业选择

对于精准扶贫建立的"短、平、快"产业，需要基于长期稳定发展能力进行筛选。目前产业增收能力的测算，均以农民当年收入为计算依据。评估现有产业的未来增长能力，以及带动农民长期稳定增收能力，是高质量发展的基础。产业的发展能力，受到资源禀赋、个人能力、技术水平、产业环境等因素的制约。需要建立评估指标体系，对一定区域内产业的长期可持续发展能力进行测评，并根据测评结果提出生态功能区重点发展的富民产业。

## （二）优化路径

富民产业的升级，主要从三个角度进行。一是优化产业要素投入。根据生态功能区的资金、技术、人才、土地、信息等要素现状，完善吸引城市产业要素投入的政策。二是升级产业组织模式。根据当前生态功能区各类组织形式发展的问题，借鉴东部发达地区的经验，制定各县（区）产业组织形式升级的思路与对策。三是促进三产深度融合。发展果畜沼、稻鱼虾等种养业融合产业，延长农产品的加工产业链，创新农业田间技术等农业服务业，推进农业、旅游、文化融合的乡村旅游业。四是产业帮扶机制的调整。帮扶方式由精准扶贫转向开发富民，管理方式由严格管理转向释放活力，帮扶队伍由临时组织转向常态组织，财政支持由直接投入转向间接支持（见图2）。

## （三）发展重点

生态功能区内的产业生态化，主要有五个方向。一是积极引进良种，开发新型农业产品，避免低端产品的恶性价格竞争。二是发展循环农业，主要是种养一体化，以及副产品的再开发。例如，林下养殖业可以充分利用林地，并利用畜禽粪发酵绿肥回田；利用修剪果园的废枝，制作培养菌种的木基材料。三是延伸产业链，通过发展农产品加工业、品牌化建设，提升农产品的盈利水平。四是产业融合，主要是和旅游业融合，发展休闲采摘、民俗

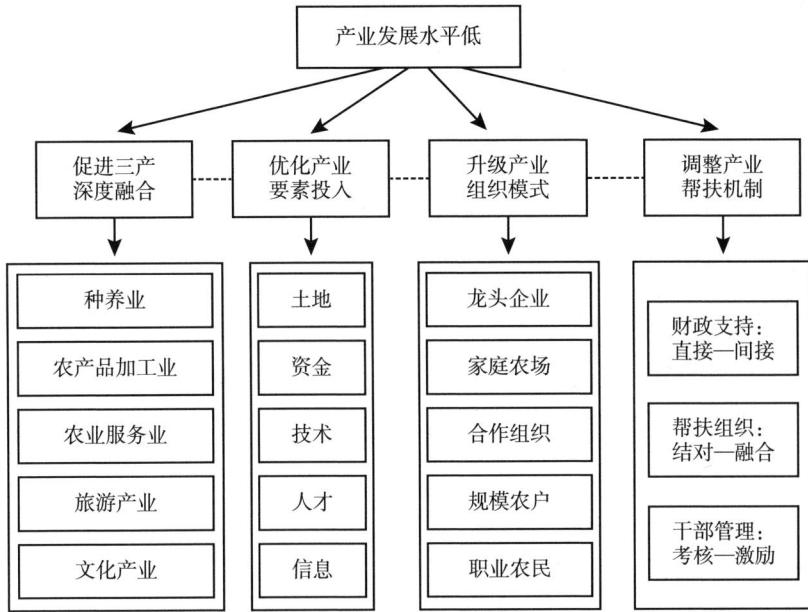

**图 2　富民产业优化路径**

资料来源：刘桂环等：《国家重点生态功能区转移支付政策演进及完善建议》，《环境保护》2020 年第 9 期。

体验、特色民宿等项目。五是农业的现代化，发展智慧农业、生产托管、电商等新型产业模式。

# 五　完善转移支付制度

从 2008 年开始，中央实行了重点生态功能区转移支付政策，并且逐年完善。针对目前存在的问题，需要继续创新举措，不断优化。

## （一）财政转移支付规模及支持范围

2022 年，财政部已下达重点生态功能区转移支付预算 982.04 亿元，陕西省获得 46.7 亿元。2022 年陕西省级财政支出预算，重点生态功能区转移支付合计 36.37 亿元，其中西安市 1.07 亿元，宝鸡市 1.14 亿元，渭南市

0.097 亿元，汉中市 10.05 亿元，安康市 11.17 亿元，商洛市 7.56 亿元，延安市 1.87 亿元，榆林市 3.43 亿元。[①]

重点生态功能区转移支付支持范围主要为限制开发的国家重点生态功能区所属县（区），以及国家级禁止开发区域、国家生态文明试验区、国家公园体制试点地区等试点示范和重大生态工程建设地区、其他生态功能重要区域。2022 年支持范围为全省 43 个重点生态功能区内县（区）和 2020 年报请国家增加的 7 个黄河流域重点生态功能区县（区）。省财政厅根据生态环境部、财政部通报的县域生态质量考核奖励和扣减县（区）名单，对相关县（区）进行奖励和扣减。

### （二）转移支付存在的问题

根据当年的新形势，财政部逐年修订重点生态功能区转移支付政策，支付范围不断扩大，支付数额不断增加（见图 3）。目前仍然存在的问题主要有以下几方面。一是生态环境监测评价结果调节功能较弱。地方的生态环境功能状况、生态环境保护投入等参数，在转移支付因素中所占权重较低。二是补偿资金额与投入需求差异比较大。张建东等计算南水北调中线对安康市的生态补偿价值，基于受水区经济可承受能力补偿量为 233.53 亿元，基于水源区生态保护成本补偿量为 163.29 亿元，基于水资源市场价值补偿量为 65.03 亿元。[②] 而实际上安康市 2021 年获得的中央和省级重点生态功能区转移支付只有 11.2 亿元。三是生态功能区转移支付在性质上属于一般性的转移支付，主要是弥补地方财力短缺，重点保障基本民生，对生态环境保护的专门性考虑不足。四是生态补偿核算缺乏标准。受补偿地区生态贡献难以测算，生态环境监测统计机制不完善。

---

① 《陕西省 2021 年财政预算执行情况和 2022 年财政预算草案的报告——2022 年 1 月 19 日在陕西省第十三届人民代表大会第六次会议上》，陕西省人民政府网站，2022 年 2 月 4 日，http：//www. shaanxi. gov. cn/zfxxgk/fdzdgknr/ysjs/yjsbg/202202/t20220208_ 2209947. html。

② 张建东、崔晓明：《南水北调中线工程水源地生态补偿核算与可持续发展评价——以安康市为例》，《安康学院学报》2022 年第 4 期。

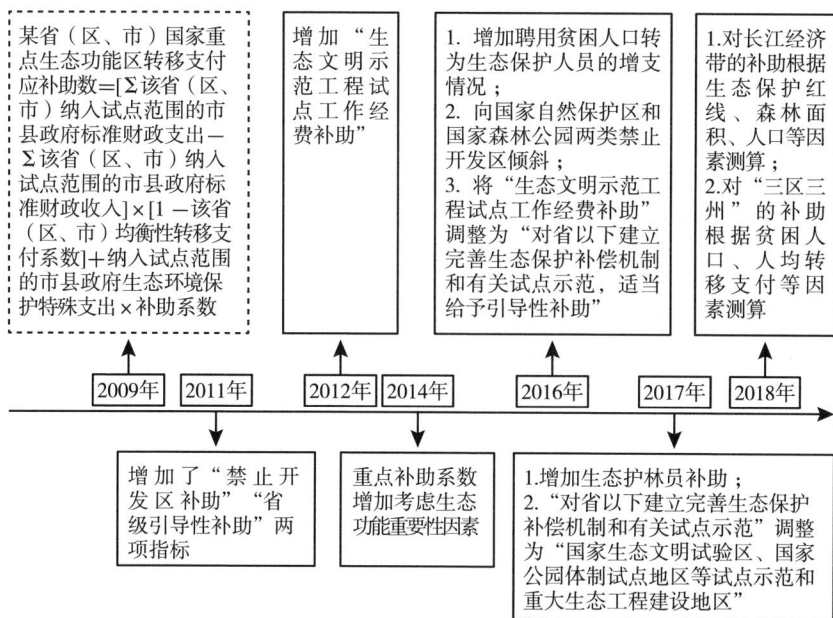

图3　转移资金分配方法调整优化

## （三）继续改进转移支付制度

财政转移支付是重点生态功能区生态补偿的主要方式，未来制度改革创新可以围绕以下方向展开。

一是在国家重点生态功能区财政预算户头中设置生态功能区专用账户，对于转移支付资金的用途做出明确要求，专项用于生态功能区的生态环境保护，并增加绿色转型发展投入，加大对产业生态化和生态产业化的支持比例，在保护中寻求发展，在发展中强化保护。

二是完善重点生态功能区生态环境保护补偿标准。根据重点生态功能区的生态环境保护标准，核算承担的排污净化设施、生态修复、环境治理等费用，特别是要计算当地产业发展机会的损失价值。同时，评估、预测各地生态产品产出能力及其经济效益，分期、分项完善重点生态功能区保护补偿标准计算方法。

三是加大生态环境监测评价结果的调节权重。改变重点生态功能区转移支付数额主要以财政收支缺口为基础的导向，重视重点生态功能区生态责任、生态投入、生态价值，以及各地不同的自然环境条件、生态退化程度造成的投入差异，加强重点生态功能区转移支付资金分配的公平性、合理性。

四是做好资金的审核等工作。制定重点生态功能区转移支付的监管办法，各地参照制定监管实施细则。建立生态环境部门和财政部门合作共管的重点生态功能区转移支付资金预决算的审核机制，结合国家重点生态功能区县域生态环境质量监测评价与考核，对重点生态功能区转移支付实施全过程监管。

## 参考文献

《高举中国特色社会主义伟大旗帜为全面建设社会主义现代化国家而团结奋斗——习近平同志代表第十九届中央委员会向大会作的报告摘登》，《人民日报》2022年10月17日，第2版。

《陕西省财政厅关于印发〈2022年重点生态功能区转移支付办法〉的通知》（陕财办预〔2022〕74号）。

刘培林等：《共同富裕的内涵、实现路径与测度方法》，《管理世界》2021年第8期。

许光建、魏嘉希：《我国重点生态功能区产业准入负面清单制度配套财政政策研究》，《中国行政管理》2019年第1期。

何帅、陈尚、郝林华：《国家重点生态功能区生态补偿空缺分析》，《环境保护》2020年第17期。

曾贤刚、虞慧怡、谢芳：《生态产品的概念、分类及其市场化供给机制》，《中国人口资源与环境》2014年第7期。

靳诚、陆玉麒：《我国生态产品价值实现研究的回顾与展望》，《经济地理》2021年第10期。

刘桂环等：《国家重点生态功能区转移支付政策演进及完善建议》，《环境保护》2020年第17期。

《财政部：2022年重点生态功能区转移支付预算已累计下达982.04亿元》，北青网，2022年4月29日，https：//t.ynet.cn/baijia/32696760.html。

《关于印发〈中央对地方重点生态功能区转移支付办法〉的通知》，中国政府网，2022 年 4 月 13 日，http：//www. gov. cn/zhengce/zhengceku/2022－04/29/content＿ 5688035. htm。

《国家发展改革委　商务部关于印发〈市场准入负面清单（2022 年版）〉的通知（发改体改规〔2022〕397 号）》，国家发展改革委网站，2022 年 3 月 28 日，https：//www. ndrc. gov. cn/xwdt/ztzl/sczrfmqd/tzggg1/202203/t20220328＿ 1320712. html？ code ＝ & state＝123。

《聚焦发布会｜我省国家重点生态功能区县域生态环境质量监测与评价达记录以来最好水平》，澎湃网，2022 年 5 月 11 日，https：//www. thepaper. cn/newsDetail ＿ forward＿ 18037056。

# 组织振兴篇

Organzational Revitalization

# B.12

# 加快陕西乡村治理体系
# 建设的对策建议

陕西省决策咨询委员会课题组*

**摘 要：** 有效的基层社会治理是乡村振兴的基础和关键。为夯实这一基础，陕西不断完善政策体系，创新治理模式和治理方式，推进"三治合一"和智慧乡村建设，取得明显成效，但治理体系建设区域发展不平衡、"三治"协同机制不健全、村集体经济支撑乏力、治理主体力量薄弱等问题仍然突出。陕西需立足组织领导、"三治"融合、多元治理主体协调发展等方面出现的新问题，创新乡村治理体制机制，构建自治、法治、德治相结合，多元主体协同治理的现代乡村善治新格局。

\* 课题组组长：王东，陕西省决策咨询委员会农业组副组长，陕西省委政策研究室原副厅级研究员，省委深改办原副主任，研究方向为农村政策、县域经济发展。课题组副组长：郑梦熊，陕西省决策咨询委员会农业组组长，陕西省政府原参事，省委农工办原主任，研究方向为农村政策研究。主要成员：田忠林、王建康、刘秉武、王永强、魏雯、江小容。

**关键词：** 乡村治理体系 乡村治理 陕西省

乡村治理是实现国家治理现代化的基石，统筹推进乡村治理体系建设是实现陕西省治理能力现代化的基础工程。为破解乡村治理体系建设过程中，精神思想、社会管理和公共服务三大领域存在的突出问题，健全党领导的自治、法治、德治相结合的乡村治理体系，构建陕西省共建共治共享的乡村善治新格局，陕西省决策咨询委员会调研组前往西安、咸阳、宝鸡、渭南、延安、榆林、汉中等 7 市 17 个县（区）进行实地调研，并与省委组织部、省委宣传部、省委政法委、省发展改革委、省农业农村厅、省乡村振兴局等15 个省级部门进行座谈，形成如下研究成果。

# 一　陕西乡村治理体系建设取得的主要成效

从 2019 年开始，陕西省全面落实省委、省政府印发的《关于加强和改进乡村治理的若干措施》，开展"乡村治理体系建设试点示范"活动。各地把坚持党的领导贯穿到乡村治理全过程，以增进人民福祉为出发点和落脚点，以提升村级组织治理能力为关键，以健全农村群众自治制度为重点，建立起村党支部统揽全局、村集体经济组织依法履责、各类组织积极协同、群众广泛参与的基层治理体系，取得了乡村治理体系建设的阶段性成果。

## （一）不断完善的政策体系为乡村治理开新局

指导乡村治理体系建设试点示范的相关政策连续出台。2019 年 7 月29 日，省委农村工作领导小组办公室、省农业农村厅等 6 个部门印发《关于开展乡村治理体系建设试点示范工作的通知》，要求开展乡村治理体系建设试点示范工作，并推荐 4 个县（市、区）为全国试点单位。2020年 5 月，省农业农村厅与中国银行股份有限公司陕西省分行联合印发《关于加快金融支持乡村治理和建设的通知》（以下简称《通知》），进一步加大金融业对乡村治理体系建设和农业农村产业发展的支持力度。《通知》明确，中国银行陕西分行按照"试点先行，分步实施"的原则，2020年8月之前，在凤翔县、眉县等8个县（区）先行试点，完成平台对接和信息共享。2020年底前，在西安市临潼区等45个县（区）完成平台对接和信息共享。2021年推广试点县（区）成功经验，由点到面逐步拓展至全省其他县(区)。① 2020年10月30日，全省加强乡村治理体系建设工作会议在安康市汉阴县召开，西安市灞桥区、汉阴县等7个县（区）在会上交流推进乡村治理的经验。2020年12月，省委办公厅、省政府办公厅印发《关于加强和改进乡村治理的若干措施》，在加强农村基层党组织领导作用、增强村民自治能力、提高乡村德治水平、加快法治乡村建设、加强组织保障等方面提出了加强和改进乡村治理的目标任务和18项具体措施。②

推进乡村治理体系建设的体制机制不断完善。成立了由省委书记、省长任组长的省委实施乡村振兴战略领导小组，统筹推进乡村治理工作；建立了由党委农村工作部门牵头抓总，省委组织部、省委宣传部、省农业农村厅等6个部门协同推进的试点会商机制，不定期地召开乡村治理体系建设通气会，跟踪指导协调，解决实际问题。同时，建立以大专院校教授为主体的陕西省农村合作经济指导专家库，包县（区）指导乡村治理工作。把乡村治理作为各地各部门实施乡村振兴战略实绩考核的重要内容，逐级考核市县党政领导班子，并将考核结果作为市县党政领导班子年度考核和干部选拔任用、评先评优的重要参考依据，确保各项政策落地见效。

经过两年多的以点带面、典型引领，陕西省乡村治理工作取得显著成

---

① 艾永华：《我省"政银"合作支持乡村治理和建设》，《陕西日报》2020年6月1日，第4版。

② 《省委办公厅　省政府办公厅印发〈关于加强和改进乡村治理的若干措施〉》，陕西省农业农村厅网站，2020年3月2日，http：//nynct. shaanxi. gov. cn/www/nyyw1141/20200302/9704933. html。

效。全省 99.3% 的村（社区）实现村党支部书记、村委会主任"一肩挑"，整顿软弱涣散村党组织 1109 个，创建省级标准化示范村 508 个。[①] 全省 40 个村分别被确定为国家级、省级、村级议事协商创新试点单位，145 个村（社区）被司法部、民政部命名为"全国民主法治示范村（社区）"。乡村振兴部门组织征集和推介学习四批"全国乡村治理典型案例"，其中陕西省汉阴县"三线两化一平台"、旬阳市"说论亮"的乡村治理模式列入推介范围。

### （二）"党建+乡贤+村民自治"新合力逐渐凝聚

在推进乡村治理体系建设的过程中，各地充分发挥村民群体的自主性，不断提升政府服务能力，以"自治"为基，并与"他治"结合，取得良好成效。政府方面，主要提供公共服务和扶持政策，动员社会力量参与乡村治理体系建设，村民的积极性和自治能力不断提高。采取的主要方式是以党建为引领，做好村"两委"换届选举规范指导，建立村级"小微权力"清单制度，严格落实"三务公开"，筑牢农村"微腐败"的"防护墙"；推广"日清月结季公布"、集体报账法、村务公开周等经验做法，推行"四民工作法"，畅通诉求渠道，维护群众权益，筑牢自治根基，构建起决策科学、执行坚决、监督有力、群众明白的权力运行机制，为乡村振兴战略的实施提供了重要的制度支撑。在探索乡村治理新模式的过程中，涌现出以汉中乡贤文化等为代表的典型案例。2017 年，汉中市印发了《全市实施"百镇千村乡贤文化促进会"工程方案》，明确"政府引导、社会参与、全民共建"的思路，提出以弘扬乡贤文化为抓手，发挥美德传承、政策宣传、公益事业、文化引领、致富带头、纠纷调解"六大"作用，为培育文明乡风、推动乡村治理、建设美丽乡村凝魂聚气。同年 8 月，"百镇千村乡贤文化促进会"工程在城固启动。经过 3 年多的实践，乡贤文化普及工程取得显著成效。截至 2021 年 1 月，汉中市已建立起乡贤文化促进会 1952 个，有乡贤近 1.1 万人，率先在全省实现

---

① 程伟：《织密"保护网"筑牢幸福梦——陕西巩固拓展脱贫攻坚成果纪实》，《陕西日报》2021 年 12 月 1 日，第 7 版。

全市80%以上的镇村建立乡贤文化组织。① 乡贤文化促进会的建立和发展，对弘扬新风正气、凝聚崇德向善力量、助推乡村振兴起到了积极的作用。

### （三）法治为本保障乡村治理现代化不断推进

2020年2月，省司法厅、省委政法委、省法院、省公安厅、省民政厅、省财政厅等5个部门联合印发《关于进一步完善矛盾纠纷多元化解机制建立大调解工作格局的实施意见》（以下简称《实施意见》），这在当时走在全国前列。《实施意见》提出，到2022年基本形成以人民调解为基础，人民调解、行政调解、行业性专业性调解、司法调解优势互补、有机衔接、协调联动的大调解工作格局。② 2020年10月30日，陕西省召开乡村治理体系建设工作现场会，以省委依法治省办、省委普法办名义印发《加快推进法治乡村建设提档升级实施办法》，为进一步加强法治乡村建设提供了制度保障。2022年5月，陕西省委宣传部、省委普法办、省司法厅、省民政厅、省农业农村厅、省乡村振兴局等6个部门联合制定出台了《陕西省"法律明白人"培养工程实施方案（试行）》，探索新时代基层依法治理有效途径。一系列文件的出台，为陕西完善乡村治理体制机制，构建乡村治理体系新格局营造了良好的法治环境。与此同时，"民主法治示范村"创建指导、"乡村振兴 法治同行"系列品牌活动等同步展开，有效促进了公共法律服务体系的建设。乡村法治建设成效显著，其中尤以西安、富县两地最为典型。2012年西安市灞桥区探索建立堪称新时期"枫桥经验"的"358"人民调解工作新模式，主要做法是建立区、街、村（社区）三级人民调解组织，充分发挥综治、公安、法院、信访、司法5个部门的协调联动作用，建立劳动人事、消费、物业、教育、医疗、职工维权、食品安全、交通事故八类行业领域专业性人民调解组织，为新时代平安乡村、法治乡村建

---

① 何大龙：《凝聚乡贤力量 共助乡村振兴》，《汉中日报》2021年1月15日，第5版。
② 《陕西省司法厅联合五部门出台〈关于进一步完善矛盾纠纷多元化解机制建立大调解工作格局的实施意见〉》，陕西省司法厅网站，2020年2月28日，http://sft.shaanxi.gov.cn/gk/ggjg/30365.htm。

设提供了新思路。2015年这一模式开始在全省推广。2014年富县创建"两说一联"便民联动机制，通过群众说事、法官说法、干部联村，及时了解社情民意、发现信访问题、化解信访矛盾，有效维护了群众合法权益。灞桥区、富县等一大批典型，是陕西近年来努力实现"小事不出村、大事不出镇、矛盾不上交"的累累硕果，为建立村民自治、道德法治、干部联系群众相结合的乡村治理新机制提供了有益借鉴。

### （四）德治建设激发乡村善治活力

在推进乡村德治建设的过程中，各地亮点频出，形成了以下做法：充分发挥网络客户端、农村大喇叭作用，宣传弘扬"树道德、立新风"的理念；以"板凳会""小院课堂"等形式，营造见贤思齐的新氛围；以新时代文明实践中心（所、站）为依托，开展"扬家风、传家训""家和万事兴""千条家训进万家"等实践活动，推动乡村向上向善。如旬阳县开展"说论亮"乡村治理，通过"群众说、乡贤论、榜上亮"道德评议会，以"群众说"形式，把社情民意中的重点问题和热点现象摆出来，形成道德评议主题；以"乡贤论"明辨是非曲直，汇集道德力量，形成价值导向；以"榜上亮"用群众身边的正反典型激励群众、警醒群众，扩大评议影响力。留坝县"德美屋"道德积分管理体系，勉县道德积分银行乡村治理模式，榆阳区大河塔镇"拴正人家"积分治理机制，以道德行为量化积分，建立了关爱回馈机制，激发群众崇德向善的内生动力。

### （五）网格化管理助力乡村治理效率提升

各地积极将"互联网+技术"引入乡村治理体系建设，提升网格化管理、数字化赋能、精细化服务水平。如长安区太乙宫街道办创建综治网格服务管理中心，以"多部门共建、多网格共治、多元化联动"的社会治理模式，以综合网格指挥信息中心、全科网格员队伍全域覆盖、"线上+线下"双运营管理主线、综合管理队伍纵向到底、"数字太乙"智慧网格监控、开展网格评比奖励的工作机制，激活乡村治理活力，提升乡村治理网格化服务管理水平。镇巴县采取"破立优合"改革四字诀，推动政务服务事项"掌上办""指尖办""身边办"，网办事项比例达到94.55%，打通了服务群众的"最后一纳米"，为乡村治理"聚力"。

## 二 陕西乡村治理体系建设存在的主要问题

陕西省乡村治理体系建设取得了一定的成效，但乡村治理体系建设作为乡村振兴的组织保障，仍有一些突出问题亟待解决。

### （一）存在明显的区域发展不平衡

近年来，陕西省乡村治理体系建设试点带动工作有序推进，但省级有关部门对乡村治理体系建设缺乏统筹指导协调，各地乡村治理体系建设进度参差不齐，存在政策供给相对不足、部门协调沟通不畅、信息共享不及时等问题，有些县（区）工作基础还比较薄弱，协调运行机制尚未形成，乡村治理体系建设亟待加强。

### （二）"三治"协同体制机制有待健全

在自治方面，村民通过合法组织与程序行使民主权利，但自我管理、自我教育、自我服务、民主选举、民主决策、民主管理和民主监督的机制还不健全，村民在乡村治理中的利益诉求、自治事务的民主监督等方面往往得不到彰显。村民主体意识、主体地位弱化，加之很多村庄出现了空心化现象，大量精壮劳动力流出外地谋生，他们更关注与自身利益相关的政策，对家乡治理表现得漠不关心，参与村级事务的积极性不高，村民自治和协商民主形式单一，出现管理上的缺位现象。在法治方面，现行的乡村法规体系不够完善，农村法律公共服务供给不足，群众法治意识淡薄，法治思维和法治方式落后，乡村法治环境尚未形成，基层干部运用法律法规化解矛盾、维护稳定的能力不足，基层法治队伍力量薄弱。在德治方面，农村德治教育体系还不完善，传统乡风文明中"敬老爱幼、和睦相处、邻里守望"的良好传统在一些乡村淡化；典型示范不多，标杆引领不够，乡村婚丧嫁娶大操大办时有发生，赌博恶习依旧存在；乡贤在乡村治理中没有受到足够的重视，游离在治理主体之外，德治应有的价值没能得到很好的发挥。

### （三）村级集体经济支撑能力有待夯实

各地乡村经济发展不平衡，村级自治组织的产权和治权不吻合，集体经济组织发展差异悬殊。调研发现，不少村发展集体经济、建设公共服务的资金来源单一，主要依赖政府财政资金注入，缺乏造血功能。村级集体经济薄弱问题突出，行政村集体经济规模较小，没有产业植入和专业化运营商的参与，基本上没有实质性的经营收入，组织开展各项工作缺乏必要的经济基础、支持条件或资源配备，难以为村级组织基本运行、公共服务和基础设施建设提供应有的保障，致使有实力、有能力的乡村干部参与村级事务管理的积极性不高、服务意识不强。另外，由于集体经济力量薄弱，乡贤等各类乡村治理主体参与乡村治理的程度也不高。

### （四）乡村治理主体的结构有待优化

乡村人才流失严重，乡村治理主体难以确立。随着我国城镇化的快速发展，农民进城务工的进程加快，农村"空心化""三留守"问题愈演愈烈。目前乡村普遍存在基层干部年龄偏大、综合文化素质偏低、工作能力有限且效率低下等问题，而年轻的专业人才本身就是不稳定群体，加之乡村治理工作烦琐、强度大，身份编制、工资福利、环境条件、发展晋升空间等都不尽如人意，导致乡村人才匮乏、后备干部储备不足。

## 三 推进陕西乡村治理体系建设的对策建议

当前新型城镇化持续推进，农村青壮年人口大量流失，农村人口高龄化趋势加速发展。陕西省需以新情况新问题为导向，不断创新乡村治理体制机制，为全面实施乡村振兴战略提供有力保障。

### （一）加强乡村治理体系建设的组织领导

建立健全省级乡村治理工作机制。建议由省委书记、省长任组长的省委实施乡村振兴战略领导小组统筹部署全省乡村治理工作的组织实施，省委农村工作领导小组办公室牵头抓总，乡村振兴局具体负责组织实施，建立乡村治理体系建设联席会议制度，形成与有关部门协同推进的会商机制，整体谋划解决乡村治理体系建设中的突出问题，加快乡村治理工作的统筹协调。同时，要建立乡村治理的绩效评价和监督管理体系，完善乡村治理考核评价体系和激励办法，把乡村治理作为实施乡村振兴战略实绩考核的重要内容和评先评优的参考依据。

强化县级党委和政府乡村治理指挥部的作用。按照2021年《中共中央 国务院关于加强基层治理体系和治理能力现代化建设的意见》要求，鼓励各县（区）安排部署乡村治理体系建设的行动方案，坚持因地制宜、分类指导、分层推进、分步实施，充分发挥乡村治理体系建设试点的示范引领作用，建立健全乡村治理体制机制，推动政府治理同社会调节、乡村自治良性互动。力争用5年左右的时间，建立起党组织统一领导、政府依法履责、各类组织积极协同、群众广泛参与，自治、法治、德治相结合的乡村治理体系；在此基础上再力争用10年时间，基本实现陕西省乡村治理体系和治理能力的现代化。

### （二）构建"三治"融合发展的体制机制

坚持以自治增活力，以法治强保障，以德治扬正气，不断探索丰富"三治"融合发展的有效形式，加快推进乡村治理现代化。

自治建设方面，建议着力健全和完善以党的基层组织为领导、村民自治和村务监督组织为基础、集体经济组织和农民合作组织为纽带、各种社会组织为补充的乡村自治体系。以建档立卡脱贫村、信访矛盾多发村、集体经济薄弱村、涉黑涉恶村为重点，找准短板弱项，落实精准举措，有效整顿提升，切实解决基层党组织弱化、虚化和边缘化问题。健全村级组织权责清单，创新村民协商议事形式，实施村级事务阳光工程，推动村务公开标准化规范化。

法治建设方面，建议完善乡村公共法律服务体系，推行矛盾调解中心（室）、雪亮入户工程、农村"法制明白人"培养工程等模式，以基层司法、行政、道德"三力联调"多元矛盾纠纷解决方式，统筹推进乡村治理与应急管理融合发展，提高农村社会平安建设能力。建立"一村一律师"制度，依法制定居民公约，将乡风民俗、环境卫生、遵纪守法、勤劳致富等内容纳入村规民约，健全备案和履行机制。开展法治文化进院落、法治宣传进家庭、法治知识进头脑、法律服务进村组行动，引导村民尊法学法守法用法。

德治建设方面，建议深入开展社会公德、职业道德、家庭美德、个人品德教育的文明家庭、星级文明户等创建活动，引导农民自觉弘扬道德新风。持续推进农村移风易俗，通过设立"道德点评台""红黑榜"等形式，对婚丧陋习、天价彩礼、孝道式微、老无所养等不良社会风气进行治理；开展乡风道德评议活动，评选表彰"道德模范""最美家庭"，推进乡村德治体系建设。

### （三）提升乡村自治管理能力

加大政府财政支持力度。发挥各级财政资金"四两拨千斤"作用，推动财政涉农专项资金投向集体经济，整合项目资金作为县级农村集体经济发展基金，重点用于集体经济发展的启动资金或贷款贴息。加快建设新型农村金融服务体系，完善人、畜、财、产业的保险制度，加大农业融资担保力度，提升村级集体经济治理能力。加强各级政府对集体经济组织的指导、支持和服务，系统解决集体经济发展水平不高、经营管理人才匮乏、资产监管信息化水平不高、产权交易市场作用发挥不足、集体经营风险防控不够的问题。加快推进陕西省乡村治理规划的组织实施，统筹安排好乡村治理体系建设的各项工作。

加快发展农村集体经济。建议制定出台《陕西省农村集体经济组织法》

《关于发展壮大新乡贤人士的实施意见》，通过搭建新乡贤参事会、联谊会平台，吸引技术人才、退休或离职领导干部、复退军人、创业能人、民间艺人和道德好人参与乡村治理。实施激励政策，吸引外流人员回农村创业，发挥好其在招商引资、招才引智、产业发展、乡村治理、乡风文明、生态宜居、公益事业等方面的作用，形成项目回归、人才回乡、资金回流、技术回援、文化回润、公益回扶的乡村治理有生动力。

加快乡村数字化管理步伐。加快构建网格化管理、精细化服务、信息化支撑、开放共享的基层管理服务平台，实施"互联网+网格化管理"行动，以"多部门共建、多网格共治、多元化联动"的社会治理模式，提升乡村治理网格化服务管理水平，增强应急管理能力。实施"互联网+乡村治理"行动，统筹推进智慧乡村基础设施、系统平台和应用终端建设，强化系统集成、数据融合和网络安全保障，完善乡村与部门政务信息系统数据资源共享交换机制，推行"一门式"受理、"一站式"办理，提升政策宣传、民情沟通、便民服务效能。

### （四）构建多元主体协同治理的体制机制

建议各级政府完善社会力量参与乡村治理的激励政策，建立政府部门、高等院校包抓帮扶县级乡村治理机制。充分发挥妇联、共青团、残联（协）等群团组织的作用，推进村级组织与群团组织、社会组织、乡村志愿者、社会慈善资源的联动机制创新。优化制度设计，以制度为支撑优化城乡资源要素配置，引导优质资源向乡村倾斜，推进城乡综合服务设施建设，为乡村提供就业、养老、医疗、托幼等优质服务，吸纳社会力量参与基层应急救援，加强对困难群体和特殊人群的关爱照护，做好传染病、慢性病防控等工作。创建多元主体参与乡村治理的共建机制，切实做好社会救助、人文关怀、心理疏导和危机干预等工作。

### （五）完善乡村治理评价监管体系

建议逐步完善乡村治理考核评价体系和激励办法，加强乡村治理体系建设的综合考核，严格控制考核总量和频次。健全乡镇监督管理体系，全面实行乡镇（街道）模块化改革，落实"四权管理、四维考评"制度。完善村级小微权力清单制度，纵深推进清廉村居建设。建立集体三资"云管理"、党务村务财务"云公开"、村干部"云监督"等互联网平台，构建乡村数字治理新体系。强化村干部"一肩挑"的政治监督，推广西安市临潼区创新提级聘任村（社区）监督员制度的典型经验，借鉴留坝县提高村务监督委员会主任地位和待遇的实践做法，规范集体经济组织运行机制，解决村级干部"一肩挑"带来的"谁来监督、不会监督、不敢监督"的现实问题。

**参考文献**

张天佐：《我国乡村治理模式变迁及发展》，《农民日报》2021 年 5 月 23 日，第 3 版。

刘越山：《中国特色基层治理有了顶层设计图　访中央党校（国家行政学院）政治和法律教研部教授王静》，《经济》2021 年第 8 期。

高其才：《走向乡村善治——健全党组织领导的自治、法治、德治相结合的乡村治理体系研究》，《山东大学学报》（哲学社会科学版）2021 年第 5 期。

# B.13
# 从试点示范看陕西乡村治理体系
# 建设对产业兴旺的重要作用

张旭锋　马 岚*

**摘　要：** 加强和改进乡村治理，健全自治、法治、德治相结合的乡村治理体系，对促进产业兴旺、实现乡村振兴意义重大。按照党中央、国务院部署和省委、省政府要求，陕西以推进乡村治理体系建设试点示范为抓手，构建体制机制、开展试点示范、探索亮点经验，形成了"积分制+""清单制+""网格化+""数字化+"等具有陕西特征的乡村治理体系建设助推产业兴旺的模式，通过梳理存在的问题，提出要与强化基层党建、发展乡村产业、乡村建设行动、深化农村改革、壮大集体经济、建设数字乡村紧密结合的加强乡村治理体系建设的对策建议，进一步助推产业兴旺，实现乡村全面振兴。

**关键词：** 产业兴旺　乡村治理　体系建设　试点示范

乡村治则百姓安，百姓安则国家稳。乡村治理是国家治理的重要基石，更是乡村振兴的重要保障，不仅关系农业农村改革发展，更关乎党在农村的执政根基。加强和改进乡村治理，健全党组织领导的自治、法治、德治相结合的乡村治理体系，对巩固国家治理基础，促进产业兴旺，实现乡村振兴，具有非常重要的现实意义。

---

* 张旭锋，陕西省农业农村厅总经济师，高级经济师，研究方向为农业农村政策、农业新型经营主体培育、农村经营管理、乡村治理；马岚，陕西省农村合作经济工作站副站长，研究方向为农村经营管理、农业农村政策、乡村治理体系建设。

# 一 推进乡村治理体系建设的目标要求

习近平总书记多次强调,"基础不牢,地动山摇""农村工作千头万绪,抓好农村基层组织建设是关键"。① 为加快推进农业农村现代化,党的十九大做出实施乡村振兴战略的重大决策部署,并将"治理有效"作为乡村振兴的总要求之一。十九大报告指出"加强农村基层基础工作,健全自治、法治、德治相结合的乡村治理体系",明确了乡村治理的目标和方向。针对一些农村基层党组织软弱涣散,动员群众手段滞后,干部作风不实,甚至出现"村霸"等问题,2018 年中央一号文件提出,建立健全党委领导、政府负责、社会协同、公众参与、法治保障的现代乡村社会治理体制,坚持自治、法治、德治相结合,确保乡村社会充满活力、和谐有序。2018 年陕西省委一号文件提出,坚持自治为基、法治为本、德治为要,自治、法治、德治相结合,推进乡村治理体系和治理能力现代化,让农民安居乐业、农村和谐稳定。其后历年中央和省委一号文件都将乡村治理作为重要内容。

2019 年 6 月,中共中央办公厅、国务院办公厅出台《关于加强和改进乡村治理的指导意见》(简称《指导意见》),明确到 2035 年,乡村公共服务、公共管理、公共安全保障水平显著提高,党组织领导的自治、法治、德治相结合的乡村治理体系更加完善,乡村社会治理有效、充满活力、和谐有序,乡村治理体系和治理能力基本实现现代化。强调要坚持和加强党对乡村治理的集中统一领导,坚持把夯实基层基础作为固本之策,把治理体系和治理能力建设作为主攻方向,把保障和改善农村民生、促进农村和谐稳定作为根本目的。要求建立各级党委农村工作部门牵头抓总,有关部门各负其责、齐抓共管的乡村治理体制机制。重点抓好全面加强农村基层党组织建设、着力推

---

① 《稳住农业基本盘 开创"三农"新局面》,求是网,2022 年 1 月 11 日,http://www.qstheory.cn/dukan/hqwg/2022-01/11/c_1128251197.htm?spm=zm5062-001.0.0.1.tdEcYU;《习近平谈如何建强基层党组织》,光明网,2021 年 6 月 22 日,https://m.gmw.cn/baijia/2021-06/22/34938841.html。

动农村社会稳定、深入推进农村移风易俗、强化农村乡镇管理和服务能力等四个方面的工作。同时，召开全国加强乡村治理体系建设工作会议，会议明确指出加强乡村治理体系建设是实现乡村全面振兴、巩固党在农村执政基础、满足农民群众对美好生活需要的必然要求，意义十分重大，任务十分艰巨，要求开展乡村治理体系建设试点和乡村治理示范村镇创建。为贯彻落实《指导意见》，2020 年 1 月陕西省委、省政府出台《关于加强和改进乡村治理的若干措施》（简称《若干措施》），在加强农村基层党组织领导作用、增强村民自治能力、提高乡村德治水平、加快乡村法治建设、加强组织保障等方面提出了陕西乡村治理目标任务和具体措施，要求围绕乡村治理的重要领域和关键环节，加大国家级和省级乡村治理试点示范，培育一批乡村治理试点县（区）和示范村镇，形成可复制、可推广的经验做法，带动提升乡村治理整体水平。

## 二 陕西推进乡村治理体系建设的实践探索

2018 年新一轮机构改革后，国家赋予农业农村部门加强和改进乡村治理体系建设的重要职能。在农业农村部的指导下，陕西省认真贯彻落实《指导意见》和《若干措施》，完善制度框架，深化典型引路，开展试点示范，全省 99.3% 的村实现村党支部书记、村委会主任"一肩挑"，919 个软弱涣散村党组织得到有效整顿，142 个村（社区）被司法部、民政部命名为"全国民主法治示范村（社区）"，20038 个村（社区）级综治中心挂牌运行，24856 个人民调解组织发挥积极作用。乡村治理体系建设试点示范同步进行，获中央农办、农业农村部、中央组织部、中央宣传部、民政部、司法部和陕西省委农办、省农业农村厅等部门确定的全国和全省乡村治理体系建设试点示范县 16 个，乡村治理示范镇 36 个、示范村 135 个。

### （一）构建了一套体制机制

一是建立政策体系机制。陕西省委、省政府印发了加强和改进乡村治理的 18 条具体措施，召开了全省乡村治理体系建设工作现场会，明确了指导思想、目标任务和保障机制。省委农办、省农业农村厅等6个部门联合部署了全省乡村治理体系建设试点示范工作，确定了试点目标、内容和措施。二是建立组织领导机制。乡村治理纳入全省经济社会发展总体规划和实施乡村振兴战略规划"大盘子"，在省委农村工作领导小组下建立由省委农村工作部门牵头抓总，组织、宣传、政法、公安、民政、司法、农业农村等相关部门组成的工作机制，统筹谋划，协调推进。三是建立考核监督机制。把乡村治理工作列入乡村振兴考核，将乡村治理体系建设作为各市（区）党委每年向省委、省政府报告实施乡村振兴战略的重要内容，也作为每年市县乡三级党委书记抓基层党建述职评议考核的重要内容，推动层层落实责任。四是建立宣传培训机制。聘请23名乡村治理领域专家教授为陕西省农村合作经济指导专家智库成员，精准指导乡村治理工作。2022年，启动"耕耘者"振兴计划，用3年面向基层、面向一线，集中培训乡村治理骨干带头人，培育一批、带动一片。

## （二）确立了一批试点县（区）

杨凌示范区杨陵区、凤县、榆林市榆阳区、汉阴县、留坝县5个县（区）成为全国试点县（区），西安市阎良区、长安区、礼泉县等16个县（区）成为全省试点县（区）。3年的试点工作，各试点县（区）坚持党的领导、农民主体、"三治"结合、多方协同、突出重点，聚焦探索共建共治共享的治理体制、乡村治理与经济社会协调发展机制、完善乡村治理组织体系、党组织领导的自治、法治、德治相结合路径等内容开展试点，持续探索乡村治理陕西路径，并取得明显成效，受到中央农办和农业农村部表扬。

## （三）创建了一批示范村镇

按照乡村治理工作机制健全、基层管理服务便捷高效、农村公共事务监督有效和乡村社会成效明显的创建标准，统筹关中、陕南和陕北的不同地域风貌和乡村实际，部署开展乡村治理示范村、示范镇创建工作。分两批分别认定全国、全省乡村治理示范镇6个、33个。按照村党组织领导有力、村民自治依法规范、法治理念深入人心、文化道德形成新风、乡村发展充满活力和农村社会安定有序的标准，分两批分别认定全国、全省乡村治理示范村63个、103个。各示范村镇保障乡村治理的人财物，提高公共服务、公共管理、公共安全水平，健全民主监督管理制度，规范村规民约，弘扬文化道德新风，创新矛盾纠纷化解机制，共建共治共享的乡村治理格局逐步形成，乡村发展充满活力，村容村貌整洁优美，社会秩序良好，产业兴旺，达到了"点亮一盏灯，照亮一大片"的效果，打造了乡村治理的陕西名片。

### （四）推介了一批典型案例

总结各地试点示范经验，提炼乡村治理典型模式，全方位、多渠道、高标准向国家部委推送信息稿件180余件，梳理典型案例230余个，其中汉阴县"三线两化一平台"、旬阳县"说论亮"、留坝县发展壮大集体经济提升乡村治理能力等模式入选全国乡村治理典型案例。同时编印《全国乡村治理示范村镇——陕西篇》《全省乡村治理试点示范经验材料选编》，以案例示范指导各地推进乡村治理，持续推介乡村治理陕西经验。

## 三 乡村治理体系建设助推乡村产业兴旺的模式

面对"硬办法"不能用、"软办法"不顶用、"老办法"不管用、"新办法"不会用的治理难题，陕西立足关中、陕南、陕北不同地区、不同环境、不同风貌、不同民情特点，因地制宜探索，入境问俗试点，树立典型示范，总结各地做法，形成了"积分制+""清单制+""网格化+""数字化+"等具有"陕字号"特征的乡村治理经验，为全省乃至全国创新乡村治理方式，提升乡村治理能力，提供了陕西模式。

### （一）"积分制+"治理模式

针对农村高价彩礼、大操大办、厚葬薄养等不良风气，人居环境整治和农村基础设施建设中"政府干、群众看"，村级事务"公益的没人管，得利的抢着干"等突出问题，试点县（区）结合县情，制定《村民自治积分管理办法》，明确积分内容标准、管理考核职责、奖惩方式等，把环境卫生、社会治安、公益美德等农民群众日常行为逐项量化为积分指标，"红榜"宣传，"黑榜"曝光，调动了农民主动参与乡村治理的积极性，实现了政治文明、精神文明与物质文明同步提升，打造了乡村治理的新模式。"栓正"在陕北方言中有为人正直向善、家庭文明和谐、邻里友爱互助、环境卫生整洁等寓意。榆林市榆阳区大河塔镇利用积分制评选"栓正人家"，将人居环境整治、孝老爱亲、移风易俗等乡村治理内容细化为 16 项积分指标，农户通过自行申报、完成政府发布的任务、组织推荐积分（部队立功嘉奖或被授予"文明家庭""好媳妇""好公婆"等荣誉称号）、政府督查评议等方式获得积分。积分排名靠前的农户评为"拴正人家"，发放"拴正人家"绿色通行证，在镇村低保办理、救济申请、宅基地审批等方面开设"拴正人家"绿色通道，可以优先贷款、入党、参军、当选村干部，还可以用积分兑换家庭日常用品、生产生活用具等，激发了村、组、户、党员干部、驻地企业争相"拴正"，实现全镇"拴正"。全镇社会风气向好，经济发展加快，农村改革推进迅速，在全区首个成立大河塔镇股份经济合作联合总社，对于除耕地以外的林地、荒山、荒坡、沟渠等土地，由组管理、分类施策、盘活资源、筑巢引凤，累计增加村集体收入约 2 亿元，壮大了集体经济，激活了治理"活水"，开拓了乡村治理促进经济发展的新途径。

## （二）"清单制+"治理模式

坚持乡村治理服务乡村经济发展的原则，建立公共事务清单，减轻乡镇政府和村级组织行政负担，配合"放管服"和"最多跑一次"改革向镇村延伸，不断优化政务服务，构建线上线下相结合的便民服务体系。宝鸡市凤县积极推行"小微权力"清单制度，建立村级"小微权力"事项清单和村级班子主要负责人责任清单"两个清单"，规范"四议两公开一监督"民主决策程序，实行事前普遍提醒谈话、事中专项提醒谈话、事后纠错提醒谈话"三个提醒"，对劳动就业、社会保障、扶贫脱贫等 12 项涉及群众切身利益的服务审批事项内容进行清单化管理，明确权力清单、责任清单和公共服务事项清单，实现了县镇村三级全覆盖。"清单制"提高了行政效能，成为壮大农村集体经济、巩固拓展脱贫攻坚成果和实施乡村振兴的有力抓手，全县成立村集体股份经济联合社 66 个，形成经营主体拉动型、新兴产业发展型、特色产业主导型、乡村旅游融合型、股金薪金现金"三金"保障型、田园综合体带动型等六种产业发展模式，集体经济收入"空壳村"实现全部清零，村集体经济收入 10 万元以上的村达到 30 个。

### （三）"网格化+"治理模式

基于基层综合治理，不断丰富网格治理内容，拓展网格治理功能，推行综合网格模式，建立一张网（基础网格）、做到三融合（各类网格与基础网格相互融合、各类网格员职责相互融合、各部门网格处置力量相互融合）、实现"五化"（网格实体化、队伍专业化、运行规范化、数据共享化、系统智能化），乡村治理综合事务入格管理，根据业务需求为辖区每个基础网格配备 1 名或多名基础网格员，全面开展所属网格内的基本信息收集、走访入户巡查、矛盾排查化解、问题处置核实和服务群众等工作，及时上报发现事件、采集信息等数据。网格中心通过"社会治理化平台"分拨派遣、处置反馈、任务核查、考核评价、事件归档、及时处理、网格员上报，实现对辖区内全覆盖、全方位、全过程动态管理和服务。地处秦岭山区的镇安县针对仅靠组长一人管理面积过大管不全、力量不足管不细、居住分散管不好的问题，将村民小组划分为若干个小片区，每个片区选聘 1 名小片长，协助组长履行政策宣传、防汛救灾、防返贫监测等 8 项职责，将区域内所有人、地、事、物、组织等要素和服务事项全部纳入片区网格，一格一员，构建了镇（办）、村、组"三级网格管理"体系，增加治理力量、缩小管理半径，找准乡村治理助推乡村振兴战略实施的切入点和突破口。2021 年镇安县完成地区生产总值 100.22 亿元，农民人均可支配收入达到 12059 元，实现了让农民富起来、乡风好起来、治理活起来的目标。

### （四）"数字化+"治理模式

试点县（区）积极探索推动乡村治理数字化，助力乡村治理能力提档升级。西安市高陵区何村推进数字经济与乡村振兴深度融合，建成启用全区首个数字乡村管理平台,涵盖"村概况""村党建""村服务""村产业"等板块,涉及群众生产生活的方方面面,分类明确、内容翔实、操作便捷,村民通过扫描公众号二维码,可畅享数字何村的各类信息和服务,让数字技术成为产业兴旺的"助推器"。如"村党建"提供政策宣传、党建公开、党务管理、党建教育等信息,提高党务工作透明度,强化党组织的凝聚力和号召力。"村服务"提供民政服务、社会救助等事务内容、办事流程,所需表格通过手机获取、掌上填写。"村产业"提供最新蔬菜市场信息,包括当日各种蔬菜价格、供需信息、经纪人联系方式,推动农业销售智能化、经营网络化。"我向书记说句话"让干部与群众有了沟通协作机制,拉近了关系,增强了群众主人翁意识,提升了群众满意度。数字赋能乡村治理进一步巩固了何村全国"一村一品"示范村、设施农业示范园、西北大棚"第一村"的地位,全村设施农业大棚3180栋,户均5.6栋,人均1.3栋,"户户有大棚,人人忙增收",2021年人均可支配收入达到25325万元,高出全区平均水平5877元。

## 四 影响乡村产业发展的乡村治理体系短板

### (一)农村基层党组织建设仍需加强

一是引领带动能力不够强。一些地方村干部队伍后继乏人、能力不强,组织发动和服务群众的本领不够。全省村支书(主任)平均年龄51岁,高中以下学历占40%。全省村干部高中以下学历占58%,致富带头人、退伍军人、返乡大学生仅占25.5%。二是乡村治理体制机制不够健全。部分村级"三治"结合的乡村治理体制还不够完善,五级书记抓乡村治理的领导机制还未全面形成,能够发挥带动作用的示范村镇数量较少。

### (二)村民自治聚合能力不足

有的地方村民自治没有严格落实,村务公开、民主选举、民主决策、民主管理形式老套,对当前农村"空心化""老龄化"等突出问题针对性不强，"四议两公开"等村级自治创新能力不足，动员组织农民手段单一。有些村民"等、靠、要"思想严重，只关注自身利益和眼前利益，存在"事不关己、高高挂起"心态，村民民主意识、公共意识、集体意识淡漠，参与乡村治理主动性、创新性、聚合性不够。

### （三）农村集体经济发展实力不强

全省年经营收入50万元以上的村仅占3.8%，10万元以下的薄弱村占比高达88%。农民人均可支配收入居全国第27位，与全国平均水平仍有较大差距，尤其是低收入人口数量多，相对贫困问题短期内难以解决。陕西属经济欠发达省份，农村市场发育不健全，乡村产业发展受地域、气候等多种因素制约。第一产业大而不强，产业延伸不充分，多以供应原料为主，第二产业弱而不优，产品精深加工不足，副产物综合利用程度低。第三产业小而不旺，整体发育不够，农村生产生活服务能力不强。同时，产业融合层次低，乡村产业发展不足。

### （四）乡村综合治理还有短板

一是法治建设尚未健全，"一村一警""一村一法律顾问"难以达标，"互联网+"乡村治理应用度不高，综治中心功能未能充分发挥。二是德治能力有待提高。个别地方传统道德规范、公序良俗失效，高价彩礼等不良风气仍存，孝道式微、不讲诚信、封建迷信等现象偶有发生，村民道德认知还需提高。三是美丽乡村建设仍需加力。受粗放式生产方式和旧习俗、旧习惯影响，农村人居环境整治推进不平衡，一些地方脏乱差局面仍未改观，农村基础设施和公共服务体系建设长效管护机制还未完全建立。

## 五　乡村治理体系建设助推产业兴旺要做好六个紧密结合

### （一）乡村治理体系建设要与强化基层党建紧密结合

社会治理的基础在基层，重点和难点是乡村治理。加强和改进乡村治理是实现乡村振兴的固本之策，健全"三治"结合的乡村治理体系，农村基层党组织建设始终要放在首要位置。需要建立以基层党组织为领导、村民自治组织和村务监督组织为基础、集体经济组织和农民合作组织为纽带、其他经济社会组织为补充的村级组织体系，把农民组织起来，紧紧围绕在党的周围，共同唱好乡村全面振兴"大合唱"。落实《中国共产党农村基层组织条例》，加强整顿软弱涣散的村党组织，选优配强村两委班子，破解"队伍软"的问题，优选驻村工作队员，破解"力量弱"的问题，建立激励奖惩机制，破解"精力散"的问题，激发农村党员发挥模范带头作用，引领群众，凝聚人心，增强村级党组织的领导力和号召力，把农村基层党组织建成实现乡村振兴和国家长治久安的坚强战斗堡垒。

## （二）乡村治理体系建设要与发展乡村产业紧密结合

产业兴旺、治理有效是乡村振兴的重要内容和目标，也是乡村振兴的前提基础和重要保障，二者相互依存、相互促进。乡村治理试点示范典型实践充分证明治理有效，乡村营商环境向好，生态发展友好，乡村产业兴旺。若治理不好，已有的好产业就会凋敝，企业也会离开，更谈不上产业发展。推进乡村治理体系建设，一定要与促进产业发展紧密结合，不为治理而治理，要为产业发展服务、为产业兴旺加力。一是推进做好产业规划。发挥和动员当地党员干部、农民群众、专家能人，以及企业主体、合作社、社会组织等各方力量，结合资源禀赋，制定切合实际的产业规划，因地制宜覆盖农林牧副渔、种养加贮销等各种产业。二是推进调好产业结构。按照综合平衡、长短结合、搭配科学的原则，优化粮经饲、种养服、产加销、农文旅等产业布局，实现结构合理、多业并举。三是推进建好产业体系。通过建立产业集群、产业园区、产业强镇等现代产业示范区，充分利用"互联网+""文化+""生态+""人才+"等新机制，建立小农户、家庭农场、合作社、农业企业等主体利益合理分配的良性机制，完善全产业链，不让一个市场主体掉"链子"。

## （三）乡村治理体系建设要与乡村建设行动紧密结合

乡村建设是实现乡村治理有效的重要硬件基础，乡村建设能否顺利完成与乡村治理的水平高低息息相关，两者相辅相成、相得益彰。《乡村建设行动实施方案》为乡村建设指明了方向。为把乡村治理融入乡村建设的各个环节，第一，要融入乡村规划布局，编制多规合一的村庄规划，建设文化室、村史馆、村情馆等设施。第二，要融入农村人居环境整治五年提升行动，学习借鉴浙江"千万工程"经验，实施村庄清洁行动，强化垃圾污水处理，搞好厕所革命，深入推进农业废弃物资源化利用，增强村民卫生文明意识，提升村容村貌。第三，要融入当地生态环境保护，保持乡土风貌，突出地域特色，尊重文化差异，保护自然环境。第四，要融入农村基础设施提档升级，建设"四好农村路"，推动新一轮农村电网改造，完善乡村物流基础设施网络，加快农村宽带网络建设和4G网络覆盖步伐，用有效治理构建基础设施长效管护运行机制。

## （四）乡村治理体系建设要与深化农村改革紧密结合

目前深化农村改革要啃硬骨头，非常需要有效的乡村治理，这也是推进农村各项改革的有效措施。一要推进农村土地制度改革，有序实施承包地"三权分置"，优化土地流转管理和服务程序，稳慎开展农村宅基地改革，稳妥推进农村集体经营性建设用地入市。二要推进农村集体产权制度改革，完善集体经营性资产股份合作机制，规范集体资产监管和产权交易运行方式，加快"三变"改革，盘活农村集体和农户个人的各类资源资产。三要推进农业经营体系改革，加强专业大户、家庭农场、农民合作社、农业社会化服务组织、农业企业和集体经济组织等新型农业经营主体培育，构建形成保底分红的"公司+合作社+农户（家庭农场）"和"农民组建合作社+合作社兴办企业"良性利益机制，加快形成农民、合作社、企业利益共享的产业共同体，积极发展链型产业经济。四要推进农村普惠金融改革，健全农村金融服务体系，建立县域银行等金融机构服务"三农"的激励约束机制，助推农村金融产品和服务方式创新，扩大"三农"信贷抵押担保范围，满足产业兴旺多样化金融需求。

## （五）乡村治理体系建设要与壮大农村集体经济紧密结合

集体经济是乡村治理的经济基础，更是体现乡村治理体系建设和治理能力的"试金石"。乡村治理试点示范典型显示，凡是集体经济壮大、实力较强的村，都是"三治"结合好、治理水平高的村。提高乡村治理水平，农村家风、民风、乡风变好，营商环境改善，村集体班子团结，村党支部、村委会、村监会、村集体股份经济合作社齐心协力发展经济，集体经济就能不断壮大。一是完善激励机制。通过社会主义核心价值观进乡村，修订完善村规民约和家风家训，评选表彰好媳妇、好公婆、好家庭、文明户，引导农民自我管理、自我教育、自我提高，培育引导新民风，营造崇德向善新风尚，服务集体经济发展壮大。二是完善公开机制。通过完善民主选举、民主决策、民主协商、民主监督制度，完善党建、村务、财务公开制度，形成民事民议、民事民办、民事民管的多层次协商机制，把权力装进制度的"笼子"，防止小官大贪，服务集体经济发展壮大。三是完善社会组织。通过健全村级红白理事会、禁毒禁赌会、道德评议会、妇女联谊会等社会组织，开展村民说事、民情恳谈等各类协商议事活动，让群众明白、干部清白，服务集体经济壮大。四是完善矛盾调处机制。通过健全"三官一律"制度，建立扫黑除恶治乱长效机制，弘扬新乡贤文化，做好普法宣传，推广新时代"枫桥经验"，形成矛盾纠纷多元化调解机制，做到"小事不出村、大事不出镇"，营造良好的村庄形象，服务集体经济壮大。

## （六）乡村治理体系建设要与数字乡村建设紧密结合

数字乡村建设是乡村治理体系中科技支撑的重要组成部分，也是乡村治理能力现代化的重要标志。一是将乡村治理的关键环节融入数字乡村建设，利用腾讯为村、陕西联通"数字乡村"等平台推进乡村治理体系建设。二是将网格化治理做实做细，把每个农户、每个乡村组织、每个实体单位都纳入网格，完善网格员、网格长等网格管理体制和运转机制，用网格平台大数据实现治理有效。三是将农村承包地管理平台、农村"三资"监管平台、农村集体经济组织登记平台、农村宅基地管理平台、新型经营主体服务平台等融入乡村治理体系建设，用"三治"结合、矛盾调处等机制，线下解决信息平台不全面、不完备产生的线上问题，弥补平台漏洞，化解乡村矛盾。

# 案 例 篇
## Case Studies

**B**.14
# 商洛市森林康养产业发展路径研究

王 军*

**摘 要：** 森林康养产业发展是乡村振兴战略和健康中国战略的有效实现途径，具有巨大的发展潜力。近年来，商洛市始终坚持生态立市的根本，倡导人与自然和谐共处的健康理念，着力打造全域森林康养产业体系，奋力建设"绿色、生态、宜居、幸福"的新商洛，取得了一定成效。本文基于 SWOT 分析方法，以商洛建设全域森林康养试点市的实践经验为案例，对商洛市森林康养产业发展进行了深入阐述和综合分析，为我国乡村振兴战略目标下森林康养产业相关研究发展提供参考。

**关键词：** 乡村振兴 森林康养 产业融合 商洛市

---

\* 王军，商洛市林业局局长，研究方向为林业经济管理。

实施乡村振兴战略是全面建设社会主义现代化国家的重大历史任务，是新时代"三农"工作的总抓手。我国近90%的国家级乡村振兴重点地区分布在林区、山区和沙区，是乡村振兴战略实施的难点和重点区域。对于山区、林区而言，因地制宜发展生态经济，使绿水青山变成金山银山成为产业振兴的关键所在。森林康养产业是一二三产业融合发展业态，是林业产业转型升级高质量发展的必然方向，伴随着人们对美好生活品质要求的不断提升，森林康养产业必将展现出十足的市场活力和巨大的经济潜力，既是一项普惠性的公益事业，又是一项极富生机和活力的朝阳产业。

森林康养是以森林生态环境为基础，以大众健康为目的，利用森林生态资源、景观资源、食药资源和文化资源，与医学、养生学有机融合，开展保健养生、康复疗养、健康养老和休闲旅居等的服务活动。森林康养产业发展是以森林资源为发展载体，同时融合旅游、休闲、保健、娱乐、医疗、运动、养老等多种产业的健康服务新理念，以其资源利用的生态性、经济效益的显著性、生态环境的优质性、多种产业的联动性、参与主体的广泛性和入职门槛的大众性等优势，成为实现乡村振兴战略目标最有效的途径。森林康养的经济性、公益性、绿色性、普适性，决定了其在乡村振兴中大有可为。

## 一　森林康养产业发展的背景与机遇

党的十八大将生态文明建设纳入"五位一体"总体布局，明确提出大力推进生态文明建设，努力建设美丽中国。党的十八届五中全会提出推进实施"健康中国"战略，把人民健康放在优先发展的战略地位，大力发展健康产业。党的十九大报告指出，实施"乡村振兴战略"，按照产业兴旺、生态宜居、乡风文明、治理有效、生活富裕的总要求，建立健全城乡融合发展体制机制和政策体系，加快推进农业农村现代化。为康养产业发展带来重大战略机遇，为康养产业加速借势借力、蓄能突围创造了有利条件。在乡村振兴及"健康中国"政策的支持下，发展森林康养，不仅是践行习近平生态文明思想的有效途径，也是实施"健康中国"战略的重要举措，更是满足人民群众美好生活需要的战略选择，对于提升全民的健康水平、促进健康养老、推进供给侧改革、实现乡村振兴等方面具有十分重大的现实意义。

森林康养作为林学、旅游、医学、养生学、生态学、体育学等融合发展的新业态，成为乡村产业发展的新蓝海。现代科学逐渐证实，森林及其资源环境禀赋对人类生理与心理有重要的养生保健功效。同时，随着国民经济的发展，民众对回归自然、追求健康的需求愈发强烈。森林康养这一释放心理压力、愉悦身心、提高身体机能的生活方式，也随之越来越受到公众的欢迎。王国付等人开展的相关科学研究表明，接受森林康养疗法后，人体生理相关指标均有好转，躯体和心理也产生积极效应，证明森林康养对人体是有益的。[①] 自 2013 年十二届全国人大一次会议首次提出森林康养以来，中央一号文件多次提出发展森林康养，中央和省级多个部门和地区都出台了康养产业发展规划、扶持政策等，《林业发展"十三五"规划》提出要"大力推进森林体验和康养，发展集旅游、医疗、康养、教育、文化、扶贫于一体的林业综合服务业"，强调重点发展森林旅游休闲康养产业。2019 年国家林业和草原局、民政部、卫健委、中医药管理局四个部门联合出台《关于促进森林康养产业发展的意见》，形成纲要性文件，为森林康养产业发展明确路径与方向。

## 二 商洛森林康养产业发展的 SWOT 分析

商洛市位于陕西省东南部，东临河南省，东南临湖北省，地处秦岭山地，因境内有商山洛水而得名。介于东经 108°34′20″~110°01′25″，北纬 33°02′30″~34°24′40″，位于暖温带和北亚热带过渡地带，气候温和，阳光充裕，年平均气温 13.9℃，相对湿度 65%；境内森林覆盖率 69.56%，全年优良空气天数 330 天以上，空气质量状况始终位于陕西省前列，具有健康养生的绝佳气候资源和生态环境。商洛作为全域地处秦岭腹地的地级市，现有森林公园 8 个、地质公园 3 个、国家级湿地公园 3 个、自然保护区 7 处、省级风景

---

① 王国付：《森林浴的医学实验》，《森林与人类》2015 年第 9 期。

名胜区 2 处。建有以森林康养旅游为主的各类自然保护地 23 处,国家级森林康养基地 4 处、森林康养人家 5 个,省级森林康养基地 5 处、自然教育基地 3 处。① 先后获得"国家森林城市""国家卫生城市""国家农产品质量安全市""中国气候康养之都""中国最佳康养休闲旅游市""省级森林旅游示范市"等称号,2022 年 1 月商洛市成功入选国家级全域森林康养试点建设市,成为西北地区首个全域森林康养试点建设市。

## (一)优势分析

### 1. 地理位置优势明显

商洛隶属秦岭内陆,位处国家南北自然分界线、南北民俗分界线之内,地跨黄河、长江两大水系,自古以来就是南北交通要道、南北商贾交流汇集之地、商品物资集散之地。一是商洛道是古长安通往东南和其他中原地区的交通要道,为"秦楚咽喉"和"陕西东南门户"。二是商洛隶属陕西"米字型"高铁网重要组成部分。商洛县县通高速,随着西武高铁、西渝高铁的建设,未来 4 个县(区)有高铁,和国际化大都市、国家中心城市西安由一小时经济圈变成半小时经济圈。三是商洛是连接"陆上丝绸之路经济带"和"长江经济带"的重要节点城市。商洛融入西安、连接武汉、沟通重庆、衔接郑州、辐射长三角地区的区位优势更加凸显,商洛打造内陆改革开放高地,对外开放的大通道全面打通。优越的地理位置、便捷的交通、蓬勃发展的绿色低碳循环经济,为森林康养筑牢发展之基。

### 2. 森林资源优势显著

一是植物生物物种资源丰富。商洛素有"南北植物荟萃、南北生物物种库"的美誉,自然资源优势显著。全市有各类植物资源 1324 种,野生动物 1000 多种(列入国家保护的珍稀动物 24 种),中药材 1192 种(列入国家"中草药资源调查表"的达 286 种),有当地繁殖鸟、冬候鸟和旅鸟共 103 种,有西北连片面积最大的"千山杜鹃"木王国家森林公园、西北

---

① 商洛市林业局 2022 年统计数据。

地区规模最大的松栎林流岭飞播林区、北纬 33 度种茶奇迹的高山有机茶以及面积和产量均位居全国地级市前列、陕西首位的核桃、板栗、中药材等。截至 2021 年底，有蜂蜜、木耳等全国名特优新农产品 68 种，是"国家农产品质量安全市"。① 二是部分旅游产品品牌进入大秦岭 6 省 1 市"大品牌、大发展、大建设"全域视野。金丝峡、牛背梁、柞水溶洞、天竺山、天蓬山寨、塔云山等 6 景和商南县的前坡岭战斗遗址入选中华秦岭 100 景和大秦岭边际线最美风景推荐名单和《中国秦岭旅游地图》，为推动康养产业发展奠定了良好的品牌基础。三是柞水"中国天然氧吧"地域品牌全国影响力不断增强，为引领商洛康养产业发展树立了良好的样板典型。《2021 中国天然氧吧绿皮书》授予 2016～2020 年共 193 家"中国天然氧吧"地区排名，柞水县在陕西排第 7 位；在中国天然氧吧生态资源排行榜中，柞水位于"氧吧地均释氧量"排行榜前 20 位、位于"中国天然氧吧传播声量"排行榜前 20 位。

**3. 康养旅游资源丰富**

商洛物种资源丰富，全市现有种子植物 123 科 494 属 1012 种。商洛还是西北地区中草药最佳适生区，有中医药企业 15 家。商洛核桃、板栗、茶叶等特色农副产品产量位居全省前列，享有"中国核桃之都""中国板栗之乡""北方茶叶之乡"等美称。商洛不仅自然资源优渥，文化旅游资源同样丰富。现有国家级非物质文化遗产 4 项、省级非物质文化遗产 36 项、市级非物质文化遗产 222 项、国家 5A 级景区 1 家、4A 级景区 16 家、3A 级景区 29 家、国家全域旅游示范县 1 个、省级全域旅游示范县 2 个、省级旅游示范县 3 个、省级旅游度假区 4 家、省级旅游特色名镇 14 个、省级乡村旅游示范村 39 个、省级文化旅游名镇 4 个以及中国美丽休闲乡村 6 个，形成阳坡院子等特色民宿 26 家、红色旅游基地 5 个、最美旅游公路 7 条，成功跻身全国旅游百强市，"秦岭最美是商洛"品牌唱响全国。②

---

① 农业农村部全国名特优新农产品名录信息网站，http://mtyx.aqsc.org/Home/Minglu/index/p/2.html。
② 商洛市文化和旅游局。

#### 4. 生态优良宜居宜养

商洛市是全省唯一全部处于秦岭腹地的地市，也是全省版图最绿的地市。现有林地占全市国土面积的82.9%，森林覆盖率达69.56%，高于全国46.6个百分点，高于全省26.5个百分点。① 一是自然景观丰富多彩。境内奇山秀峰、险峡怪石、溶洞瀑布别具一格。其中金丝峡国家森林公园是中国最美十大峡谷之一、陕南三市唯一的5A景区，柞水溶洞是中国北方最大的溶洞群，江山景区是"白石岩史前文化走廊"核心区域。二是气候空气优良。商洛属于亚热带温带气候，冬无严寒，夏无酷暑，四季分明。连续8年全省空气质量第一，连续5年是全省唯一入围"国家空气质量达标城市"的城市。

### （二）劣势分析

#### 1. 土地资源紧缺，项目承载力弱

根据《陕西省秦岭生态环境保护条例》《陕西商洛市秦岭生态环境保护规划（2018~2025年）》等文件规定，商洛市全域处于秦岭生态环境保护范围内，建设用地指标总量控制受限，供地矛盾较为突出，可用于发展康养产业的建设用地指标不足，加之林地保护等级较高，在一定程度上影响了森林康养产业的发展。

#### 2. 森林质量不高，康养环境有待提升

近年来，商洛市森林面积虽在不断扩大，但优质的森林资源不多且分布不均匀，林分林相质量不高，森林康养疗效和生态功能作用未能充分发挥等问题依然存在，这些问题将对森林康养产业发展造成诸多不利影响。

#### 3. 产业化水平低，龙头企业带动能力不强

商洛森林康养产业尚处于起步探索阶段，产业配套设施缺乏，产品市场占有率低，服务水平不高，龙头企业少，旅游景区发展与康养融合不充分，医养结合产业发展不成熟，系统产业链未形成，康养产业地区影响力不足、品牌价值不高等发展难题仍比较突出。

---

① 《中国统计年鉴2022》。

### 4. 康养人才短缺，产学研融合不充分

商洛市当地从事森林康养的人员普遍技能水平不高、职业素质不够，加之全市处于经济欠发达地区，很难吸引一些高素质的专业人才前来就职，造成森林康养人才短缺。除此以外，商洛科技创新能力不够、水平不高等问题依然突出，严重制约了森林康养产业的发展。

## （三）机会分析

### 1. 国家地方政策支持

中央一号文件多次提到大力改善森林康养公共服务设施条件，明确了在习近平新时代中国特色社会主义思想指引下森林康养的重要地位。森林康养是资源优势、生态优势转化为产业优势、经济优势和效益优势的重要途径，是实施"健康中国"、乡村振兴战略的绿色富民产业和推动经济绿色低碳循环发展的重要载体，是满足人民美好生态环境和健康生活需求的新引擎，是商洛打造"一都四区"实现追赶超越的战略选择。2021年商洛市委、市政府四届十一次全会提出打造"中国康养之都"，2022年成功入选国家级全域森林康养试点建设市，未来一段时间将生态资源优势转换成巨大的产业优势、经济优势、效益优势，是商洛优先发展森林康养产业的重要抓手和不二选择。

### 2. 市场需求潜力巨大

森林康养需求宏观预测模型结果显示：中国森林康养需求总量2021年将突破11亿人次，2023年将超过16亿人次，其市场规模预计到2023年将达到2.4万亿元以上，市场规模庞大、需求旺盛。[①] 预计到2050年中国老年人口将达到4.8亿人，老龄化水平也会达到15.5%，而由慢性病引起的疾病负担将占到中国整个疾病负担的70%，森林康养正在成为预防和减轻慢性病的有效途径，随着国人健康素养水平的不断提高和健康产业市场总额的不断增大，加之中医养生理论的不断进步，中国森林康养事业前景十分乐观。

---

① 王春波、田明华、程宝栋：《中国森林康养需求分析及需求导向的产业供给研究》，中国林业出版社，2020。

### （四）威胁分析

#### 1.同质化现象严重，地域特色不突出

从省内竞争看，商洛与安康、汉中客源地、资源禀赋和消费模式雷同，趋同化竞争态势愈演愈烈，差异化互补态势尚未形成。从省外竞争看，与甘肃天水、四川巴中、河南南阳、湖北十堰等其他省的地级市比较，也不具备明显优势。商洛同时面临省内外"被赶超"与"赶超"的双向压力，未来康养产业高质量发展面临较大挑战。

#### 2.地区经济滞后，项目开发受资金制约

产业的发展离不开资金的投入，充足的资金能够更好地推动产业建设与发展，保障产业发展顺利且高效运转。商洛市处于秦巴山区，该区域曾为国家集中连片贫困区，经济发展落后，景区开发建设受到财政约束，加之地方财政困难，支持较少，对社会资金的吸引力较弱，导致产业发展受到一定的制约。

## 三 商洛打造全域森林康养试点市建设的探索实践

近年来，商洛市委、市政府认真学习贯彻习近平生态文明思想，切实践行习近平总书记"绿水青山就是金山银山"理念，始终坚持"生态立市"，紧紧围绕打造"中国康养之都"战略目标，全力推进森林康养和生态旅游发展。

### （一）发展全域森林康养，开辟生态产品价值实现新路径

#### 1.注重"全域+""森林康养+"多业融合发展定位

在发展定位上，凸显生态优势，注重全域协同发展的战略定位，就是全市各县（区）都要注重发展森林康养产业。不大拆大建，利用现有基础，不一哄而上，坚持试点先行、严格标准、因地制宜、追求特色。不追求高大上，注重多层次发展，凸显原生态、乡土气息，主体定位在大众化消费水平，辅以中高层次消费。在试点建设上，坚持持续抓好核桃、板栗、中药材

等林特产业发展，融合森林康养统领三产共促理念，建设一批康养基地、康养小镇、康养人家，全力推进全域森林康养示范县、镇、村建设，积极拓展森林多种功能，创新林业与旅游融合发展模式，推动森林康养与医疗、旅游、农业、文化等深度融合发展。

### 2. 建立"1234护林模式"，夯实绿色发展基础

构建一套体系。按照属地管理、分级负责的原则，建立市、县（区）、镇（办）、村（社）四级林长制，构建天然林与公益林并轨管理体系。形成两大支柱。在"两林"一体化管理基础上，坚持因林制宜、精准施策，做到网格化护林与合作化护林相互衔接，形成了纵横交错、支撑有力的管护支柱。建设机构集成、信息共享、装备保障"三个平台"。健全宣传引导、责任落实、政策支持、督查考核"四项机制"，为森林康养产业发展护好"绿色"基础。

一是扎实做好森林资源保护管理，牢记"国之大者"，强化责任意识，切实抓好林长制的各项工作，以实际行动当好秦岭生态卫士。全市共设立四级林长4591名，林长责任制等五项机制得到较好落实。

二是实施林分质量提升工程，加强优质康养林保育工程，加大重点区域绿化步伐和生态修复，开展森林抚育、林相改造和景观提升，丰富植被的种类、色彩、层次和季相，结合功能布局，有针对性地种植、补植具有康养功能的珍贵树种、芳香树种、彩色树种、花卉等植物。

三是策划实施十大林业重点工程，全面巩固森林城市及美丽乡村建设成果，加强古树名木保护，提升全域森林康养示范县、镇、村建设水平。

### 3. 构建"一心两带多点多园"的产业布局

按照产业聚集、错位协同、特色发展的总体要求，依托区位交通和资源优势，强化核心引领、轴线延展、带状聚集、多点支撑。鼓励市内各森林公园、生态旅游景点、康养基地打造森林康养联合体，一体化发展。

一是"一心引领"。以中心城区为中心，依托市内的基础设施、医疗卫生资源和体育场馆资源，以高铁康养新城、金凤山康养新区等重大项目为重点，实施中心城区环城绿色屏障修复工程，发展以"森林康养+医养结合+体育健身"为主的森林康养产业核心引领区。

二是"两带聚集"。以柞水、镇安、山阳生态旅游为载体,打造以山水生态休闲体验为特色的"乾佑河—金钱河百里康养廊道";以商州、丹凤、商南、洛南古道驿站和生态景观为依托,打造"丹江—洛河百里生态长廊"。

三是"多点多园"。以自然保护地(森林公园、地质公园、湿地公园、风景名胜区等)和林业产业示范园为着力点和抓手,发展以自然公园为主的森林生态旅游业,推进精品景区、森林(生态)旅游示范县、示范镇(村)建设,打造一批现代林业产业示范园区,吸纳社会资金参与森林康养产业集群建设。以森林康养小镇、基地、人家为多点支撑,开展秦岭山水乡村建设、村庄绿化、景观提升工程,全面提升人居环境,推进民生林业建设,实现森林康养特色区与周边区域、农村产业、乡村振兴统筹发展。

**4. 实现"多元化"森林康养产业发展模式**

紧紧围绕优化美化景观和生态环境、创建森林康养基地、完善提升基础设施、丰富森林康养产品、森林康养文化建设、提高森林康养服务水平等六项重点工作,全力推进全域森林康养试点建设,做到统筹谋划、整体布局、分类施策、有序推进。串联形成"秦岭会客厅——商州""避暑夏都——洛南""人文小城——丹凤""秦岭封面——商南""秦岭画廊——山阳""安养之城——镇安""秦岭闺秀——柞水"的整体布局。

一是依托山水开发"健康游"。依托森林公园建设山地型疗养度假区,依托中药材生产基地建设药养型度假区,因地制宜地开展登山、漂流、山地自行车、攀岩、露营等森林康养旅游活动,森林康养旅游业态不断丰富。

二是依托景区开发"研学游"。依托自然教育基地、红色文化等公共资源和牛背梁国家森林公园、柞水溶洞地质公园等景区资源优势,结合环保、科技、人文、自然、历史、文学、艺术、体育等主题内容,建设森林康养研学基地,推出适合不同年龄段、不同主题的研学康养产品。

三是依托乡村开发"体验游"。在重点景区、城乡接合部和美丽乡村周边,大力发展休闲观光农业,以休闲农业示范园区为依托,开发民俗文化村、露天采摘园、生态农庄等乡村森林康养旅游体验项目,整体规划、科学布局了一批特色小站、小院、小镇，建设了一批富有特色的主题公园、林果庄园、避暑农庄和乡村田园，吸引游客前往观光采摘、养生休闲、体验农事。

### （二）主要做法

#### 1. 高度重视，高位推动森林康养产业发展

市委、市政府高度重视森林康养产业发展，将全域森林康养试点市建设纳入"六市联创"重点工作，印发了《商洛市国家级森林康养试点市建设实施方案》，就试点市建设工作的总体要求、工作目标、阶段任务、重点工作、责任清单等提出具体要求，成立了由市长任组长，市委、市政府、市人大、市政协分管联系领导为副组长，43个部门为成员的商洛市国家级森林康养试点市建设工作领导小组，并从资金、用地、融资、创新发展机制、日常监督考核、舆论宣传引导等六个方面加强保障，建立"以奖代补"的工作机制，做好森林康养产业发展财政支持和保障，为商洛森林康养产业发展提供坚强的组织保障。

#### 2. 突出重点，全力推进全域森林康养试点市建设

突出保护和优化森林康养环境、完善康养基础设施、丰富康养产品、建设康养基地、繁荣康养文化、提高康养服务水平六大重点工作，以建设一批康养基地、康养小镇、康养人家为抓手，全力推进全域森林康养示范县、镇、村建设。计划到2026年，至少建成省级以上3个全域森林康养示范县、20个森林康养示范镇、30个森林康养基地、100个森林康养示范村（森林康养人家），培育森林康养产业经营主体50家以上，形成布局清晰、特色鲜明的森林康养产业集群。

#### 3. 深度融合，努力实现保护与发展共赢

创新"林业+"多业融合发展模式，坚持森林康养与乡村振兴、全域旅游、秦岭山水乡村建设相结合，推进旅游、医疗、养生、文化、农业、体育多业融合发展。通过加强森林公园、管护站点、线路等的升级改造，不断提升旅游服务能力，创建了一批以国家森林公园、美丽乡村为主体的森林旅游小镇、森林文化小镇、森林康养基地、森林体验建设基地、森林乡村等森林

资源旅游体系。依托森林公园、湿地公园建设，大力发展森林旅游业，积极改善森林旅游基础设施条件，不断增加农民就业机会和经济收入，核桃、板栗、中药材、森林康养四大林业产业集群融合发展，"林业大市"向"林业强市"奋力迈进取得显著成效。

**4. 打造品牌，不断提升森林康养服务水平**

举全市之力围绕"秦岭最美是商洛""22℃商洛中国康养之都"等打造康养旅游品牌，形成市、县、景区三级联动的宣传营销机制和资源共享、优势互补、全媒体覆盖、全员营销的良好态势。以"秦岭桃花源，深闺康养吧"作为商洛市森林康养特色品牌，把商洛市建成森林康养环境优良、设施完善、产品丰富、文化繁荣、条件健全、制度健全、保障有力、产业带动能力强的国家级森林康养示范市，把商洛打造成为全国知名的养生养老养心境、避暑避霾避喧嚣最佳目的地。

### （三）取得的成效

据统计，2021年全市森林旅游接待游客1940余万人次，实现综合收入220.7亿元，社会旅游从业人员达1.41万人，带动3.86万脱贫人口致富，有力地促进了地方经济发展。① 森林康养与生态旅游已成为商洛市重要的支柱产业、对外开放的热点、游览观光的亮点、市域经济新的增长点和增长极，森林康养已成为融合林业一二三产业发展的强力引擎。

一是先后获得"国家森林城市""省级森林旅游示范市"等称号。2022年1月商洛市成功入选国家级全域森林康养试点建设市（目前全国仅9个地市），成为西北地区首个国家级全域森林康养试点建设市。

二是森林康养已纳入市委、市政府重点工作。成立了商洛市国家级全域森林康养试点市建设工作领导小组及工作专班，2022年市政协"森林康养产业"专题协商调研，掀起了森林康养产业发展热潮，森林康养产业发展体制机制逐步建立。

---

① 商洛市林业局。

三是产业集群已初步形成，森林旅游发展成效显著。商洛市成功创建森林旅游示范市，商南县、柞水县成功创建陕西省森林旅游示范县，全市以林果、林药种植和林产品加工为代表的第一产业和第二产业稳中有进，以生态旅游和森林康养为代表的第三产业加速成长，构建形成了核桃、板栗、中药材、森林康养四大林业产业集群。

# 四　总结与展望

森林是钱库、粮库、水库、碳库，形象而又深刻地指明了森林在经济社会发展中的地位和作用，为新时代林业的发展指明了方向。森林康养是四库论的集中体现，是最普惠、最具生命力的产业形态。首先，森林康养可以把农民手中的森林资源变为资产、资本，发展观光产业、民宿产业、游购产业、采摘产业、健康产业、养老产业。其次，农民就近务工，在家生产，就业门路更广，收入渠道更多，使农民更加爱绿、护绿、培绿，优化环境，实现乡村宜居乡风文明。同时，森林康养产业发展有助于城乡间资本流通，缩小城乡贫富差距，实现乡村振兴可持续发展，达到产业兴旺、生态宜居、乡风文明、治理有效、生活富裕的乡村振兴战略目标。

在实施乡村振兴战略和"健康中国"战略的背景下，商洛始终坚持生态立市的根本，倡导人与自然和谐共处的健康理念，着力打造全域森林康养产业体系，以森林游憩区为主体，建设核心康养基地；以森林城镇为依托，打造森林康养特色区；以富民增收为目标，培育森林康养人家。全力加快造林绿化和绿色富民产业发展，不断提升森林覆盖率，不断提升林业发展水平，努力唱响"秦岭最美是商洛"品牌，奋力打造"绿色、生态、宜居、幸福"的新商洛，真正实现康养之都、宜居生态商洛和"秦岭最美是商洛"。下一步，商洛将以创建国家级全域森林康养试点市为目标，以转型升级、提质增效为路径，进一步提高森林康养产业的引擎支撑力、品牌影响力和惠民带动力，加快建成国家级森林康养旅游目的地和生态文化健康休闲旅游地，为乡村振兴产业融合发展新路径做出有益探索。

## 参考文献

国家林业和草原局、民政部、国家卫生健康委等：《国家林业和草原局民政部国家卫生健康委员会国家中医药管理局关于促进森林康养产业发展的意见》，《自然资源通讯》2019 年第 5 期。

包洁：《"产业兴旺，生态宜居，乡风文明，治理有效，生活富裕"是乡村振兴的新要求》，《实践》（党的教育版）2018 年第 1 期。

习近平：《决胜全面建成小康社会夺取新时代中国特色社会主义伟大胜利》，《人民日报》2017 年 10 月 28 日，第 1 版。

吴文武、张燕婷：《健康中国战略视阈下的康养治理研究》，《中国行政管理》2022 年第 2 期。

廖亮：《雁荡山"健康中国"看这里》，《浙江林业》2017 年第 7 期。

刘泽英：《张建龙在首届中国森林康养与医疗旅游论坛上提出　森林康养应为"健康中国"作出贡献》，《林业与生态》2017 年第 1 期。

孙健：《山东省文旅产业与康养产业融合发展对策研究》，《当代旅游》2020 年第 10 期。

刘媛：《商洛开展国家级全域森林康养试点市建设》，《商洛日报》2022 年 5 月 10 日，第 1 版。

程宝栋等：《深刻理解习总书记"森林是碳库"论断的丰富内涵》，《绿色中国》2022 年第 10 期。

# 宝鸡市凤翔区三岔村农旅融合规划
# 案例研究

张欣欣　单连建　杨琬成*

**摘　要：** 国家要复兴，乡村必振兴。巩固脱贫攻坚成果与乡村振兴有效衔接，全面推进乡村振兴成为当下乡村规划建设的重中之重。城郊型村庄因靠近城市，城乡要素流动频繁，但发展矛盾突出，城乡融合发展需求更为迫切。城郊型村庄农业基础普遍扎实，三产融合发展势头较好，但资源利用不充分，产业内生动力不足，乡村振兴进程缓慢。本报告以宝鸡市凤翔区彪角镇三岔村为例，分析关中城郊型村庄发展态势，紧扣凤翔区乡村振兴典型引领村建设要求，落实空间引导和乡村建设行动，提出了基于农旅产业融合发展的"借势+融合+高效+提质+共享"的乡村振兴规划策略，构建适应性强、可操作性强、实效性好的乡村振兴规划建设具体路径，总结可复制可推广的发展经验和具体做法，为关中地区乃至全国类似村庄实现全面乡村振兴提供示范样板。

**关键词：** 三岔村　城郊型村庄　乡村振兴　农旅融合

---

* 张欣欣，中国建筑西北设计研究院有限公司城市发展和规划设计研究院工程师，注册城乡规划师，研究方向为城乡规划与设计；单连建，中国建筑西北设计研究院有限公司城市发展和规划设计研究院高级工程师，注册城乡规划师，研究方向为城乡规划与设计；杨琬成，中国建筑西北设计研究院有限公司城市发展和规划设计研究院副总规划师，教授级高级工程师，研究方向为城乡规划与设计。

# 一 引言

党的二十大报告明确提出全面推进乡村振兴，坚持农业农村优先发展，巩固拓展脱贫攻坚成果，加快建设农业强国，扎实推动乡村产业、人才、文化、生态、组织振兴。国家提出的"产业兴旺、生态宜居、乡风文明、治理有效、生活富裕"乡村振兴总要求和"百县千乡万村"乡村振兴示范创建工作要求，明确了乡村振兴的具体任务和工作目标，给乡村建设带来发展新机遇和新挑战。

"关中"之称始于战国，因位于四关之内，东有潼关，西据散关、南拥武关、北坐萧关而得名。《过秦论》中的"始皇之心，自以为关中之固"为对"关中"的最早记载。关中平原又称"八百里秦川"，地处陕西省中部，南依秦岭，北临黄河，是秦岭北麓渭河冲积平原地带，西起宝鸡，东至潼关，海拔约 325～800 米，长约 360 公里，气候温和，土壤肥沃，地势平坦开阔，四面高山地势险要，人口密集，物产富饶，极具政治、经济、军事和文化意义。

关中平原城市群地处中国内陆中心，以西安为中心，涵盖宝鸡、铜川、渭南、杨凌、商洛、天水、平凉、庆阳、运城、临汾等重要节点，是华夏文明、黄河农耕文明重要发祥地，兵家必争之地和古丝绸之路起点，承载着中华民族的历史荣耀和厚重记忆，发展基础较好、发展潜力较大，是亚欧大陆桥的重要支点，是西部地区面向东中部地区的重要门户，也是西部地区第二大城市群，人口、经济要素向关中平原城市群和西安都市圈集聚，在国家现代化建设大局和全方位开放格局中具有独特战略地位。

关中城郊型村庄作为陕西省乡村振兴优势重点区域，面临前所未有的发展机遇。乡村发展应践行绿色低碳发展理念，以"五大振兴"为目标，充分基于特色资源禀赋、乡村区域角色、战略地位和发展态势进行研判，盘活乡村资产，激发乡村潜力和活力，编制地域适应性强、可操作性强的乡村振兴规划，从而实现乡村振兴总目标。

# 二 关中城郊型村庄的典型特征与现实困境

## （一）典型特征

### 1. 城乡联系紧密，要素流动频繁

城郊乡村作为城市郊区和乡村地区的过渡地带，承担城市功能的外延拓展和乡村的可持续发展。城郊作为城乡利益与三生空间冲突最为强烈的地区，范畴有别于传统农区乡村，具有独特的空间特征和发展诉求。关中城郊型村庄具备城郊村庄的共性特点，即距城市较近、交通便捷，作为城市腹地，资金流、信息流、人才流等城乡要素流动更为频繁，城乡关系和经济社会特征多元复杂。城乡双向互动给乡村发展带来机遇，同时乡村发展为城市提供物质支撑和生态缓冲。受城镇吸引力和村庄自身推力的双重影响，大多数城郊村庄的发展策略是融入城镇空间、服务城镇经济，定位是为城镇提供居住、土地、劳动力和景观资源等保障要素的重要支撑。一方面，城郊村庄具备发展城郊休闲观光农业和文旅产业的先天优势，产业融合发展潜力较大，不仅能为城镇提供农副产品，也是城镇居民休闲度假首选的地点，客源基础较好；另一方面，城郊村庄受城镇化冲击和城镇空间扩张的影响更大，乡村环境易受污染，景观风貌易受城镇风格的同化，田园生态和乡土资源保护面临的挑战更大。

### 2. 产业基础扎实，资源禀赋集中

关中地区农业资源禀赋较佳，人力资源丰富，气候环境宜人，水土资源充沛，交通可达性强，涉农科技领先，电子商务初具规模，现代园区数量众多。关中是陕西省粮食生产和设施农业的集中区，是全国唯一的奶牛、奶山羊"双奶源"基地。其中，关中西部的宝鸡市是全国矮砧苹果栽培发源地和创新地，是中国矮化苹果之乡。其养蜂历史悠久，蜜源植物丰富，素有"中华蜜库"之美誉，是全国蜂农北上西去的重要中转地、是西北地区最大的蜂产品集散地和全国蜂产品指导价格形成地。眉县是猕猴桃的原产地和最佳优生区，是"中国猕猴桃之乡"。猕猴桃栽培面积 31.2 万亩，产量 59.5

万吨，产值44.4亿元。全市以眉县为主的猕猴桃栽培面积占全省的33%、全国的8%、全球的7%，产量占全省的51%、全国的20%、全球的13%。宝鸡乡村旅游产业初具规模，依托宝鸡秦岭优美的自然环境和浓厚的周文化底蕴，看太白六月积雪、住山野温泉民宿、品西凤美酒、享西府特色美食、赏渭河千亩荷塘成为全国乡村旅游精品线路。

### 3.历史底蕴深厚，关中特质鲜明

秦中自古帝王州，黄河文化是中华文化的根与魂，关中文化是黄河文化的主脉，是中华传统文化的根脉和根基。周礼秦制对中华文化的影响跨越千年，奠定黄河文明基调，汉唐是黄河文明的鼎盛时期，造就了关中的文化特质和较强的文化自信，形成以关中文化为核心、多元一体的文化体系，其中西周礼仪是中华传统文化的基本特征。关中文化在很长的历史时期中与国家文化重合、相得益彰，集中反映了中华思想文化主流和国家主导的意识形态，既承接河湟文化、陇右文化，又兼容河洛文化和齐鲁文化，具有原生性、根源性、正统性、连续性、包容性和创新性等特点，不仅是一种地域文化，还是一种源头文化、母体文化和主根文化。

得天独厚的地理环境造就了关中的文化特质，孕育出关中特有的乡土观念。关中自古经济富庶、以农为本，人们通过传统农耕即可实现自给自足，因此关中人的乡土情怀与对乡土的眷恋根基深厚，性格相对保守，这体现在关中传统民居上，其呈现"深宅、窄院、封闭"的空间特点，透露着古代"礼"的规范、"儒"的传承。关中八大怪中"房子半边盖"意在"乡间房子半边盖，省工省钱省木材，遮风避雨又御寒，肥水不流外人田"。在社会经济层面上，关中人的性格则表现出产业发展创新性不足、开拓性较差、与外界流通联系较少的特点。

## （二）现实困境

### 1.规划引领不足，发展盲目跟风

当前，随着政策利好，关中城郊乡村发展进入快车道，但是多数乡村对自身有什么区位优势、资源和产业优势认识不足、挖掘不够，缺乏长远谋划，只见表象不究本质，闻风而动，别的地方什么项目发展得好就赶紧跟风效仿，导致产业同质化严重，缺乏特色，产品质量差、无品牌，发展潜力和后劲不足。"关中印象体验地——袁家村模式"虽已获得成功，但并不适合所有乡村，照搬模仿常以失败告终，即使短期内跟风见效，但由于欠缺深究和科学规划，产业发展往往脱离实际，对资源的利用不充分，继而错失发展时机。因此，如何踏踏实实打造"一村一品"，利用优势资源从源头上壮大特色经济，成为关中城郊型村庄的待解难题。加强顶层设计引领性和方向性，科学编制适应自身发展实际的乡村振兴建设规划意义重大。

### 2.产业转型缓慢，内生动力不足

一方面，城镇化加速了关中村庄人口大量外流，村庄人口一部分迁移到城镇，一部分外出务工，高素质人才普遍去城镇就业，造成闲置民宅增加，老宅破败未及时拆除，新建住房空置浪费，留守老人和儿童增多，耕地撂荒，关中乡村"空心化""老龄化"严重。另一方面，现代农业的发展改变了农村生产生活方式，机械化耕种的普及对农业劳动力的需求大幅降低。虽然关中乡村土地面广集中，村民发展产业的愿望强烈，但乡村产业缺乏科学规划引导和资金技术支持，村民自发发展的产业很难达到规模化经营，集体经济受资金和技术限制，发展很难惠及所有村民，乡村产业经济效益不高且可提供的就业岗位有限，劳动力不足又限制第二、第三产业的发展，因此乡村发展内生动力不足，产业转型缓慢，村民宁愿外出务工也不愿返乡就业。

### 3.乡村风貌混杂，基础设施陈旧

关中城郊型村庄建村年代久远，目前村庄建筑主要建成于20世纪90年代至2000年前后，基础设施陈旧。近年来，村庄建设通常随政策变化呈现阶段性整改的特点，缺乏系统性规划，加之村民自建房长久未得到规范管理，村庄风貌总体上杂乱无序，地域特色逐渐式微。关中传统建造技艺和文化符号日渐丢失，部分建筑甚至套用南方风格建筑形制，简单粗暴的墙面粉刷、色彩杂乱的立面瓷砖严重影响了村庄形象，彩钢板、金属瓦、金属卷帘门等城市化材质的大量使用，与村庄整体风貌不协调。因此，急需对村庄建筑和风貌进行整体规划与综合整治，完善基础设施，提升村庄环境空间品质，才能真正传承好关中乡土文化，留住乡愁。

## 三 三岔村农旅融合规划案例研究

三岔村隶属宝鸡市凤翔区彪角镇，地处雍城湖南岸，距凤翔区东南仅 5 公里，距彪角镇镇区 8 公里，是典型的关中城郊型村庄。凤翔区按照中央"实现巩固拓展脱贫攻坚成果同乡村振兴有效衔接"的要求，制定出台《典型引领分类推进乡村振兴实施方案》，其中，三岔村被选为十大典型引领村之一。在国家和地方政策支持下，三岔村应顺势而为，以典型引领村创建为契机，破解发展难题，全面推动乡村振兴落到实处。

### （一）村庄概况

凤翔是秦雍城所在地，又称"关中西府""秦人老家"，凤翔府自古就是关中西府政治、经济和文化中心。秦统一六国前在凤翔建都长达 294 年，历 19 位国君，凤翔是其建都时间最长的地方，为中国第一个封建王朝秦奠基。东湖是我国宋代文学家苏轼在嘉祐七年（1062 年）任凤翔府签书判官时，借"饮凤池"挖掘疏浚、种莲植柳、建亭修桥、筑楼成阁、扩池而成，因地处凤翔城东取名东湖。如今，凤翔大东湖景区面积 6.6 平方公里，水域面积 1.7 平方公里，分东湖主景区、雍城湖大景区、饮凤苑湿地公园和六营民俗村四大板块。凤翔区委、区政府立足"先秦古都、佛教圣地、民间工艺美术之乡"的深厚底蕴，将雍城湖定位为凤翔后花园。

三岔村历经千年，始于秦汉，盛于唐宋，紧邻湖畔，林田相间，东邻小旗务村，北邻六营村，西邻高庄村，南邻上郭店村，总面积约 481 公顷，共15 个村民小组，1312 户 4890 人。其地处以大东湖景区为核心的中部历史文化板块、南部人文遗产景观廊道与滨水文化体验环线的交会点，在核心文化体验环线之上，历史积淀深厚，是中华传统农耕文化和军事文化特征鲜明的典型乡村。三岔村的先秦文化资源丰富，十四号秦公陵园墓和将军墓在滨湖村庄陵墓遗址中规模最大，三岔古堡、蛟龙寺、聚宝山娘娘庙、关帝庙、三岔沟道等是村民耳熟能详的乡愁记忆。三岔古堡耸立于雍水河南岸，倚塬傍水，四周壕沟深堑环绕，城下雍水抱堡流过，形成古雍城东南方向易守难攻的天然堡寨，是凤翔县最大、最险、最古老的传统堡寨。三岔村的非物质文化遗产丰富，凤翔四绝（见图1）和纸糊灯笼（见图2）手艺远近闻名。

| 驴钱肉 | 东湖柳和苏轼 | 西凤酒 | 姑娘手 |

**图1 凤翔四绝**

资料来源：三岔村乡村振兴建设规划项目组。

**图2 凤翔纸糊灯笼**

资料来源：三岔村乡村振兴建设规划项目组。

## （二）现状分析

### 1. 雍城湖旅游潜力巨大，但未借势利用

随着雍城湖生态修复和大景区规划不断深入，三岔村已成为城乡生态功能、文化休闲功能的主要承载区，是凤翔乡村振兴主阵地、重要农产品供给

地和湿地自然保护区重要管控区。目前，雍城湖大景区规划的各项目已逐步落地，周边乡村发展竞争激烈。三岔村坐拥优质生态文化资源，面对生态修复、文物保护和产业发展多重诉求叠加，应紧抓机遇借势发力，从生态保护、历史文化保护和绿色低碳发展中寻找突破，最大化借势雍城湖大景区的开发机遇，以三产发展为契机，依托大景区发展生态旅游，带动第一、第二产业的发展，将田园、水系、古堡等资源纳入大景区发展体系进行全域旅游一体化策划，用好资源，搞好产业，破解发展难题，才能从众多城郊型村庄中脱颖而出。

2. 历史遗迹丰富，活化利用不足

历史文化遗产是历史文化传承的载体，与村民生产生活密切相关。三岔村历史遗迹丰富，历史上大姓人家众多，民宅建筑极具关中特色。现存最大的遗址十四号秦公陵园墓，为秦雍城遗址中大型陵墓。由于东风水库建设和长期对历史文化保护缺乏重视，三岔村的优秀历史建筑大多年久失修，无人管理，除蛟龙桥、蛟龙寺等被东风水库（雍城湖）淹没，其他古迹大多遭到破坏。只有三岔古堡城墙基址和部分古树、古碑留存至今。"活化利用"历史文化遗产，不仅要物尽其用，将加强遗产保护利用与乡村现代功能相衔接，发挥文化价值和经济价值，还要真正激发乡村文化活力，赋予历史文化遗产新的生命力，实现良性循环，将三岔村乡土文化代代传承，彰显乡村文化自信。

3. 产业未成体系，土地利用低效粗放

三岔村现状产业以第一产业为主，包括以小麦、玉米为主的种植业，以奶牛、肉牛、生猪、蛋鸡为主的养殖业和以苹果、黄桃、花椒、花卉、苗木为主的林果业。现有三凤农业专业合作社、三岔村奶牛养殖专业合作社、陕西极飞智慧农业有限公司、陕西金宝丰专业合作社等。当前，三岔村抓住雍城湖开发的机遇，已流转雍城湖南岸400多亩土地，打造了千亩油菜花花海景观，带动了农民增收和村域产业发展。但由于农业转型发展缓慢，产业不够创新，三岔村未形成高效循环、可持续的产业体系，增收成效不足，各类产业发展呈现自发性、盲目性和滞后性，大量村民依然以外出务工为主要收入来源。

随着国土空间整治稳步推进，耕地保护力度不断加大，规划存量时代对土地综合利用的要求不断提高。目前，三岔村以农林草用地为主，用地结构相对单一，可建设开发用地集中于雍城湖南岸原有砖厂片区的工业用地，且乡村土地利用缺乏系统规划，土地利用方式低效粗放，现有闲置空间较多，未进行潜力挖掘、整理优化和再利用，尤其是对于乡村亟待发展的三产融合产业，没有明确的农文旅新业态功能用地，严重制约乡村产业项目快速落地。

**4.公共活动空间不足，基础设施亟须完善**

虽然三岔村现状公共服务设施覆盖面较为广，但休闲服务配套设施较少，公共活动空间较小，景观品质不高，与村民实际使用需求不匹配，简单的健身器材已不能满足村民日益增长的精神文化需求。市政基础设施不完善，现状道路以三王路、秦文北路和通村小组路为主，道路体系不健全，对于支撑三大产业发展的生产路和旅游路未进行统一规划。市政电网亟待升级改造，给排水系统未建立，雨污排放无序，垃圾堆放问题突出，村庄整体环境品质有待进一步提升。

## （三）发展思路

**1.落实底线约束，兼顾开发与保护**

三岔村应坚持在国土空间开发保护整体格局之下统筹各类空间需求，不占用永久基本农田、不触碰生态保护红线，严格按照历史文化保护管控要求，叠加各类资源要素控制范围，确定准入要求，明确全域自然资源管控图底。确定"从宏观策划到微观实施、从总体布局到项目落地"的规划思路，以粮食安全和生态安全为基本前提，合理引导各类产业的空间布局，以种植经济作物和奶牛养殖等为主，在管控政策允许范围内做精做细现代农业，利用建设用地做强生态农文旅产业，明确重点产业项目的用地落位与规模，构建适用于城郊型村庄的多重开发与保护诉求的空间发展模式，深入指导村庄产业做特做实。

**2.找准发展定位，因地因产制定目标**

以建成凤翔区宜居宜业魅力乡村、宝鸡市乡村产业创新高地、全国乡村振兴示范样板为规划总目标，三岔村必须充分挖掘区位、生态、产业、历史文化和空间资源优势，借势雍城湖大景区开发，践行"农业+文化+旅游"规划理念，将"湖""陵""田""花""窑"特色载体有机结合，发挥雍城湖遗址、三岔古堡、十四号秦公陵园墓和老砖窑的生态价值、历史价值和文化价值，突出先秦文化、古堡文化、乡土文化、砖窑文化的传承创新，构建"以农促旅、以旅带农，农旅融合"的现代农业、特色加工产业和生态文旅产业融合发展的产业链条，将三岔村打造为集特色种养殖、文化研学、休闲观光、亲子度假、乡宿体验于一体的城郊融合型魅力乡村。

### 3. 产业融合创新，建立绿色低碳产业体系

农村产业融合发展是构建现代乡村产业体系、实现乡村产业振兴的重要途径。三岔村在产业发展上应区别于城市产业的做法，立足于服务城市经济，利用城郊优势发展自身，增加非农业就业机会，转变农业生产方式，以产业融合新业态、新载体和新模式，吸纳农村富余劳动力和吸引外出人才返乡创业。具体来说，一是加强现代农业发展，如开发农副产品加工业，建设现代农业示范园区，引入数字化农业、智慧农业等模式，与西安、宝鸡和凤翔大企业结盟，为城市生产配套产品或向企业提供劳动力资源。发挥农业的多功能性，不仅要加强农产品和生态产品生产，还要发挥其在教育、文化、景观、休闲和康养方面的功能，推动产业链条延伸，促进农业与农产品加工、文化旅游、电商物流等第二、第三产业的深度融合。二是全面贯彻绿色低碳发展理念，集中优势发展生态观光民俗休闲旅游业，以农旅融合网红项目吸引城市居民前来打卡，丰富城市居民闲暇生活，推动乡村餐饮、住宿、艺术、摄影、垂钓等休闲服务业的发展，反过来带动第一、第二产业的发展，将生态保护与绿色建筑、绿色设施和绿色生活方式融入产业发展各环节，建立绿色低碳产业发展体系，实现三岔村产业发展提质增效。

### 4. 土地集约高效，鼓励复合多元利用

面对村庄建设用地指标吃紧、发展空间受限难题，三岔村应积极引导土地利用方式快速转变，促进土地集约高效利用。依据国家关于农村三产融合发展用地政策，探索对存量集体建设用地的用途进行再分类，按照合法、自愿、有偿原则，三岔村应探索在农民集体依法处理原有用地相关权利人的利益关系后，由村集体经济组织收回集体建设用地使用权，依据规划确定的经营性用途如实使用，或者根据农村产业项目实行就地入市。例如收回农民的宅基地统一管理经营进行年底收益分红；将依法登记的宅基地、乡镇企业用

地、乡村公共设施和公益事业用地等进行复合利用，发展乡村民宿、农产品加工、电子商务等乡村产业，村庄规划预留不超过 5% 的建设地，用于农村新产业、新业态，农村公共公益设施等。

### 5. 盘活闲置资产，多元主体共建共享

丰富的农村土地资源是增收致富之本、发展活力之源，是农村农民的比较优势。三岔村必须做好土地资源文章，通过租赁、置换、平整等手段，将边角山林、荒地、散地等闲置土地整合起来，或发展种养产业，或作为固定资产入股企业，赚取分红，获得长期收益，并带动产业发展。

农村产业融合的关键是构建公平合理的利益联结机制，三岔村可采取"公司+农户""公司+合作社+农户""电商+合作社+农户"等形式多样的利益联结机制，进行"订单收购+分红""土地流转+优先雇用+社会保障""农民入股+保底收益+按股分红"等，践行龙头企业、农民合作社、家庭农场、村集体和农民组成的共享型产业融合新模式，既从法律和政策上保护各新型主体的合法权益，又让广大农民分享更多产业链增值和融合发展的收益，从而促进农民持续稳定增收，最终实现各方利益共享。

## （四）乡村振兴规划策略

### 1. 借势——借势大东湖景区，勾勒优美生态本底

规划在三岔村旅游吸引点组织布局的基础上，结合镇村交通体系优化与雍城湖沿岸慢行体系建设，将农田、花海、历史资源与生态湿地资源统筹整合，将产业项目与大东湖景区重大项目进行串联，逐步融入先秦文化旅游区建设，实现三岔村与雍城湖大景区的联动发展，最终推动区域旅游的整体发展。

借势雍城湖联动发展示意如图 3 所示。

### 2. 融合——三产融合发展，创新植入农旅产业

三岔村产业以第一、第三产业为主，三产融合发展，打造"两心、两轴、五片区"的规划功能结构。三岔村运用数据时代的互联网，形成"农业+文化+旅游"的模式，紧抓农业基础，强化现代农业产业体系，拓展致富渠道，以多元产业结构带动就业，促进村域经济发展（见图4）。

三产融合规划

| | |
|---|---|
| 引流 | 雍城湖 → 三岔村 |

借势

| 客源 | 设施 | 定位 | 功能 |
|---|---|---|---|
| 35~55岁 | 环湖绿道 | 农旅结合 | 研学、餐饮、娱乐…… |

延展

环湖旅游+三岔特色

三者结合

| 传统农业种植 | 特色产品加工 | 乡村旅游 |
|---|---|---|

游客可享受的体验

| 环湖骑行 | 农耕体验 | 品尝土味 | 民宿度假 | 田园观光 | …… |
|---|---|---|---|---|---|

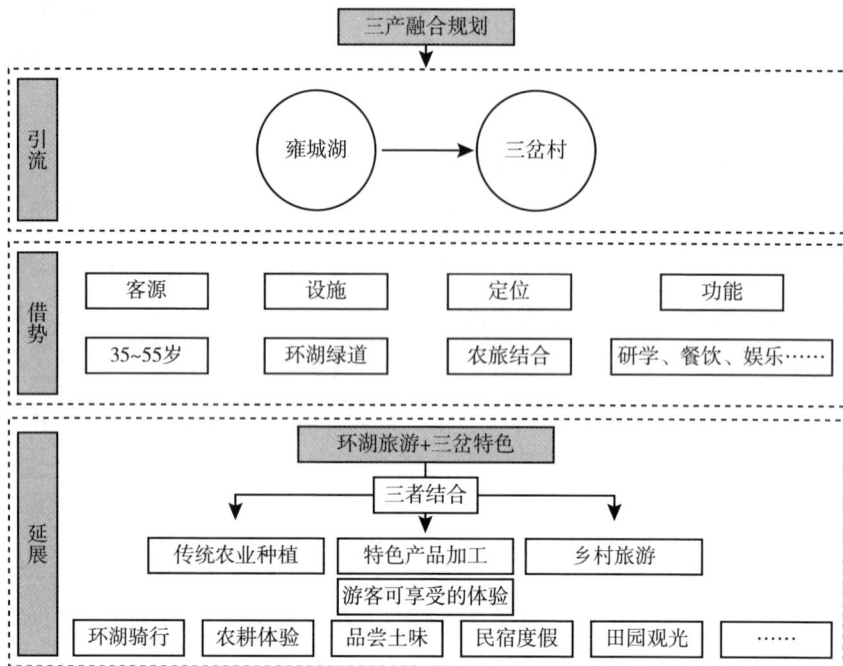

**图3 借势雍城湖联动发展路径**

资料来源：三岔村乡村振兴建设规划项目组。

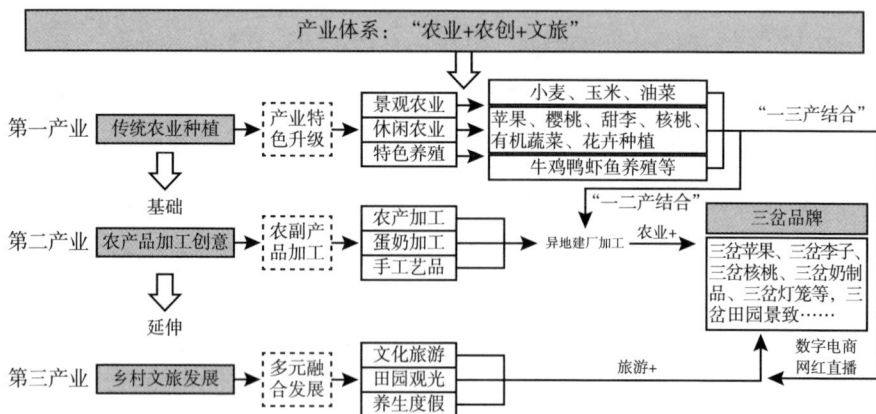

产业体系："农业+农创+文旅"

第一产业 传统农业种植 → 产业特色升级 → 景观农业／休闲农业／特色养殖
小麦、玉米、油菜
苹果、樱桃、甜李、核桃、有机蔬菜、花卉种植
牛鸡鸭虾鱼养殖等

"一三产结合"

基础

第二产业 农产品加工创意 → 农副产品加工 → 农产加工／蛋奶加工／手工艺品 → 异地建厂加工

"一二产结合" 农业+

三岔品牌
三岔苹果、三岔李子、三岔核桃、三岔奶制品、三岔灯笼等，三岔田园景致……

延伸

第三产业 乡村文旅发展 → 多元融合发展 → 文化旅游／田园观光／养生度假

旅游+

数字电商网红直播

**图4 "农业+农创+文旅"三产融合产业体系**

资料来源：三岔村乡村振兴规划项目组。

### 3. 高效——重点项目引爆，充分挖掘土地潜力

规划基于三产融合发展思路，通过梳理土地现状，将原有工业用地结合宅基地和周边农田进行综合利用，结合"外引内联"发展设想，利用生态和历史文化资源，策划农旅项目和设施提升项目，重点打造三大核心引擎项目：西府乐园、秦公陵园景区、西府里。

西府乐园围绕原砖厂及其周边片区，遵照修旧如旧的原则进行建筑更新后，置换其功能为砖瓦窑文化体验馆，结合古堡遗址重塑三岔八景，重点突出三岔沟道遗址景观与聚宝盆风水形胜；结合户外空间打造童趣亲子户外基地；结合农田打造农业观光体验基地；结合花海打造浪漫爱情圣地，配建附属商业及服务业设施、生态停车场及公共厕所等；打造沿湖绿道，串联各类重点项目与滨湖游憩点。秦公陵园景区结合陵墓封土等遗址打造先秦文化发祥地景点，包括对先秦遗址、遗物、遗风、遗存的发掘与包装；结合场地打造先秦文化主题公园，形成秦公文化研究院、农业休闲景观、林下休闲景观以及秦公文化展示核心区四大板块。西府里结合农贸产品智慧展销中心、三王路民俗特色项目、西府餐饮、精品民宿等凸显村庄综合服务基地的功能，发挥"农业+旅游"优势，赋能村庄发展。

### 4. 提质——设施品质提升，夯实支撑体系建设

产业发展离不开设施配套的支撑。规划对三岔村人居环境进行整治提升，从"拆、改、优、用、绿、标"等六大板块进行全面夯实。具体来说，拆除违规建筑并集中整治，利用公共空间进行场地提升改造，完善道路交通体系，提升道路环境品质，针对公共服务设施中文化和养老服务缺项进行针对性补齐，在市政设施规划中补充给排水、环卫、天然气和夜景照明系统，统计村内闲置农房，结合农旅产业进行再设计，对全村景观系统和植物配置进行优化设计，尤其对花海片区的植物配置进行重点优化，结合村庄主路口对全村标识系统进行设计，实现村庄生活品质全方位优化（见图5）。

### 5. 共享——多元主体参与，搭建共创共享平台

乡村振兴必须激发村庄各方主体，从政策、资金、人才、运营各方面入手。第一，三岔村应利用好政府宏观政策支持，在保障用地的基础上探索村

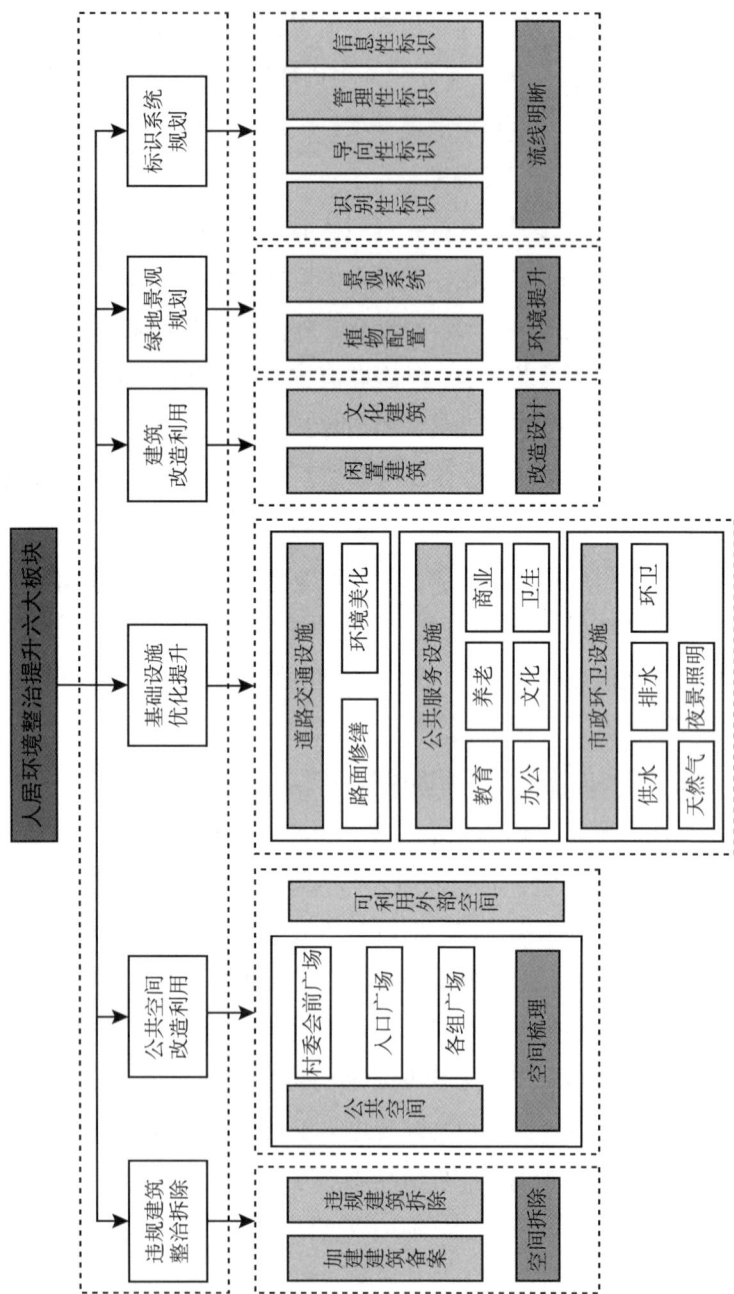

图5 三岔村人居环境品质提升路径

资料来源：三岔乡乡村振兴建设规划项目组。

集体、村民作价入股发展产业的新模式，壮大集体经济。第二，导入工商资本和社会资本，引导社会资本通过 EPC、ABO 等模式共同参与乡村振兴，由公司统一运营管理，形成投资建设、运营管理、招商合作良性循环合作模式。第三，吸引人才，鼓励村民返乡创业，用充足的就业岗位和可观的经济效益吸引高端人才入驻，建立政府主导、多方参与的推进机制，调动各方面资源参与乡村振兴示范村建设。第四，重视全村运营，提高各主体参与乡村振兴建设的热情，形成全村重视乡村振兴建设的氛围，把村集体、村民、企业、设计单位和广大乡贤能人的作用发挥到极致，构建兼顾效益公平的共创共赢共享平台（见图6）。

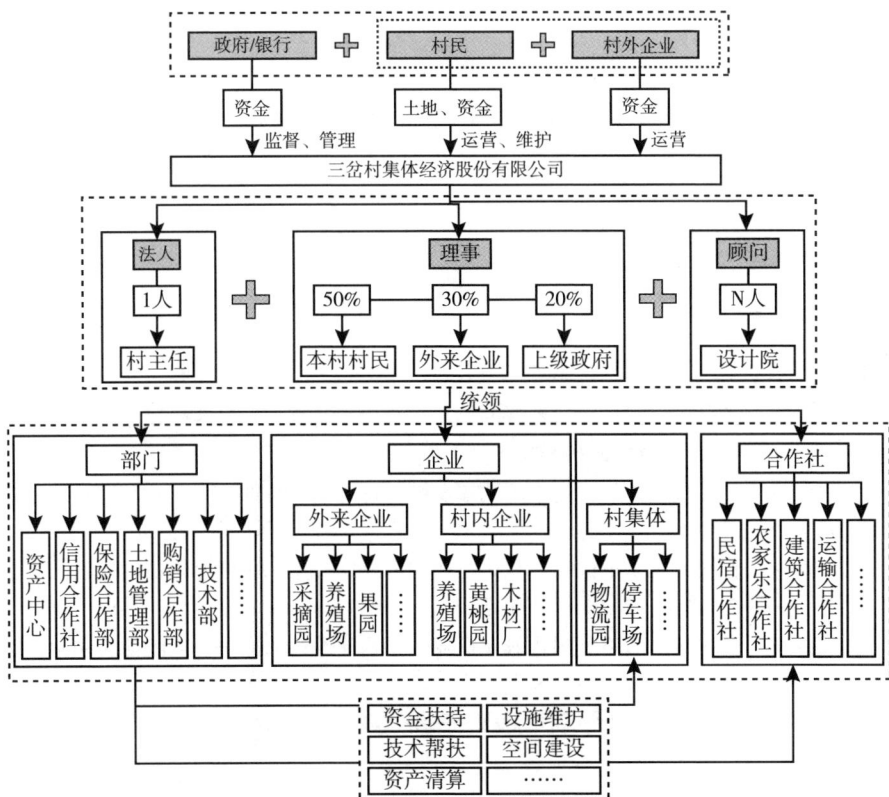

**图 6　三岔村实施运营机制**

资料来源：三岔村乡村振兴建设规划项目组。

# 四 结语

本报告通过研究关中城郊型村庄的典型特征和现实困境，综合研判关中城郊型村庄发展态势，以创建凤翔区三岔村乡村振兴典型引领村为契机，研究得出三岔村发展应充分借势雍城湖大景区开发，深入挖掘乡村生态资源、历史文化资源和土地资源潜力，构建"以农促旅、以旅带农，农旅融合"的现代农业、特色加工产业和生态文旅产业融合发展的产业链条，重点关注产业谋划、土地利用、空间布局和实施运营等内容，突出村庄资源整合、产业创新和产品塑造，实施"借势+融合+高效+提质+共享"规划策略，走农旅产业融合协同联动发展之路。积极动员乡村多元主体投入乡村振兴建设，从本质上提升乡村振兴内生动力，实现田园美、产业兴、环境优、村民富的乡村振兴典型引领村发展目标。

**参考文献**

白理刚、鲍巧玲：《城郊乡村地区的城乡融合规划研究——以西昌市东部城郊乡村地区为例》，《小城镇建设》2019 年第 5 期。

张媛等：《"多规融合"导向下的城郊乡村空间优化策略研究》，《中外建筑》2021 年第 10 期。

许宏彬：《在统筹视角下的城郊地区村庄规划编制探索——以厦门市同安区五显镇村庄为例》，《福建建筑》2021 年第 11 期。

赵国锋：《乡村振兴战略下现代农业产业体系构建路径研究——以陕西关中地区为例》，《湖北农业科学》2019 年第 19 期。

陕西省统计局、国家统计局陕西调查总队编《陕西统计年鉴 2021》，中国统计出版社，2021。

# B.16
# 延安市宝塔区数字乡村建设
# 赋能乡村振兴的实践与探索*

智　敏　温向瞳**

**摘　要：** 数字乡村建设是乡村振兴的战略方向和关键举措。作为陕西省首批数字乡村试点地区，延安市宝塔区紧抓数字经济发展机遇，积极探索特色主导产业数字化发展新模式，建立完善农村电商经营体系，统筹推进乡村数字化治理，数字乡村建设成效显著，为实现乡村全面振兴注入了数字化新动力。宝塔区依托数字乡村建设赋能乡村振兴的成功实践对陕西省加快推进数字乡村建设，激活乡村振兴新动能，具有较强的示范意义和借鉴价值。

**关键词：** 数字乡村　乡村振兴　宝塔区

## 一　数字乡村建设赋能乡村振兴的路径

随着数字乡村建设的大力推进，数字技术加快融入乡村生产生活场景，并在促进乡村产业发展、人才培育、文化繁荣、生态保护和乡村治理等方面持续注入新动能，数字乡村建设是乡村振兴的战略方向和关键举措。

### （一）数字乡村建设赋能产业振兴

一是数字乡村建设有利于推进数字资源与生产要素的融合，实现先进数

---

* 该成果系陕西省社会科学院2022年重点课题（22ZD04）阶段性成果。

** 智敏，陕西省社会科学院农村发展研究所助理研究员，研究方向为农村经济；温向瞳，延安市富县羊泉镇人民政府党委委员，副镇长，研究方向为数字乡村振兴建设。

字信息技术对传统农业产业的升级改造，推动农业农村经济向数字化、智能化方向发展。数字乡村的建设，必然伴随数字基础设施的不断完善和技术的研发运用。结合物联网、人工智能等数字技术，利用无人机、传感器等设备，通过对育种信息、土壤条件、光照强度等关键农业信息的数据化分析，农业实现精准化种植，有效提升种植效率。同时，基于数字技术可以实现对农业生产过程的实时监控，实现包括病虫害防治、智能化施肥和精准化灌溉等精细化作业，推动农业生产过程自动化、智能化、精准化，提升农业生产效率。

二是数字乡村建设有利于突破传统农业资源局限，推动互联网与特色农业深度融合，涌现了观光农业、创意农业、康养农业等新产业和新业态，有效地拓展了传统农业功能，促进农业与第二产业、第三产业的融合，加快实现农业的立体化产业延伸与变现，为乡村产业振兴提供新的动力。

三是数字经济有利于缓解信息不对称、拓宽乡村产业产品销售渠道。数字乡村建设，推动电子商务参与乡村产业发展，有效地拓展了乡村产业参与主体、销售品种和产品规模等，并为供需双方提供有效的沟通平台，利用电子商务大数据，提高了供给与需求的匹配度，利用直播、短视频和朋友圈等多种营销形式，畅通了特色农产品的销售渠道与流通体系。

### （二）数字乡村建设赋能人才振兴

一是充分运用数字技术借力乡村振兴"外脑"。数字乡村的发展，可以打破地理位置、交通条件和体制因素的限制，借助网络工具畅通人才与乡村的沟通渠道，利用微信、抖音、微博等平台，通过文字、视频和电话会议等形式，为城市专业技术人才向基层提供技术指导、信息咨询等服务提供平台与渠道，实现与乡村振兴"外脑"的知识分享与经验交流，为乡村振兴提供坚实的智力支撑。

二是依托数字经济发展吸引返乡人员创新创业。随着数字乡村建设的推进，城乡数字鸿沟不断缩小，数字技术与乡村生产生活加深融合。乡村数字经济发展成效显著，2021年，全国农村网络零售额实现2.05万亿元，农产品网络零售额实现 4221 亿元，[①] 吸引了大批大学生、退役军人、农民工返乡创业，为进一步挖掘农村数字经济新业态提供了人才支撑。

三是充分利用网络资源提升农民数字素养。农村居民不仅是数字乡村的建设者，还是数字乡村建设成果的直接受益人。数字经济时代，为广大农村居民提供了丰富的线上学习资源和便利的学习渠道，农村居民通过音频、视频和互动式学习方式，可以及时获得专业技能培训和行业市场信息。低成本、高效率、多元化的学习方式，有利于增强农村居民参与数字乡村建设的意识、能力和积极性，使农村居民真正享受数字化时代带来的红利。

### （三）数字乡村建设赋能文化振兴

一是数字技术与乡村文化资源的融合，推动了乡村文化产品生产和消费方式的创新，为文化产业与文化建设协同发展提供动力。数字技术的应用，有利于突破传统文化资源、地理位置、交通条件的限制，不断拓展乡村文化产业形态和产品范围。数字文旅、智慧旅游等新业态，扩大了新技术场景在乡村文化资源中的应用，实现了乡村自然风光、生产生活和故事传说的场景还原，催生了沉浸式民宿和嵌入式文化演艺等乡村文化产品，实现了乡村文化资源的盘活与创新。乡村文化的数字化为消费者特别是城市消费群体更直观地了解乡村文化提供了平台，为乡村旅游、休闲康养新业态的发展拓展了空间。随着乡村信息基础设施的逐步完善、智能移动终端在乡村的普及，农村生产生活的数字化程度不断提高，手机成为"新农具"，直播带货成为"新农活"，吸引了一大批农村群众运用抖音、快手等平台"云"推介乡村文创产品和非遗产品，拓展了乡土文化产品的销售渠道，也推动了乡村文化产品制作、生产和销售的全产业链发展。

二是数字乡村建设优化了乡村文化公共服务供给，对丰富乡村文化生活、提振乡村居民精神文化风貌有重要的推动作用。数字乡村建设必然伴随

---

① 《〈中国电子商务报告（2021）〉发布：去年我国电子商务交易额达 42.3 万亿元》，"中国青年报"百家号，2022 年 9 月 1 日，https：//baijiahao.baidu.com/s？id = 17427515527 52159352&wfr=spider&for=pc。

信息基础设施的完善，能够突破时空限制，打通文化服务的"最后一公里"，通过数字农家书屋、农村文化信息资源共享工程等项目，为群众提供均等化与标准化的公共文化服务。同时，通过大数据比对分析，公共文化服务提供者能精准掌握基层群众的喜好和潜在需求，更精准地提供文化公共服务。

### （四）数字乡村建设赋能生态振兴

一是数字乡村建设有利于农业生产方式集约化、绿色化发展，加速农业生产过程低能耗、污染少、生态友好特征的实现。"互联网+"种植模式可以实现农产品从种植到收获的全程区块链动态监控和智能化控制，结合土壤、温度和光照条件，智能化控制化肥等投入品的使用。同时，数字经济的信息传递与资源统筹功能有利于实现农产品生产、流通、加工、销售环节的全流程跟踪、检测和追溯，促进全产业链质量管控体系的建立，推动农产品从田间地头到餐桌的绿色发展。

二是数字智能技术能够赋能乡村精准治污。充分发挥大数据、人工智能等数字智能技术在乡村环境污染治理中的作用，能够实现对农民生产生活导致的环境污染实时、可视化监测和精准溯源，为科学治污提供数据支撑。

### （五）数字乡村建设赋能基层乡村治理

互联网、大数据、人工智能等信息技术在农村的普及与运用，不仅对农村居民的生产生活方式有着深刻的影响，也有利于政务服务数字化水平的提升，推动了乡村治理现代化的实现。将数字技术应用到基层政务服务领域，打破了传统政务服务方式对时间和距离的限制。线上智能化管理将数字化应用和基层治理融合在一起，促进了基层治理流程的简化与效率的提升，越来越多的信息发布与行政事务办理采用线上方式。同时，数字乡村的建设带来了信息技术与社会保障的深度融合，加快了医疗、教育和交通等线上公共服务的实现，促进了公共服务向农村地区的均等化延伸。线上政务服务的普及和推广，有效推动了基层干部的思想观念转变、工作方法创新和工作效率提升，为提升农村基层组织服务水平，实现乡村组织振兴提供有力支持。

## 二 宝塔区数字乡村建设赋能乡村振兴的实践

作为陕西省首批数字乡村试点地区，延安市宝塔区紧抓数字经济发展机遇，积极探索特色主导产业数字化发展新模式，建立完善农村电商经营体系，统筹推进乡村数字化治理，数字乡村建设成效显著，2021 年被评为陕西省数字乡村发展最佳实践案例，为实现乡村全面振兴注入了数字化新动力。

### （一）强化信息基础设施建设，夯实乡村振兴基础支撑

信息化基础设施的完善是数字乡村建设的前提和基础，能够有力的推动大数据、物联网和人工智能等信息技术与农业生产经营的深度融合，有效提高基层公共服务供给能力，更好地满足农村居民日益增长的多元化需求。为有效促进数字经济与数字新基建发展，宝塔区出台了加快推进数字经济发展行动计划和加快促进新经济、新基建的"双新融合"系列政策。自被确立为数字乡村建设试点以来，宝塔区积极推动信息基础设施建设，共布局 5G 网络基站 942 个，完成配套建设 825 个，开通 712 个，基本完成了景区、商区、交通枢纽、医院、政府等重点区域的 5G 网络覆盖，并不断推进 5G 与乡村产业、基层治理、教育、医疗和交通等应用场景的深度融合与规模化发展。全区 320 个行政村实现 4G 移动网络全覆盖，行政村光纤宽带接通率达 100%。[①] 推进"i-Shaanxi 智慧延安"公益无线铺设，各乡镇活动广场、便民服务大厅等公共场所实现免费 Wi-Fi 覆盖。结合发展实际，推广应用物联网技术，加快智能电网、智慧水利等建设，基本实现数字化管理。

其中，宝塔区倾力打造的"宝您满意"智慧民生系列应用平台获 2021 年陕西省数字乡村发展最佳实践案例。"宝您满意"平台包括智慧乡村、掌上社

---

① 数据来源于延安市宝塔区委网信办。

区、阳光政府、一键办税和一码通行等十个应用场景,智慧乡村是宝塔区主要面对乡村的数字化治理和服务平台。智慧乡村线上平台以村庄广播"大喇叭"、智慧广电"小电视"和智能手机"小屏幕"的"一大两小"为依托,将党务、村务、商务、服务、事务"五务"合一,涵盖70多项功能。

### (二)积极推动产业数字化和数字产业化,夯实乡村振兴产业支撑

一是推进乡村产业数字化转型。利用物联网、大数据、人工智能等技术手段发展精准农业、智慧农业,促进数字技术与传统农业生产要素的深度融合,推进现代农业新技术新产品向园区、基地集聚,提高农业生产自动化、可控化和智能化水平,实现农业生产的精确操作和智能决策。全区累计启动建设省市级现代农业示范园区15个,其中省级2个、市级13个,累计建设面积3.5万亩,完成投资3.11亿元,园区产值达1.2亿元。[①] 不断完善川口牛田寺、柳林后孔家沟、临镇庙塬等数字果园服务功能,通过物联网和大数据进行智慧管控。

其中,河庄坪镇万庄村积极探索大数据与农村现代化发展的深度融合路径,智慧农业发展成效显著。借助现代生产技术,推动苹果种植智能化发展,开发运用6套果园微气候观测系统让果农随时掌握果树生长气候,3个超视距视频可监控每一棵苹果的生长过程,技术人员根据遥感反馈的数据进行分析、监测,实现精细化的管理。

二是大力培育数字乡村新产业。在推动传统产业数字化升级的同时,积极引入和培育乡村数字经济新产业、新业态,推动三产深度融合发展,优化乡村产业结构类型,拓宽乡村产业发展空间。加强数字文旅建设,推广"圣地延安数字博物馆群"旅游云平台,建设大枣园、侯家沟、冯庄青年小镇、甘谷驿古驿站四景区和延安县委县政府旧址、蟠龙战役旧址博物馆等项目,打造万花佛道坪民宿—木兰山居—柳苑民宿—宝塔窑苑—枣园栖居—金延安·众里民宿—赵家岸红谣—冯庄康坪民宿精品旅游线路,打造10个民宿、采摘、垂钓、认养、定制等一体化乡村旅游示范点,提升乡村旅游品

---

① 数据来源于延安市宝塔区区委网信办。

质。大力推广"延安有我一棵苹果树"公益公用品牌，创新"共享经济+定制农业+文旅服务"苹果销售模式，实现线上认领、线下体验、多元互动。建立从田间地头到销售终端的绿色通道，全力打造"果业+旅游+文化+大数据"的现代果业发展新模式，提升每一颗果、每一棵树、每一亩园的综合效益，累计完成认养果树 10 万余棵。

三是农村电子商务蓬勃发展。依托宝塔区特色农产品资源，打造农村电商物流服务体系，加快电商促产业、进乡村。建立区公共服务中心、乡镇站、村级点三级电商产业发展服务体系，完善 8 个乡镇电子商务站点服务功能，推动农村电子商务在农民合作社、农特产品店、农业示范户中普及应用。引导农民在线下营销推广的同时，充分利用直播、短视频、微信朋友圈等平台拓宽销售渠道。建立"政府+企业（合作社）+电商+物流+农民"的全产业链合作关系，通过宝塔区电商直播融合孵化中心，有针对性的开展专业系统的培训，多次举办直播带货活动，2021 年宝塔区建成 5 个线上消费扶贫馆、9 个智能专柜，苹果线上销售近 30%。

### （三）注重农民数字素养提升，夯实乡村振兴人才支撑

一是注重借智"外脑"强内功。2018 年 12 月，山仑院士工作站在宝塔区河庄坪镇万庄村建成运行，西北农林科技大学的专家及研究团队常年驻站搞科研，豆菜轮茬、坑施肥水和蚯蚓肥等科研成果的转化，对河庄坪镇万庄村主导产业提质增效发挥了积极的推动作用。与延安大学食用菌专家、延安市微生物研究所专门组建了食用菌技术指导组，组成专家团队定期开展种植技术培训，盘活闲置川地资源，流转 65 亩土地，建设万庄村特色食用菌栽培基地，引进农业企业、种植大户规模种植生产香菇、木耳、金丝皇菊、滑子菇、羊肚菌等高附加值农作物，不断提升产业品质效益。

二是大力支持电商人才培育。组织辖区农特产品种植户以及各市场经营主体服务人员开展电子商务技能培训，每年培训总人数不低于 1000 人次，奖补资金不低于 70 万元。对从事电子商务孵化的涉农企业，每新孵化 1 户涉农电子商务企业（孵化企业年销售额须在 50 万元以上）奖补 3 万元。

三是积极推进新型科技人才培育。采用群众喜闻乐见和易于接受的方式，加强数字乡村应用场景的宣传和示范，不断提高农民学习运用数字技术的意愿，推广"互联网+农业"培训，依托延安职业技术学院、延安大学以及民办职业技能培训机构，对基层干部、科技人员、产业大户因人而异开展各类产业技术培训，培育高素质农民，更好地助力数字乡村建设。

### （四）大力提升乡村治理信息化水平，夯实乡村振兴组织支撑

一是大力推动"互联网+党建"。推广应用延安"互联网+党建"云平台，实现村级党组织互联网接入全覆盖，农村党员在线学习、在线培训、在线考试、在线缴纳党费等。推广应用延安党建云视讯平台，实现市、区、乡镇、村四级互联互通，实时在线召开远程会议、开展培训学习。通过智慧乡村平台，流动党员可以在家和其他党员一起参加每月的支部主题党日活动。

二是有效提升乡村信息化治理水平。依托"智慧乡村"线上平台助力乡村社会治理，以村庄广播"大喇叭"、智慧广电"小电视"和智能手机"小屏幕"的"一大两小"为依托，将党务、村务、商务、服务、事务"五务"合一，有效推动了"互联网+政务服务"向乡村延伸覆盖，促进基层乡村治理体系信息化。农民群众可以在手机上看到村里的每日动态和最新政策通知，村民们能清楚地看到财务资金使用情况。此外，村民有需要服务的事项，可以通过书记信箱向村支部书记咨询，村支书及时解答，极大地方便了群众。

三是积极推进智慧联防系统建设。冯庄乡康坪村在村内、周边和主要交通要道安装了智慧联防系统，该系统与公安机关直接联网，农民群众通过一部手机，就可以实时掌握自家院子和大棚情况，不仅提高了农业产业的科技含量，还提升了农村安全防范水平。驻村工作队协调通信运营商，使村民可享受智慧联防系统服务。

### （五）聚力数字服务，推进乡村公共服务便民化

一是推动乡村教育信息化。升级改造宝塔区教育城域网设备，实现校园网络全覆盖，班班通多媒体教室全覆盖并全部接入宝塔教育城域网，网络总

出口达到1000M。深化"三通二平台"建设与应用，推动数字教育资源共享应用，建成"宝塔区智慧教育云平台"，开展校级资源库建设和资源聚集，形成全区数字教育资源公共服务体系，实现"一点接入、全区共享"。

二是完善民生保障信息服务。加快发展"互联网+医疗健康"，建成宝塔区全民卫生健康信息平台，该平台集成基层医疗机构（乡镇卫生院、村卫生室）业务管理、公共卫生服务，对接妇幼、健康一体机、中医馆等各项业务子系统，并与省、市平台完成对接，完善省、市、县、乡四级远程医疗服务网络，有效提升基层医疗服务能力和效率。通过线上"三务"公开、政务服务等板块，及时公示低保申请、户籍办理、医保社保办理等事项，做到信息多跑路、群众少跑腿。

## 三 宝塔区数字乡村建设赋能乡村振兴实践的启示

### （一）信息基础设施建设是实现数字乡村建设赋能乡村全面振兴的基础

数字乡村建设赋能乡村全面振兴，首先要加强农村地区特别是偏远地区的信息基础设施建设。一是要深入实施信息进村入户工程，重点加强光纤宽带、网络信号等信息基础设施向偏远地区的延伸和覆盖，加快5G、人工智能、物联网等新型网络基础设施建设，不断提升信息技术在农业农村的普及率和覆盖率。宝塔区已实现320个行政村4G移动网络全覆盖，行政村光纤宽带100%接通，为推动农村信息基础设施共建共享提供了有力的支撑。二是要建立和完善农业农村综合信息服务平台，结合地区实际开发适应农业生产实践和农村生活服务的信息技术产品和应用软件，提高基层公共服务质量。"宝您满意"智慧乡村是宝塔区针对乡村数字化治理、服务量身打造的智慧民生应用平台，为推进乡村治理能力现代化发挥了重要作用。三是要加快乡村传统基础设施的数字化改造和升级，推动包括公路、水利、农产品生产加工等设施的数字化转型和智能化升级。宝塔区积极推广应用物联网技术，加快智能电网、智慧水利等建设，努力推动数字化管理的实现，实现信息共网共享，为乡村振兴提供先导性物质条件。

### （二）提升农民数字素养是实现数字乡村建设赋能乡村全面振兴的关键

人才是实现乡村振兴的关键要素，加强农民数字素养和技能培训是顺应数字时代的发展、匹配日益完善的信息基础设施、提升农民素质、促进人全面发展的重要任务。农民群众既是数字乡村的建设主体，也是数字乡村建设的直接受益群体，加快数字乡村建设，要充分发挥其主观能动性。数字人才的供需矛盾是数字乡村建设亟待解决的问题之一。宝塔区在数字乡村建设过程中，充分利用现有教育资源，积极吸收外部优质资源，设立山仑院士工作站，加强与西北农林科技大学、延安大学、延安市微生物研究所等高校和科研院所协同合作，多渠道、多形式的鼓励人才下乡，为数字乡村建设与乡村振兴提供智力支撑。因人而异开展数字化素养和技能、现代化科学技术培训，切实提高农民数字化应用能力和增强农民参与意识，推动农民群众积极广泛地参与数字乡村建设。

### （三）数字赋能产业是实现数字乡村建设、助力乡村全面振兴的根本

乡村产业兴旺是实现乡村全面振兴的关键和前提，我国大多数农村以农业生产为主，普遍面临产业结构单一、产品附加值低的难题，数字信息技术与传统农业资源深度融合，有利于推动传统农业的数字化改造和智能化升级，为实现乡村产业的高质量发展提供了契机。宝塔区抢抓数字经济发展机遇，探索特色主导产业数字化发展新模式，建立健全农村电商经营体系，引进培育数字经济新业态、新产业，数字赋能产业发展成效显著。一是努力构建数字农业生产体系。将大数据、人工智能和物联网等技术引入农业生产经营过程，推动数字技术在农业生产、经营和管理等环节与传统生产要素的深度融合，不断提升农业生产经营效率。二是培育乡村数字经济新业态。以数

字技术为手段，推动农业与文化、旅游、教育和康养等产业的跨界融合，不断挖掘新模式、新业态的潜力，为推动乡村产业振兴注入新动能和新活力。宝塔区深入推广"延安有我一棵苹果树"公益公用品牌，创新"共享经济+定制农业+文旅服务"苹果销售模式。开发推广"圣地延安数字博物馆群"旅游云平台，着力促进数字文旅建设，是数字化赋能乡村产业振兴的有益探索。三是不断完善数字农业流通体系。出台政策，明确对电商助农的政策奖补，建立区公共服务中心、乡镇站、村级点三级电商产业发展服务体系，推动农村电子商务在农民合作社、农特产品店、农业示范户中普及应用。培育农村电商产品品牌，推动线上线下协同营销，提高农产品流通效率。

### （四）有力的政策支持是实现数字乡村建设助力乡村全面振兴的保障

数字乡村建设是一项系统工程，需要政府统筹引导社会力量广泛参与，既需要顶层设计的指导，也需要相关政策法规的保障，还需要激励政策强化利益关系，为各主体积极参与数字乡村建设实践提供协作动力。宝塔区在数字乡村建设过程中，持续强化激励政策的引导效用，发挥优秀案例的先锋示范作用，充分激活社会力量参与数字乡村建设的积极性和主动性。2022 年，宝塔区委、区政府印发了《宝塔区现代农业特色产业高质量发展奖补办法》，明确电商助农的政策奖补。一是支持"最后一公里"服务体系建设。经营主体在乡镇建设电子商务服务站的、300 人以上的行政村建设电商服务点的，每年分别给予 6000 元、2000 元的补贴。二是支持农特产品线上销售。对在辖区注册、区商务部门备案，线上销售以苹果为主要农特产品的企业、合作社、个体户或果农，按照年网络销售额给予一次性 1 万~6 万元不等的奖补。三是支持电商人才培育。组织辖区农特产品种植户以及各市场经营主体服务人员开展电子商务技能培训，每年培训总人数不低于1000 人次，奖补资金不低于 70 万元。对从事电子商务孵化的涉农企业，每新孵化 1 户涉农电子商务企业（孵化企业年销售额须在 50 万元以上）奖补 3 万元。四是支持农特产品品牌推广。通过制作高质量短视频，在抖音、快手等新媒体上对辖区以苹果为主的农特产品、特色商品进行宣传推广的，按照浏览量奖励 1 万~5 万元，充分调动了农民群众和社会力量参与数字乡村建设的积极性。

## 参考文献

杨江华、刘亚辉：《数字乡村建设激活乡村产业振兴的路径机制研究》，《福建论坛》（人文社会科学版）2022 年第 2 期。

董志勇、李大铭、李成明：《数字乡村建设赋能乡村振兴：关键问题与优化路径》，《行政管理改革》2022 年第 6 期。

张蕴萍、栾菁：《数字经济赋能乡村振兴：理论机制、制约因素与推进路径》，《改革》2022 年第 5 期。

顾怡：《数字经济赋能乡村振兴的困境与路径探究》，《南方农业》2022 年第 10 期。

郭朝先、苗雨菲：《数字经济促进乡村产业振兴的机理与路径》，中国知网，https：//kns. cnki. net/kcms/detail/11. 4558. g. 20220902. 1138. 002. html。

张兆曙：《参与困境、场景升级与数字乡村的全景治理——对湖州市"数字乡村一张图"治理平台的案例研究》，《浙江学刊》2022 年第 5 期。

# B.17
# 清涧"盒马村":创新政企合作
# 推动订单农业标准化

清涧盒马村项目课题组*

**摘 要:** 乡村振兴是一个复杂的系统工程,融合发展乡村产业是实现乡村振兴的关键。本报告基于清涧县与盒马鲜生合作打造"盒马村"的实践经验,以及政企合作推动订单农业标准化的阶段性思考总结,对提高农民收入、提升产品品牌效益、促进农业发展、助力乡村全面振兴进行有益探索。

**关键词:** 盒马 政企合作 订单农业 清涧县

习近平总书记指出,"促进共同富裕,最艰巨最繁重的任务仍然在农村"①,"把广大农民对美好生活的向往化为推动乡村振兴的动力,把维护广大农民根本利益、促进广大农民共同富裕作为出发点和落脚点"②。在新一轮科技革命和产业变革引领下,数字化转型成为全球农业发展的重要趋势。清涧县地处黄土高原腹地、黄河秦晋大峡谷西岸、榆林市最南端,全县总面积1881平方公里,清涧县大棚、高标准农田等资源丰富,农村劳动力短缺、管理技术落后,造成了农产品质量不高、农民收益低的现象。清涧县为盘活

---

* 课题组组长:朱国锋,清涧县人民政府副县长,研究方向为产业振兴与乡村振兴融合发展。副组长:桑海欧,西安盒马网络科技公司总经理,研究方向为消费互联网与产业互联网的融合发展。主要成员:梁玉、郑华。

① 闻言:《新时代"三农"工作的行动纲领和根本遵循》,《人民日报》2022年7月12日,第6版。

② 刘华东:《顺应亿万农民对美好生活的向往》,《光明日报》2021年5月1日,第2版。

"沉睡"的资源，依托阿里巴巴集团乡村振兴项目扶持，创建了陕西首个"盒马县"。"盒马县"通过以销定产的方式助力乡村振兴，围绕建立农产品直采供应基地、互联网大数据精准服务等方面进行深度合作，推动清涧县农产品标准化、精细化、品牌化发展。"盒马县"建成之后，盒马鲜生（以下简称"盒马"）将与清涧县围绕本地名优农特产展开数字化建设，一起致力于培育第二、第三产业乃至产业带，为形成产业集群打好"地基"。

# 一 合作背景

清涧县属于典型的黄土高原丘陵沟壑区，其中梁峁坡地和沟坡地分别占总面积的48.9%、41.5%，农产品质量参差不齐，品牌影响力不大。目前，清涧县农业生产标准化程度低，导致农产品产量低，质量参差不齐。农产品加工小而散，以初级产品为主，缺乏精深加工产品，二次增值产品少、高科技产品少，产品数量较少、质量较低，"两品一标"、良好农业规范和名特优新农产品认证少。清涧县虽有公共母品牌"塬上清涧"，但没有直接凸显农畜产品的子品牌。在品牌设计、创建、宣传推广上投入不足，缺乏后劲。清涧小米、清涧红薯、清涧红梅杏、清涧黑毛土猪等农产品的销售、服务体系不完备，信息网络不健全，还没有形成区域公用品牌效应，也就不能在高端市场占得一席之地。

随着农业现代化的发展，农业的业态在不断地创新，订单农业便是其中一种。农业的发展规模、发展方式，以及农产品种类都在不断革新并取得了良好的效果。在实际发展过程中，公司和农户的合作越来越密切，合作领域越来越广泛。在乡村振兴过程中，订单农业的发展让农户和企业发挥自身的优势，合理分配资源，实现共赢，同时成为实现农业现代化的强力助推剂，特别是阿里巴巴集团旗下的盒马，在订单农业方面有着成熟的经验和绝对的优势。根据盒马消费者端订单进行有计划的种植、养殖农产品的村镇，是阿里巴巴集团数字农业基地的典型代表，同样是现代农村农业数字化转型、现代化发展的新样本。"盒马村"通过数字科技建设

"产—供—销"平台，让农村从分散不连片、独立不集中的生产基地升级为现代农业数字产业链的一部分，让农民种植、养殖更加现代化、数字化，让农民可以用新的办法种出好东西，卖出好价格。2022年是阿里巴巴集团帮扶清涧县的第三年，阿里巴巴集团对清涧县乡村振兴发展有着很深的情怀和成熟的帮扶经验。

2022年5月31日，清涧县与盒马战略合作签约暨"盒马县"揭牌仪式在该县高杰村镇高杰村蔬菜大棚基地举行，这是阿里巴巴集团、盒马（中国）有限公司在陕西建立的首个"盒马县"。"盒马县"是基于双方合作打造蔬菜、水果、肉禽和地理标志产品等多个"盒马村"的共同支撑，发展数字农业村庄，并在种植、养殖标准，产销对接等方面提供技术指导与培训。"盒马村"是指根据盒马订单，产销之间形成长期、稳定的供应关系，发展数字农业的村庄。基地与盒马形成稳定的供应关系，带着建设上游基地的使命，基于大数据及精确洞察消费者需求的能力，向基地种植户反馈消费者的需求，推动产品精细化、标准化和数字化改造，发展"农业+数字化基地"。目前已确定双庙河便民服务中心前惠家河村为黑毛土猪"盒马村"、高杰村镇高杰村为特色蔬菜"盒马村"，从以量取胜走向以质取胜，标准化、规范化地生产出高质量的产品，卖出好价钱，让农民的钱包鼓起来，推动订单农业标准化。

## 二　合作条件

### （一）清涧县特色农业颇具优势

清涧农特产品的优势。清涧县紧紧围绕"优质枣果、文化旅游、生态养殖、特色农业、传统加工和新能源"六大产业精准施策，初步形成了"东枣西果"和"一心、两带、三区"的产业布局，即以县城为中心的农产品加工、商贸、物流中心，沿国道242绿色养殖加工发展带和沿黄生态经济发展带，东部红枣及林下经济发展区，中部果蔬及小杂粮发展区，西部苹果、特色种植及生态养殖发展区。全县耕地面积62.5万亩,宜机化高标准农田10万亩,坝地6.8万亩,川台地6.1万亩,水浇地2355亩,常年粮食播种面积52.5万亩左右。农作物主要有玉米、谷子、马铃薯、红薯、高粱、糜子、小麦、豆类、花生、芝麻、葵花等几十个种类。红枣盛果林面积60万亩,主要分布在东部乡镇。红梅杏总面积2.6万亩,主要分布在石咀驿镇、乐堂堡便民服务中心、宽州镇一带。山地苹果面积10.8万亩,挂果面积6.5万亩,盛果面积4.3万亩,主要品种为红富士、嘎啦、维纳斯黄金等。2021年,全县农林牧渔业总产值40.27亿元,农村居民人均可支配收入达到12689元。

### (二)阿里巴巴集团网络科技兴农优势

阿里巴巴集团充分用好22年来沉淀的能力,持续发挥科技和商业相结合的优势,让数字技术和平台能力更具创新性地应用于乡村发展的实际,在不确定性中寻找确定性促产业。阿里巴巴集团大力促进核心产业的可持续、高质量发展,其优势和能力正在于在互联网上架设信息高速公路,帮助农户对接到市场,让他们能够享受到数字红利。中国的乡村软硬基础设施均已经走在世界前列,数字化正从消费端的"餐桌"走向更上游的"土地",逐步打通研产供销全链路。阿里巴巴集团正围绕当地的优势、资源和条件,进行产业规划和产业链上角色的调整,并且利用完备的基础设施,对接全国市场,提升附加值,为当地的经济发展做贡献。

### (三)合作基础

阿里巴巴集团对清涧的帮扶情怀、成熟的帮扶经验以及企业社会责任。2019年开始,阿里巴巴集团与蚂蚁集团持续投入资源,从人才、产业、科技以及社会保障等方面助力清涧巩固拓展脱贫攻坚成果同乡村振兴有效衔接,并派出阿里巴巴集团乡村振兴特派员长期驻扎清涧,重点支持清涧发展,阿里巴巴集团的热心帮扶和显著成效得到清涧各界高度认可。盒马是阿里巴巴集团在新零售领域孕育了三年多的项目,提出了探索重构"人货场"

的新零售模式。2016 年 1 月 15 日，盒马首家门店（上海金桥广场店）开业，同时盒马 App 建成投产使用，线上可以为周边约 3 公里的居民提供最快 30 分钟送达的服务，用户们将可以享受到盒马线上服务的区域称为 "盒区房"。作为未来新零售的开创者，盒马是阿里巴巴在线新经济的排头兵，依托大数据、信息化、移动互联、自建物流体系深扎零售、餐饮、物流及供应链体系，以互联网思维重构传统零售业态，形成线上线下一体化新零售平台。新零售是把消费者体验作为核心，以大数据为驱动，运用物联网、人工智能等技术手段，对商品生产、流通与销售过程进行升级改造，实现线上服务、线下体验以及现代物流深度融合的零售形态。通过把线上零售端数据和线下生产端数据打通，依托互联网平台整合分散的资源，实现精准的买卖匹配和订单匹配，进而拉动新的消费需求。

盒马是通过数据驱动，线上线下与现代物流技术完全融合的创新型业态。作为一个数据和技术共同驱动的新零售平台企业，盒马既是超市，也是餐厅，还是菜市场，同时提供外送服务，满足消费者在不同场景的多种消费需求。盒马长期以来高度重视农业的规模化、产业化、品牌化发展，秉承绿色可持续发展理念，全力打造农业强、农村美、农民富的乡村振兴之路。盒马在全国的快速布局，不仅满足了各地消费者在消费升级大环境下对品质及品类的需求，还依托基地直采模式，助推各地农产品向外输出，大大加快农村经济发展。

"盒马村" 的核心是盒马用技术打通农业上下游、用数据连通生产和消费、用体验建立销售和品牌。与此同时，盒马不断跟上游的优质农产品基地结盟，通过直采去掉中间环节，重构生鲜供应链，为消费者带来差异化的优质生鲜农商品。解决传统农业供需结构性矛盾，运用大数据驱动供需再平衡，采用 C2M 模式在线将消费需求精准传导给上游种养端，从种养、包装、冷链、销售、配送、售后等环节深度管控，从田间地头直接到百姓餐桌，形成以市场需求为导向的数字化、标准化订单农业。新农业更多是用新零售及大数据去指导农业生产、运输、销售、加工等整个流程，实现 C2B 的订单农业。消费大数据分析可以有效辅助农业企业快速调整农产品加工、包装方式，给予人才、技术、物流、资金支持，向企业输送数字化、精细化运营方案，提高农业企业市场适应力、竞争力，打造农业高品质、数字化运营标杆。

"盒马村"的创建是盒马助力乡村振兴、建设上游基地的使命。"盒马村"基于盒马大数据支撑及长期精确洞察消费者需求的能力，向基地种植户反馈消费者的需求，从而推动农产品精细化和标准化的种植。根据盒马的订单进行种植、养殖农产品的村镇，是阿里巴巴数字农业基地的典型代表，也是现代农村转型、发展的新样本。

# 三 合作实践

## （一）清涧县全面支持

"盒马县"的创建做到了"六有"，即有统一规划、有生产标准、有扶持政策、有检测手段、有市场网络、有服务体系。

### 1.加强优质农产品基地建设规划

围绕"盒马县"创建目标，抓好"盒马村""盒马镇"建设的规划、选址。每镇至少要建立 1 个面积不小于 50 亩的优质农产品生产基地，鼓励发展 100 亩以上优质生产基地。建设引种、试种、繁育和营销一体化基地，推进全县蔬菜栽培技术的不断更新和品种的不断创新，解决当前存在的育苗难、技术更新慢的问题。实现农产品生产、加工、流通等环节的全程监管，积极开展农业良好规范（GAP）认证，申请对清涧红梅杏、清涧苹果、清涧大葱等地理标志产品的保护，全力推进农业标准化基地建设。

### 2.完善配套政策和扶持措施

制定完善的农业配套政策和资金扶持措施，确保蔬菜、水果等产业健康、快速稳定发展。县级财政通过每年预算不低于 1000 万元的现代农业发展专项资金加强对盒马基地的扶持。对于成功打造盒马农特产品直采基地的，一次性给予 5 万元的奖励；对于首年销售额达到 20 万元以上的水果蔬菜基地、50 万元以上的黑毛土猪基地（经县农投产业有限公司年终汇总统计），给予销售额的 15%返点奖励；对于第二年、第三年销售额达到 80 万元以上的水果蔬菜基地、150 万元以上的黑毛土猪基地（经县农投产业有限公司年终汇总统计），给予销售额的 12%返点奖励；对于年度考核前三的基地，奖励 1 万~3 万元；对取得绿色食品、有机农产品认证的农产品生产基地分别给予 2 万元、3 万元的一次性认证补助；对取得国家、省市农业名牌产品的蔬菜生产企业分别给予 5 万元、3 万元的奖励。奖励资金可用作对基地做出贡献的相关人员奖金。

### 3. 试验示范，重视品种选育

坚持市场导向，因地制宜，选准主推品种，形成拳头产品。针对清涧县设施农业缺乏主推品种、农户盲目引种、品种多而杂的现实问题，建议财政每年安排 20 万元~30 万元资金，从国内外引进优良品种，开展试验示范，从中选出适宜清涧县推广的新品种、新技术。同时出台以推广优良种苗、新型肥料、新型农药为主的补贴政策，通过政策引导，选用国内外 1~2 个优良品种，创建地理标志产品。

### 4. 加强农产品质量安全监督

建立以县级农产品质量安全监测机构为核心，以农产品主产区、"菜篮子"产品基地、农产品批发市场质检站为依托，覆盖全县的农产品质检体系。引导和督促农产品生产企业、农产品批发市场、农产品生产基地等设立或者委托农产品质量安全检测机构，开展农产品质量安全检测工作，促进安全优质生产，不断提高产品质量安全水平。农产品质量安全监督检测机构对辖区内的农产品特别是蔬菜基地产品进行严格检测把关，并作为市场准入条件。加快流通体系建设。在与盒马深度合作的基础上，在红梅杏、苹果等大宗农产品主产区扶持下建设一个以上与生产基地相配套的农产品批发市场，建设好农产品质量安全检测机构和信息交流网络。鼓励农产品生产加工企业和批发市场开展加工配送和直供直销；鼓励基地与加工、流通企业加强联合发展订单农业；大力培育蔬菜营销大户，通过中介组织将一家一户的小生产与大市场联结起来，实现农产品的专业化和集约化流通；推进农业信息服务体系建设，实现农产品供求和价格传输的信息化。推进服务社会化。整合县级农业推广单位、农业科研院所等服务资源，以健全和完善动检、防疫体系为重点，形成县、镇、村一体化的现代农业公益服务体系。支持合作社、专业技术协会、龙头企业围绕生产、加工、流通等环节，开展多种形式的经营性服务，实现农业服务社会化。积极探索政府购买服务方式，通过委托、招标等，引导农民专业合作社等社会力量承担公益性农技推广服务项目，创新疫病防控、投入品供应、技术培训等公益性服务实现形式，建立内容丰富、主体多元、形式多样的社会化服务体系。

### （二）阿里巴巴集团及盒马企业助力建设

#### 1. 选派乡村振兴特派员

2021年，随着脱贫攻坚的胜利、乡村振兴的全面开启，阿里巴巴集团"脱贫特派员"调整为阿里巴巴集团"乡村振兴特派员"，主要工作开展方向从五大脱贫升级为三大振兴。目前，阿里巴巴集团向清涧县派出1位乡村振兴特派员，驻扎到清涧县参与乡村振兴工作。乡村振兴特派员们扎根基层，真情为民，以实际行动为巩固拓展脱贫攻坚成果同乡村振兴有效衔接贡献力量，也为未来更多企业开展帮扶工作提供了路径参考。

#### 2. 注重品牌打造

为响应国家乡村振兴战略，充分保障上游产地与商品的品质安全，盒马自2019年启动"盒马村"订单农业新模式，助推农产品上行与农业产业升级。截至2022年初，盒马已在全国19个省份创建136个"盒马村"。随着近几年盒马在全国快速拓展，"盒马村"已从先前"试点期"转向"成熟期"。在商品规划方面，"盒马村"聚焦果蔬、肉蛋禽、水产、鲜花、常温乳制品等品类，开展全品类发展规划，致力于打造体系完善、品类丰富的盒马村。

在我国经济内在驱动力转变的背景下，提升消费品质是人民的必然需求，加之疫情发生后，人们对健康愈加重视，无农药、无化肥、无激素、无转基因的有机生鲜消费占比在逐步扩大，有机蔬菜已成为未来发展的一种趋势。

2021 年冬，盒马西安团队调研清涧县黑毛土猪、红枣汁、红梅杏和大棚蔬菜等十多款特色农产品，将清涧县黑毛土猪定义为"日跑 2 万步的黑毛土猪"，给黑毛土猪规定了体重范围，根据市场需求联合技术人员制定出 35 项养殖标准，并开始对农户进行培训。养殖标准细致到每个环节，比如：黑毛土猪不是越肥越好，其第 6 根和第 7 根肋骨之间的膘厚度不能超过 3 厘米。为了让黑毛土猪瘦身，技术团队为黑毛土猪装上了计步器，每天要跑够 2 万步才算达标。黑毛土猪生长周期超过 300 天，生猪毛重在 230～260 斤，才符合上市标准。通过阿里巴巴集团的溯源平台，每头猪都有了"身份编码"，查阅数字 ID 就能获得这头猪的品种、生长天数、体重、进食状况、运动频次等具体养殖信息。

### 3. 流水线标准化建设

通过增加标准化生产线完善整个供应链，引入农产品加工龙头企业得利斯对黑毛土猪进行分级加工并进行统一包装。2022 年 5 月下旬，黑毛土猪在盒马西安区域上架，截至 2022 年 12 月已增加至 12 款产品，销售额不断上涨，养殖户收益大增。清涧"盒马村"的建设，通过订单农业模式将农业基地作为盒马供应链的重要环节，从而让看天吃饭、丰产不丰收的养殖农业增强了生产的确定性。基地按照订单需求进行养殖，随后进行精包装，再通过盒马卖给全国的消费者，帮助农户提升初级农产品的附加值。兴一个产业，活一片经济，富一方群众。"盒马村"的建设可以带动周边生态高质量发展，帮助地方做强基础产业、做优特色农业产业，不断强化农业产业辐射带动能力，为全面推进乡村振兴贡献"盒马力量"。几年来，盒马挖掘了一批陕西的好产品并使其走向全国，不少"盒马村"的特产从各县田间地头直达盒马货架，盒区房消费者点点手机，足不出户即可尝遍陕西美味。

### 4. 互联网助力农业产业兴旺

产业兴旺是乡村经济社会发展的根基，也是实现乡村振兴的关键所在。

从脱贫攻坚阶段的平台、直播、一县一业三大电商脱贫模式，到如今阿里巴巴集团通过自身数字化能力，在农业方面将消费互联网与产业互联网相结合，持续助力乡村产业兴旺。阿里巴巴集团乡村振兴基金通过协调内外部资源，以"品+商+通路+基建"为农业产业发展思路，帮助欠发达县域进行产业规划，打造县域品牌，培养电商人才，聚合平台资源，打通线上线下渠道，帮助欠发达县域培育造血能力，增强自我发展动力。

## 四 成效及展望

2022年，清涧县与盒马按照"统一种、统一收、统一销"的总体思路，加快品牌打造，加强合作。黑毛土猪、红枣汁、大棚蔬菜等10多种产品已通过盒马陆续面市，示范基地产的乳瓜、水果番茄、贝贝南瓜已上市，盒马供应价格高于市场价格的10%左右，其中黑毛土猪肉售价上涨3倍，实现了农产品增值、农户增收、企业增效。示范基地的建设形成可操作、可执行、可落地的方案，在全县领域内推广，2022年下半年建成6个"盒马村"（其中蔬菜大棚基地3个，黑毛土猪基地3个）作为试验基地，目标销售任务200万元。到2023年建成15个"盒马村"（其中蔬菜大棚基地10个，黑毛土猪基地5个），目标销售任务1500万元。2024年初步形成相应的市场机制，目标销售任务3000万元。

下一步，清涧县全面加强与盒马、得利斯等公司合作，通过发展订单农业，引导农民发展优质产业，逐步破解产业规划、科学种养、质量把控、仓储物流、品牌创建、市场营销等问题。注重培养"经济能人"并发挥其带动效应，强化农村"三资"管理，增强"体外造血"功能，把农业发展与农民增收结合起来，稳健地行走在产业更强、农村更美、农民更富的大道上。

### （一）示范引领，创新传统种植模式

以"盒马村"建设为抓手，建设一批农业标准化示范基地，在牛家湾、高杰村流转闲置大棚108亩，建立盒马蔬菜种植试验基地，在双庙河前惠家

河村建立黑毛土猪养殖示范基地。创新"五个统一"的运营模式，即统一资源调度、统一技术指导、统一生产标准、统一管理销售、统一品牌塑造。推行标准化生产，提升技术水平，加速产业化经营，做到"生产环境不污染、违禁农药不使用、化肥使用不超量、农药残留不超标、产品质量有标准、包装标识有规范"。

### （二）搭盒马快车，促多产业融合发展

以项目为抓手，鼓励和引导农户和专业合作经济组织投资发展设施蔬菜、生态养殖、山地果园。推动主导产业延链补链和种养、产供销、农工贸有机结合，促进三产融合发展。重点扶持果蔬储藏、保鲜、烘干、分类分级包装和运输等初加工产业建设；支持建立"集中屠宰、品牌经营、冷链运输、冷鲜上市"产销模式，鼓励经营主体主动对接知名销售商、大型批发市场、连锁商超、营销龙头企业等，抢占市场份额。预计到 2025 年，形成日供应鲜肉 1 万斤、蔬菜 5 万斤、水果 2 万斤，冷链、仓储等配套设施齐全，建成陕北优质农副产品集散中心，建立完善的农产品产地准出、市场准入、质量追溯等制度，保障农产品质量安全。

### （三）加大宣传，打造特色农产品品牌

通过盒马品牌影响力，盘活"沉睡"的资源，实现"从农田到餐桌"全程追溯、精准管控，农业转型创出新样板，实施现代农业品牌发展战略，紧紧围绕红梅杏、黑毛土猪等特色优势产业，打造一批品牌效应好、市场前景广的地方特色名优农产品品牌；积极申请对清涧红梅杏、清涧苹果、清涧大葱等地理标志产品的保护，努力提高农产品的质量和市场竞争力。鼓励农村新型集体经济组织、龙头企业争创名优农产品品牌，打造清涧果蔬区域公共品牌，提升村集体经济发展活力，促进农业结构调整、农民增收和农业可持续发展，逐步实现清涧县小农户与现代农业有效衔接，有效解决了清涧县农村大量劳动力外出、土地撂荒现象突出、农民纯收益相对薄弱的问题。

　　未来，中国将从农业大国转变成数字农业大国，农业提质增效方式也将

从完全依赖自然资源向依赖信息资源和科技资源转变。"盒马村"作为连接纽带，城乡鸿沟不断缩小，通过数字化城乡结合更加紧密，代表了中国农村发展的新形态。农民将成为新型产业农民，农业将升级为数字农业，农村也将成长为数字化乡村。

**参考文献**

李曜舟：《新时代我国订单农业发展研究》，《乡村科技》2019 年第 21 期。

王琳：《实现共同富裕的助推器 以数字经济助力农业增效农民增收》，《人民日报》2022 年 7 月 7 日，第 9 版。

# B.18

# 合阳县沟北村新型农村集体经济促进共同富裕的行动逻辑<sup>*</sup>

合阳县沟北村新型农村集体经济
促进共同富裕的行动逻辑[*]

王伟勤 计光睿[**]

**摘 要：** 新型农村集体经济的发展是中国乡村治理现代化实现的基础条件，是全面推进乡村振兴、促进共同富裕的重要经济形式。基于集体行动理论视角，遵循价值逻辑、情感逻辑与理性逻辑取向一致，合阳县沟北村新型农村集体经济创新了制度赋权、党建引领、农户参与的集体行动模式，即通过制度赋权营造乡村经济变革的制度环境，基层党支部嵌入新型农村集体经济发展的全过程，以市场化为驱动力量，引导农户积极参与，促进新型农村集体经济发展，实现共同富裕。

**关键词：** 新型农村集体经济 制度赋权 党建引领 共同富裕 合阳县沟北村

## 一 研究背景与问题提出

乡村振兴是决胜全面建成小康社会，全面建设社会主义现代化国家，推动农业与农村现代化，实现农业强、农村美、农民富的重大战略部署。新型

---

* 该成果系 2022 年度陕西省人大财经委高质量发展专题调研课题"县域视角下乡村振兴战略实施中的政府引领研究"（2022HZ1503）的阶段性成果。
** 王伟勤，西北政法大学政治与公共管理学院副教授，研究方向为农村社会风险；计光睿，西北政法大学政治与公共管理学院硕士研究生，研究方向为政治学理论。

农村集体经济作为乡村产业振兴的重要载体，在动员农民组织参与、加强集体精神、实现共同富裕方面发挥着重要作用。在国家政策指引下，全国各地结合地方具体情况，新型农村集体经济发展不同实践模式取得明显成效。随着农业和农村经济体制改革日趋深入，陕西新型农村集体经济不但存在东西地区发展不平衡问题，也存在省内资源禀赋、发展状况不同引起的发展不平衡问题，陕西脱贫地区如何促进新型农村集体经济组织发展？如何培育市场化改革利益取向下农民的集体精神？如何以新型农村集体经济带领农户实现共同富裕？这些既是推进农村集体经济发展的重要议题，也是乡村社会治理要破解的现实难题。

陕西省各县市积极探索新型农村集体经济发展模式，"农村集体产权制度改革以来，省委、省政府立足全省实际，大力推进'三变'改革，不断盘活农村资源资产，充分释放改革红利，全省新型农村集体经济快速发展。2020 年，全省 13538 个村集体有了收益，占有集体资产村的 73.2%；年度分红村达到 5349 个，123.7 万名农民拿到分红，分红总额达 4.8 亿元。新型农村集体经济正在成为广大农村引领经济发展、促进农民增收、实现乡村振兴的'火车头'"。① 陕西新型农村集体经济实践案例，如丹凤县、石泉县、富平县、汉阴县、铜川市耀州区王家砭村等为面向 2035 年农业农村现代化提供丰富的理论成果与借鉴模式。值得一提的是，陕西县域范围内因资源禀赋不同，不同县市在新型农村集体经济发展创新与引领方面，不仅要交流、学习、借鉴，还要结合现状，因地制宜。因此，在陕西县域范围内，探索多样化的集体经济发展模式尤为重要。

陕西省合阳县深入贯彻习近平总书记关于"三农"工作的重要论述，积极开展农村集体经济改革试点和探寻工作，率先在金裕镇沟北村开展农村集体产权制度改革，发展合作社、电商公司、家庭农场、专业大户等经营实体，实现了由传统农业到现代农业的华丽转型，为中西部经济欠发达地区的

---

① 艾永华：《大河涨水小河满——陕西推进"三变"改革发展新型农村集体经济纪实》，《陕西日报》2021 年 9 月 13 日，第 14 版。

农村集体产权制度改革提供了经验借鉴。① 在沟北村已有集体产权制度改革研究的基础上，本报告进一步探索沟北村创新新型农村集体经济促进村民共同富裕的集体行动背后的逻辑，以及这样的行动逻辑在其他村庄可复制、推广的途径。

综合上述分析，本报告试图以陕西省合阳县沟北村新型农村集体经济发展为例，基于价值逻辑、情感逻辑与理性逻辑一致性行动逻辑视角，构建制度赋权、党建引领、农户参与的集体行动模式，探究沟北村促进共同富裕案例成功背后的逻辑，为县域新型农村集体经济发展提供经验借鉴。

## 二　分析框架与案例选取

### （一）分析框架的建构

#### 1.中国特色社会主义制度优势理论

共同富裕是兼顾公平与效率，有利于实现人的全面发展的普遍富裕。西方国家在平等与效率之间反复挣扎，无法实现共同富裕的根本原因在于"制度陷阱"。资本主义制度有固有的缺陷，即财富和收入不平等扩大的经济内生性与财富和收入不平等合法化的文化内生性。② 中国特色社会主义制度是适合当代中国国情的制度选择，内蕴着多重制度优势，而将制度优势转化为治理效能的根本动力主体在于中国共产党。③ 作为一个使命型政党，中国共产党毫无私利，全心全意为人民服务，将扎实推进共同富裕作为时代赋予的政治重任。中国共产党将自己的历史使命与人民对美好生活的向往统一起来，在价值取向与情感取向上以人民利益为根本。

---

① 李美杰：《沟北村发展集体经济样本观察》，《农村经营管理》2021 年第 7 期。
② 汪毅霖：《推进共同富裕的西方制度陷阱与中国制度优势——以皮凯蒂对西方和中国的共同富裕前景的看法为参照系》，《学术界》2022 年第 8 期。
③ 胡洪彬：《制度优势转化为国家治理效能的政治系统分析》，《政治学研究》2021 年第 3 期。

### 2. 集体行动理论

20世纪60年代之前，理论界普遍认为集体行动追求共同利益，对每个参与者都有好处，集体行动可以自发形成。20世纪60年代左右，"公地悲剧""囚徒困境""搭便车问题"等理论对此提出质疑，奥尔森认为在成员数量少，成员之间存在差异，采取强制措施、激励措施和惩罚措施，私有化和外部接管情况下可以形成集体行动，集体行动的形成依赖外界对于参与者的强制和激励。埃莉诺·奥斯特罗姆发展了集体行动理论，可以称为新集体行动理论。新集体行动理论认为，集体行动建立在一定社会资本积累基础上，集体行动的参与者需要建立集体行动组织。人的行为类型不是仅有自私类型，而是在完全自私和完全利他之间连续分布，包括互惠合作、惩罚者、不公平厌恶、利他等多种类型。集体行动的形成以成员互相信任为前提，作为一个互惠合作类型的参与者，在集体行动的过程中往往会先观察其他参与者的行为类型，如果观察到其他参与者也是互惠合作类型的，进而预判到其他参与者会提供自身资源和采取合作行为，因此，自己也会提供自身资源和采取合作行为，集体行动得以形成。[①]

### 3. 新型农村集体经济发展的分析框架

基于上述分析，本报告运用制度优势理论与集体行动理论建构分析框架，以个案分析对关注的研究问题进行探索。

追求共同富裕是集体行动的远景目标，新型农村集体经济发展是实现共同富裕的重要组织载体。中国共产党作为执政党，始终将为人民谋幸福、为民族谋复兴作为历史使命。为推进共同富裕，执政党与国家在宏观上制定关于农村集体产权制度改革的部署安排，地方政府在微观上进行产权制度改革试点、在制度上保障新型农村集体经济，都遵循以人民为中心的价值逻辑与情感逻辑；农村基层党组织更是遵循以增进人民福祉、实现人民幸福为使命和初心的价值逻辑与情感逻辑，农户遵循理性逻辑，以社会网络和声誉促进合作互惠。执政党、国家、农户遵循价值逻辑、情感逻辑与理性逻辑取向一

---

① 秦愚：《利用新集体行动理论揭示农民合作社制度》，《农业经济问题》2018年第3期。

致，达成在远景层面上实现共同富裕、在当前树立新型农村集体经济的集体行动取向的共识；制度赋权、村支部引领、农户积极参与新型农村集体经济的行动共建，农户收入增长，农户积极参与、合作意识增强，农村公共精神增强，新型农村集体经济行动成果得以共享（见图1）。

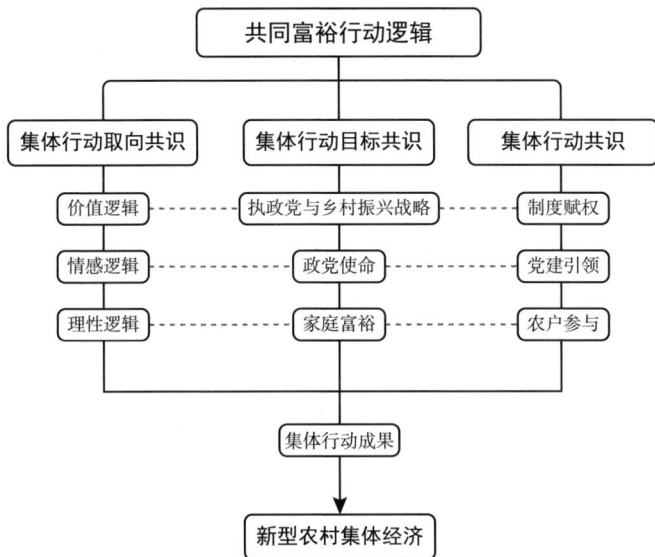

**图1 新型农村集体经济促进共同富裕的行动逻辑分析框架**

## （二）案例选取

为了更好地契合研究问题，本报告在选择案例时考虑到以下两点：一方面是案例具有代表性，提高研究结论的信度；另一方面是案例具有独特性，找出案例具有的独特内生条件，以便推广经验，为县内乃至省内其他自然资源禀赋不足的村庄集体经济经营发展提供模式，发挥以点带面的辐射作用。

### 1.案例的典型性

本研究以陕西省渭南市合阳县沟北村所开展的集体产权改革为研究对象。合阳县辖区内大部分村庄面临自然资源匮乏、资金不足、人才流失等问题。沟北村远离合阳县城，两面环沟，多旱少雨，属于典型的渭北旱塬；自然条件相对较差，农业靠天吃饭，经济基础薄弱。全村5个村民小组，327户1267人。

2.案例的独特性

沟北村成为合阳县新型农村集体经济经营的成功案例有以下几个因素：首先，村庄拥有适宜规模化经营的流转土地资源；其次，村庄有一个团结协作并发挥核心领导作用的村党支部，有一批领导能力出众、既有时代超前意识又通乡风民俗的带头人；最后，沟北村民风淳朴且村民之间有信任合作的社会关系网，即有促进集体行动的社会资本。这些村庄独特的社会资源是促进农村集体经济经营成功的内部动力。

本报告以陕西省合阳县沟北村2011~2022年发展集体经济的阶段性重点工作为研究对象，并于2022年7月在沟北村进行实地调研，在调研过程中，课题组围绕沟北村集体产权改革的机制与成效、党建下乡与基层治理等议题对县、镇政府相关部门负责人，沟北村集体组织的负责人，沟北村两委重要成员以及相关群众进行交流访谈，并参考政府公告、政策文本等资料。

## 三 沟北村新型农村集体经济经营模式实践创新

农村集体经济是实现乡村振兴的重要途径。新型农村集体经济的培育与壮大，可为乡村治理现代化提供必要的物质保障与组织支撑，同时在增续乡村脱贫扶贫成果，实现城乡共同富裕的过程中作用显著。为此，乡村治理主体需要注重乡村地区集体产业的稳定发展，激发内生发展动能，激活产业发展活力。① 在乡村社会的治理场域中，新型农村集体经济的发展受到国家行政力量和社会力量的影响，即一方面受到来自上层政府的宏观调控和制度安排的影响，另一方面会基于乡村自身传统和原生资源进行实践探索。

---

① 《中共中央国务院关于全面推进乡村振兴加快农业农村现代化的意见》，中国政府网，2021年2月21日，http://www.gov.cn/zhengce/2021-02/21/content_5588098.htm。

## （一）制度赋权沟北村合作社发展

### 1. 以土地流转支持经营方式转变

"中国是大国小农，小农在我国具有长期性，是我国农业的基本生产经营单元和农业农村发展的基础力量。"[①] 全面推进乡村振兴，建设现代农业强国需要实现农户经营与现代农业有效衔接与共同发展。在新发展阶段，乡村基层治理主体通过创新农村土地制度将小农经营融入现代农业，实现乡村共同富裕与基层治理现代化。

为整合农业发展规模，形成市场化、产业化经营，促进新时代农民、农村、农业的同时发展，2011 年陕西省合阳县沟北村以村产业服务中心为依托，利用平整土地项目形成的 100 多亩集体土地，成立果蔬、红提两个专业合作社。随后在农户自愿基础上，采取"确权确定面积不确地块"的办法，将 216 户 1200 多亩农户家庭承包土地经营权流转到村产业服务中心，由果蔬、红提两个专业合作社进行统一规划种植品种和种植板块，从而推动了全区农村土地的有效整合，三年内仅蔬菜、水果种植就带动村民人均纯收入达到 8050 元。沟北村农村集体股份经济合作社自 2017 年 11 月挂牌成立，通过整合闲置地、置换机动地、群众互换地的办法，引导农民流转土地，村集体将土地按规划流转给农业企业、家庭农场、种植大户，实现了经营主体的多元化，全区连片发展樱桃 800 亩、苹果 600 亩、红提 300 亩、杂果 600 亩。[②] 概括来说，沟北村集体产权制度改革的核心内容是，通过制度创新推动农民的合作，进而提高农业的组织规模程度，以综合性的经济合作社为发展基础，进一步整合资本作为集体股份经济合作社，最终实现农民富裕、农业农村健康发展。

### 2. 以协同联动促进集体经济发展

新型农村集体经济的培育是一个需要乡村多元主体共同参与的实践

---

① 黄祖辉、傅琳琳：《建设农业强国：内涵、关键与路径》，《求索》2023 年第 1 期。

② 《改革助推新型农村集体经济蓬勃发展——来自合阳农村集体产权制度改革的见闻与启示》，渭南日报网站，2022 年 7 月 21 日，http：//szb. jsjnews. cn/wnrb/20220711/mhtml/ page_ 01_ content_ 20220711002004. htm。

过程，从村户到合作社都需要构建相应的机制来推动不同主体的联动、协同和整合。从共建共治共享的治理实践角度出发，沟北村注重村域多元主体形成一种相互团结的互动机制，以此来强化集体经济发展能力。一是注重村两委与村集体股份经济合作社之间的有机结合，积极探索党支部领导下的村社合一。沟北村自2017年颁布《农村集体股份经济合作社章程》以来，借鉴南方农村地区"党支部引领、村社一体、合股联营"的思路，① 赋予村党支部书记、村委会主任村集体经济组织法定代表人身份。二是重视合作社与村民小组的良性互动。按照"宜村则村、宜组则组"的原则，赋予农村股份经济合作社管理各个村民小组的职能，使各类生产要素在乡村流动起来，比如整合以村集体耕地、山林为代表的资源性资产，以合资、租赁、承包等方式取得经营收入，提升集体资源的利用率。三是凝聚村民的合作意识与集体观念，进而恢复村庄社会的公共性。在农民自愿的基础上，采取租赁承包、合作经营、土地入股等多种形式流转耕地和林地，② 由村上连片集中经营。例如，成立金峪病虫害防治专业合作社、丰泰电子商务公司、沟北村果蔬专业合作社，培育可乐葡萄、亚洲苹果、草莓、德峰肉羊、建辉养鸡等41个家庭农场和专业大户，吸引云南启成、合阳锦城、合阳海峰三家农业公司，开展适度规模经营。争取苏陕协作，壮大集体经济等项目资金907万元，完善水、电、路基础设施，搭建设施大棚176座、日光温室34栋。建成农产品展示交易、电子商务、农民培训、质量检测、果品分拣、冷链仓储"六位一体"的产业服务中心。③

---

① 《贵定县宝山街道：党建引领"村社合一"合股联营抱团发展》，黔南组织工作网，2018年6月27日，https：//www.qnzzgz.gov.cn/document/show/4768.html。

② 《发展壮大村级集体经济是加强基层党组织建设的重要措施》，人民周刊网，2020年10月15日，https：//www.peopleweekly.cn/html/2020/sannong_1015/44036.html。

③ 《改革：助推新型农村集体经济蓬勃发展——来自合阳农村集体产权制度改革的见闻与启示》，"陕西网渭南站"百家号，2022年7月11日，https：//baijiahao.baidu.com/s？id=1738024168129833037&wfr=spider&for=pc。

### （二）党建引领与农户参与

新型农村集体经济是实现乡村治理体系现代化、治理能力现代化的重要抓手，也是实现生态宜居、乡风文明、治理有效的现实支撑。探索党支部领导下的"村社合一"实践案例是党组织嵌入乡村治理、整合乡村资源的有力论证。基于上述分析可以发现，党建引领集体经济发展的实践路径着重涉及以下几个方面。

基层党组织是农村集体经济建设和乡村治理的坚实领导力量。基层党组织嵌入或加入集体经济的管理或服务体系，深入农民群体，形成了协商参与、合作治理的农村党建工作新方式：一是建构与维护有利的制度环境，以项目制的形式推动集体经济发展；二是营造共建共治共享的基层治理现代化格局，全面整合党组织、政府、代表企业、农村社会组织、农户等主体参与集体经济的发展，从农村实际出发，又以现代化为指向，构建农村经济发展领域内国家与社会良性互动的关系，发挥党建嵌入集体经济的政治经济效能；三是化解基层治理的矛盾，增强基层自治的实效性，建构政策支持、制度嵌入、社会保障等现代化治理机制，从而提高集体经济发展效能；四是激发相关市场活力，打造高标准现代农业市场，推广"党支部+村委会+监委会+股份经济合作社+农民"发展模式，全面整合区域内的资源、平台、项目和人力等，有力地推动和引领农村集体产业改造实践的顺利开展。

沟北村集体产权制度改革实践明确了基层不同层级、不同主体的权利与义务。县级组织扮演"指挥家"角色，镇级部门充当"传播员"角色，村级组织扮演"执行者"角色。[①] 围绕新型农村集体经济经营所开展的沟北模式进行探索，重视党建引领，突出政治功能，加强"战斗堡垒"，实现自上而下的国家治理与自下而上的社会参与的有机结合与良性互动，以此实现来

---

① 李想、何得桂：《制度同构视野下党建引领新型农村集体经济发展的过程与机制——基于"三联"促发展工作实践的分析》，《党政研究》2022年第4期。

往自如、双向互动，做到在农村集体经济发展过程中，政府充分吸纳民意，提供更好的服务，在制度引导下组织社会参与，有组织地推动新型农村集体经济高质量发展。

新型农村集体经济是实现乡村社会发展和治理的有效途径。以集体行动逻辑出发的乡村治理模式面对发展水平低、速度慢的集体经济运行现状，通过有效配置农业资源要素、培育乡村农业市场主体、营造良好的营商环境，激发了农村人民群众的能动性，实现了新型农村集体经济在乡村全面振兴的目标，即产权明晰、成员主体清晰、管理民主、分配灵活和去行政化。① 新型农村集体经济将分散化的村民、党员、能人整合进集体行动治理模式，并形成以下四种发展经营方式。

1. 服务创收发展方式

沟北村创新"合作经营+现代农业+服务创收"的发展方式。由集团经济领办果蔬专业合作社、丰泰电子商务公司等经营实体，向家庭经营农场与农户提供技术指导、农资采购、劳动务工、果品冷藏、分级包装、电子商务、农产品销售等产前、产中与产后全过程服务，增加集体经济服务性收入。

2. 租赁方式

沟北村将集体所有的 10 栋日光温室和 176 座实施大棚租赁给 37 个大户，种植红提、草莓、樱桃等高效经济作物，合作社按效益的 10% 进行剔除，年增加集体经济收入 35 万元。实际上，根据市场情况，35 万元处于浮动中。

3. 股份合作方式

为让集体成员切实享受村级集体经济壮大红利，沟北村"按人折股、按户发证"将股权证书发放到户，合作社盈余部分提取 27% 的公积金用于

---

① 苑鹏、刘同山：《发展农村新型集体经济的路径和政策建议——基于我国部分村庄的调查》，《毛泽东邓小平理论研究》2016 年第 10 期。

原始积累、10%的公益金用于村委会运转，将剩余的63%按照量化股份进行分红，[①] 形成了集体组织成员产业收入、务工报酬、土地租金、股份分红四重报酬。

### 4. 只参股、不经营方式

鼓励并支持农户将已确认登记颁证的家庭承包土地经营权、林地经营权、水利设施经营权等，以家庭承包土地经营权股、家庭经营资产股，折价入股农村集体股份经济合作社或农村产业化代表性企业、农村专业合作社、现代农业园区等各类新型经营主体，按比例获得收益。

## 四　主要结论

结合西北农村地区集体经济的发展结构分化和非均衡性突出的表现，本报告尝试提出"制度赋权+党建引领+农户参与"的新型农村集体经济发展路径，即通过制度赋权营造乡村经济变革的制度环境，由基层党支部嵌入新型农村集体经济的全过程，以价值引领和行动引领的方式引导农户形成集体行动意识，继而激发农村人民积极参与农村生活共同体的建设。同时对合阳县沟北村集体经济发展的"产权制度改革"实践案例进行剖析，主要得出以下结论。

### 1. 制度赋权是新型农村集体经济发展的前提

以制度赋权为首要条件的新型农村集体经济治理模式，明确了村庄集体财产和村庄的主人始终是人民群众。基层党组织、村委会对农村社会的引领必须依靠制度力量形成对农村社区的总体调控，也必须依靠制度的力量才能抵御各种风险，而缺乏外部的制度环境及相应的政策引导，是无法完成乡村地域内的政治整合和社会整合。各级政府通过赋权于乡村治理主体，将基层社会组织塑造为整合者、联结者、枢纽者，为农村集体经济及产权改革提供

---

[①] 《资产清了　集体强了　农民富了——合阳县沟北村集体产权制度改革调查》，渭南新闻网，2019年12月28日，http://www.wnnews.cn/p/45919.html。

了相应的治理方式与方法。

**2.党建引领是新型农村集体经济发展的关键**

新型农村集体经济发展是实现乡村产业兴盛与组织振兴的坚实基础。党的基层组织是推动乡村营造的核心组织力量，党组织中的党员通过表率引领、合力引领、示范引领等不同形式，有效整合政府提供的制度安排、市场（企业）提供的经营性资产、乡村社会自身资源性资产，发挥三方资源和力量的合力，使之互换、互动、互补，构成比较完整的集体经济发展体系，提高新型农村集体经济发展效能。从农村基层集体经济所承担的公共性服务、市场性服务和公益性服务三大类型服务的视角看，绝对独立的集体经济在现实生活中是不存在的，通过党建引领新型农村集体经济发展乃大势所趋。

**3.集体意识受新型农村集体经济发展的影响**

从合阳县沟北村的新型农村集体经济营造实践看，无论是集体经济发展过程中推动的农户合作和集中经营，还是集体经济最终建成的农村集体经济股份合作社，都只是乡村治理现代化的过程性和基础性目标，而和谐农村营造的目的，是要重新塑造农村地区的居民，实现农村居民公共精神的培育和社区共同体意识的构建，形成集体利益的思维方式。农村集体经济中的集体行动机制，指的是以农村集体经济实践为契机，通过推动乡村农户的广泛合作，真正实现乡村社区公共服务提供的农户自我决策机制，在此过程中强化农户对生活中乡村公共事务的参与意识与能力，从而在乡村内部形成一种参与乡村共同富裕的氛围和文化，改变农户对村域的冷漠感和疏离感，塑造新乡村居民的公共精神和共同体意识。

本报告借用集体行动逻辑理论，分析与探讨了新型农村集体经济发展何以成功的行动逻辑，有助于拓展脱贫地区新型农村集体经济模式选择和治理路径选择二者关系的理论空间。值得注意的是，新型农村集体经济的发展依然在一定程度上需要地方项目的扶持，为此，如何将从外部引进资金的阶段发展至内部自我供血的阶段，仍需要基层治理主体共同努力。与多元治理、网络化治理等理论相比较，本报告结合新型农村集体经济发展案例提出的党组织嵌入型治理更加注重政党组织作为一根红线贯穿于乡村振兴和共同富裕的全过程。

　　但在调研走访的过程中发现，在市场化驱动下，合阳县教育发展与乡村建设人才需求陷入一个怪圈，每年通过高考外流的学生很多，但毕业后返回家乡建设的人很少。基层党组织干部存在一定程度的人才匮乏问题，在新型农村集体经济发展和基层治理现代化背景下，需要着重考虑如何将专业的人才吸引至乡村治理的场域。为此，未来学界需要立足于乡村社会的发展，从而提炼出简约、有效的治理模式，以制度、党建、乡情为治理工具，为未来基层治理现代化与共同富裕提供发展方向。

# B.19

# 西安秦岭北麓区县旅游助推乡村
# 振兴的机理、模式与路径研究*

王会战　王慧敏　路心如**

**摘　要：** 乡村旅游在助推乡村振兴战略实施中具有天然的优势。西安秦岭北麓区县的许多乡村依靠毗邻秦岭的地理位置优势与临近西安的交通区位优势大力发展乡村旅游产业，在实践中形成了"农旅结合""三元共建""民宿产业集聚"等多种旅游助推乡村振兴的模式。在总结以上模式特征的基础上，本报告以西安秦岭北麓区县——鄠邑区草堂镇李家岩村为典型案例，通过深入调研分析构建了旅游助推乡村振兴的增权模式，该模式有助于实现乡村旅游的可持续发展，进而逐步推动乡村的全面振兴。最后，基于增权视角提出了旅游助推乡村振兴的路径。

**关键词：** 乡村旅游　乡村振兴　旅游增权　西安秦岭北麓区县

---

* 该成果系文化和旅游部文化艺术和旅游研究项目"文化旅游助推贫困地区乡村振兴的机制与对策研究：增权视角的陕西案例"（19DY14）、陕西省决策咨询委员会研究课题"关于陕西建设乡村振兴示范区的建议"、陕西省哲学社会科学研究专项（2022年度陕西生态空间治理课题）"增权视角下陕西巩固拓展旅游脱贫攻坚成果与乡村振兴有效衔接的路径设计与政策支持研究"（2022HZ1818）的阶段性成果。

** 王会战，西安科技大学管理学院电子商务系主任，硕士研究生导师，教授，研究方向为旅游增权、乡村振兴；王慧敏，西安科技大学管理学院硕士研究生，研究方向为乡村振兴；路心如，西安科技大学管理学院硕士研究生，研究方向为乡村振兴。

# 一　引言

当前，在国家乡村振兴的战略背景下，对于具有一定旅游发展基础与条件的乡村，旅游在助推乡村振兴的实践中发挥着重要作用。在此背景下，本报告选取西安秦岭北麓区县为研究对象，尝试通过旅游助推乡村振兴的机理、模式与路径等方面的系统研究，为西安秦岭北麓区县具有一定旅游发展基础或条件的地区的乡村振兴实践提供决策参考，也为陕西省乃至全国其他地区乡村旅游助推乡村振兴的实践提供理论启示与实践参照。

# 二　旅游助推乡村振兴的机理阐释

## （一）乡村旅游发展有助于推动产业振兴

产业振兴是乡村振兴的物质基础。与传统产业相比，乡村旅游在推进乡村产业深度融合发展方面具有得天独厚的优势，深度契合乡村振兴战略"百业兴旺"的目标要求。乡村旅游不仅可以直接推动餐饮、住宿、交通等第三产业的发展，而且能够间接带动乡村种植业、养殖业的发展，实现农业的规模化开发与经营，并通过产业链的延伸，有效带动乡村农副产品加工、旅游纪念品制造等第二产业的发展，从而促进一二三产业的融合发展，助力实现产业振兴。

## （二）乡村旅游发展有助于推动生态振兴

旅游的本质是"诗意的栖居"。发展乡村旅游，不仅为旅游者营造"诗意栖居"的旅游空间，也为社区居民人居环境质量的提升提供了契机。整治村容村貌、完善村内基础设施、改善村内生态环境，不仅有助于全面满足游客体验需求、提高游客满意度，还有助于改善社区居民生产生活条件，使社区居民的幸福指数稳步提升，实现生态振兴的目标。

### （三）乡村旅游发展有助于推动文化振兴

乡村旅游的发展能够推动乡村文化的发展，在乡村精神文明建设中具有显著的促进作用。发展乡村旅游有助于深挖乡村传统文化，增强乡村居民对本土文化的价值认知，进而对乡村产生强烈的认同感和归属感，最终在改善乡村居民精神风貌、提高乡村社会文明程度的基础上，实现乡村文化振兴。

### （四）乡村旅游发展有助于推动组织振兴

乡村旅游有助于各类乡村组织的发展，主要表现在以下两个方面。一方面，有利于原有组织的振兴，主要包括村党组织的振兴与村委会的振兴。其中，基层组织是乡村旅游助推乡村振兴战略全面实施的核心力量。在旅游发展初期，基层组织通过充分发挥支部书记引领作用和党员干部示范作用，团结、组织党员干部和乡村居民投身旅游发展，提升基层组织能力。另一方面，有利于组织模式的创新，随着乡村旅游规模的不断扩大，各类管理性组织和经营性组织逐步涌现，最终在基层党组织振兴的基础上建立健全乡村组织治理体系，实现组织振兴和治理有效。

### （五）乡村旅游发展有助于推动人才振兴

乡村旅游的发展有利于促进人才向乡村流动。发展旅游前，乡村的青壮劳力大都选择进城务工，致使乡村成为"空心村"。乡村旅游的发展为乡村带来了大量就业机会，许多村民纷纷返乡创业。乡村居民旅游经营与服务技能的不断提升，有助于乡村人才素质的提升。

## 三 西安秦岭北麓区县旅游助推乡村振兴现状与模式

### （一）西安秦岭北麓区县旅游助推乡村振兴现状

经过多年的持续开发，西安秦岭北麓乡村旅游带已经形成。目前，从西安秦岭北麓周至县至临潼区沿途的 160 多公里，共分布有 100 多个旅游村镇。西安市 90% 以上的农家乐接待户集中在秦岭北麓，近 10 万人从事乡村旅游相关工作。

### （二）西安秦岭北麓区县旅游助推乡村振兴模式

#### 1. 长安清水头村"农旅结合"模式

清水头村位于长安区。近些年，清水头村充分利用自身在生态、旅游与农业等方面的优势，以村里的万亩荷塘、水稻田为核心资源，以稻田生活为主线，以生态休闲观光为主要业态，大力发展生态休闲旅游业。同时，充分利用村子的空置房屋，着力打造康养型民宿产业。

清水头村的乡村振兴模式属于典型的"农旅结合"模式。该模式的特点是通过乡村农业与旅游业的融合发展，逐步改变乡村产业单一的现状，进而实现乡村的产业振兴，在此基础上，带动乡村的生态、文化、组织与人才振兴。

#### 2. 长安唐村"三元共建"模式

唐村位于长安区。近年来，长安唐村依托农田风光、特色果蔬、花卉与养殖等优势资源，大力打造乡村产业体系，乡村经济获得快速发展。长安唐村在乡村振兴实践中大胆改革，构建了"政府、集体、企业"三元共建平台，当地政府、企业与村集体共同参与乡村建设，按照市场化方式开展策划规划、投资融资、招商引资、基础建设及生态治理有关工作。通过以上改革，长安唐村顺利实现了多方多赢。村民获得了包括工资、宅基地房产租金、分红、流转收入等在内的综合收益，企业获得了经济效益、社会效益与生态效益，当地政府获得了税收与社会声誉等。

#### 3. 蓝田桐花沟村"民宿产业集聚"模式

桐花沟村位于蓝田县。近年来，桐花沟村充分发挥乡村旅游资源优势，以村级集体经济组织为主体，大力支持乡村居民参与乡村发展与建设，产业形式日益多样化，形成了"桐花乡约""乡村民宿""休闲旅游""产业融合"相结合的一体化发展模式，使村民真正成为乡村发展的主体。

## 四 增权视角下旅游助推乡村振兴模式构建

### （一）案例选择与资料收集

#### 1. 案例地选取依据

通常要求选取的案例地要具有较强的典型性，能够为研究主题提供比较丰富、全面、深入的资料信息。本报告聚焦"乡村旅游""乡村振兴""旅游增权"等概念，面对的是一个复杂多变且具有高情境性的社会现象，资料信息的丰富性和内涵深刻性尤为重要。因此，本报告将典型性和资料可获取性作为样本点选取依据，最终选定西安秦岭北麓区县之一——鄠邑区草堂镇李家岩村为案例地。

第一，典型性。李家岩村地处秦岭北麓，全村有 713 人，建有 191 套徽派风格民居。近些年，李家岩村依托村内及周边丰富的人文与生态资源大力发展乡村旅游，成为远近闻名的旅游型乡村。

第二，资料可获取性。李家岩村乡村旅游发展相对成熟，在旅游助推乡村振兴的实践中积累了丰富经验，因此相关数据和资料获取相对方便，既能通过互联网搜集到与其旅游发展、乡村振兴相关的大量二手资料，也能通过实地调研获取理论建构所需的一手资料。

#### 2. 资料收集与整理

研究团队于 2021 年 6 月 19~20 日，通过理论抽样，在李家岩村访谈村"两委"成员、当地居民（含各种旅游业态经营业主）、游客等 12 人，每人平均访谈时间大约为 30 分钟，访谈内容大致包括个人及家庭基本信息，旅游发展过程，旅游发展对个人、村庄的影响及其具体变化过程，对当地旅游发展的感知与评价等，最终收集 12 份有效访谈资料。

### （二）增权视角下旅游助推乡村振兴的模式构建

根据旅游增权理论与乡村振兴战略思想，旅游增权的五大维度与乡村振兴的五大目标具有天然的耦合性（见图 1）。

```
┌─────────────────────┐              ┌─────────────────────┐
│   旅游增权内容        │              │   乡村振兴目标        │
│  ┌───────────────┐  │              │  ┌───────────────┐  │
│  │  旅游经济增权   │  │              │  │   产业振兴     │  │
│  └───────────────┘  │              │  └───────────────┘  │
│  ┌───────────────┐  │              │  ┌───────────────┐  │
│  │  旅游环境增权   │  │              │  │   生态振兴     │  │
│  └───────────────┘  │     助推      │  └───────────────┘  │
│  ┌───────────────┐  │   ════════▶  │  ┌───────────────┐  │
│  │  旅游文化增权   │  │              │  │   文化振兴     │  │
│  └───────────────┘  │              │  └───────────────┘  │
│  ┌───────────────┐  │              │  ┌───────────────┐  │
│  │  旅游政治增权   │  │              │  │   组织振兴     │  │
│  └───────────────┘  │              │  └───────────────┘  │
│  ┌───────────────┐  │              │  ┌───────────────┐  │
│  │  旅游社会增权   │  │              │  │   人才振兴     │  │
│  └───────────────┘  │              │  └───────────────┘  │
└─────────────────────┘              └─────────────────────┘
```

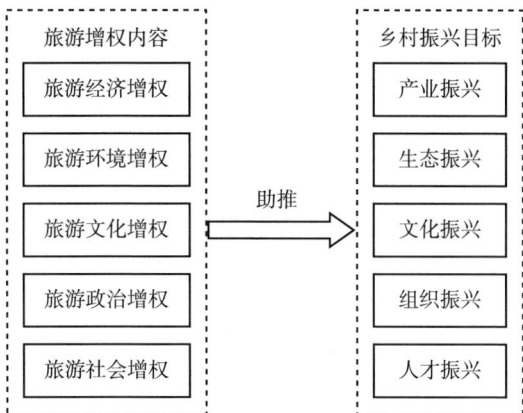

**图1　增权视角下旅游助推乡村振兴的模式**

### 1. 旅游经济增权助推乡村产业振兴

旅游经济增权是指通过不断提高乡村居民参与旅游程度、提升乡村居民的旅游收益、促进乡村旅游的产业转型助推乡村产业振兴。近些年,李家岩村通过深度挖掘当地的农业特色,衍生出许多独具地方特色的农产品品牌。通过农旅深度融合发展提升农业附加值。同时,旅游的强关联性使养殖业、种植业、服务业等相关行业均得到迅速发展,从而推动了当地乡村产业结构的调整和升级。

在李家岩村旅游发展的过程中,各级政府给予了充分的旅游经济增权,在政策、资金等方面给予李家岩村大力支持。一方面,上级政府制定、出台了一系列有利于乡村旅游发展的政策,并积极为李家岩村进行宣传和推销,使李家岩村的影响力和知名度得到快速提升,吸引了更多的游客前来旅游。另一方面,李家岩村村委会充分保证了村民参与旅游发展的机会。2010年10月1日,李家岩村举行了盛大的农家乐开业仪式,同年有50户农家乐开门营业。从2010年开始,旅游业逐渐成为促进李家岩村经济快速增长、社区居民增收致富的主导产业。"2010年迁入新居以来,村里农家乐的生意越来越好、越来越规范,'旅游+农家乐'已成为主导产业。"访谈发现,在发展乡村旅游的过程中,该村许多居民从传统的农民身份中脱离出来,扮演了

"旅游从业者"的角色。

### 2.旅游环境增权助推乡村生态振兴

旅游环境增权是指在发展乡村旅游时，通过逐步提升乡村居民环境保护意识，改善地方生态环境，助力乡村生态振兴。对于与生态环境密切相关的乡村旅游来说，若要实现乡村旅游的可持续发展，必须对乡村的生态环境问题给予高度重视。

李家岩村在发展乡村旅游的过程中非常重视乡村基础设施建设，在上级政府的大力支持下，逐步完成了旅游道路的修建及沿线景观的亮化、绿化及美化等改造工程，不仅增强了景区的可入性、可视性，也极大地提升了社区居民的生活环境质量。"现在环境越来越好了，我们村子更美、更有吸引力了。"访谈发现，李家岩村十分重视污染防治，坚持推进"厕所革命"，打造风景宜人的旅游环境，促进了乡村生态建设，推动了乡村生态振兴。

### 3.旅游文化增权助推乡村文化振兴

旅游文化增权是指通过教育与培训，逐步深化乡村居民对乡村传统文化的认识，增强乡村居民文化自豪感和乡土文化保护意识，以此推动地方传统文化传承和保护工作，助力乡村文化振兴。

李家岩村在发展乡村旅游时，十分重视对当地文化的挖掘、利用与宣传，注重打造乡土特色品牌，提升乡土文化影响力与传播力。例如，李家岩村在原生建筑的基础上，打造了极具特色的建筑集群；融合当地民风民俗，开发出诸多与之相关的传统手工艺品；依托当地特色农产品，打造了一批农产品品牌。"这里山清水秀，别具一格的徽派建筑和整洁干净的村容村貌更是让人眼前一亮，甚至让人觉得置身于江南小镇。"访谈发现，李家岩村吸引游客的核心资源不仅包括优美的生态风光，还有当地独特的文化景观。许多到过李家岩村旅游的游客不仅自身会产生再次游览的打算，还会主动向自己的亲朋好友推介。在此过程中，乡村居民的观念开始改变，因旅游者对李家岩村的认可而产生由内而外的自豪感。

### 4. 旅游政治增权助推乡村组织振兴

旅游政治增权是指通过为乡村居民提供平等的参与旅游的机会与权利，在个体层面提升居民在乡村旅游发展过程中的知情权、发言权、参与权、管理权、监督权与决策权等，在组织层面提升乡村治理水平，助推乡村组织振兴。

李家岩村在旅游助推乡村振兴的实践中，得到了当地各级政府的重视，上级政府利用行政资源优势介入旅游发展，通过履行自身在旅游发展中的职能，为李家岩村发展乡村旅游营造了有利的发展环境。在旅游助推乡村振兴实践中，李家岩村村委意识到当地面临的同质化竞争越来越严重这一问题，及时召开村民代表会议，果断决策，积极采取行动，在各方的支持和协调下，由村委干部带领李家岩村的全体村民进行村庄环境的改造和升级，很快李家岩村便成为秦岭北麓著名的乡村旅游地之一。"实施美丽乡村建设以来，村委会班子多次召开专题会议，同时积极征求村民建议，商讨如何把村子建设得更好、更美、更具特色。"访谈发现，在李家岩村乡村旅游的发展过程中，不仅李家岩村居民参与旅游的机会与权利得到了充分保证，而且李家岩村村委的行政管理能力也得到了极大地锻炼与提升。

### 5. 旅游社会增权助推乡村人才振兴

旅游社会增权是指通过教育与培训逐步提升当地居民旅游服务技能水平，大量吸纳当地居民就业，助推乡村人才振兴。

随着旅游业的快速发展，旅游对李家岩村居民个人、家庭乃至整个社区的影响力不断凸显。作为社区主人公的居民较强烈地感知到旅游业发展带来的积极影响，在注重自身利益的基础上，开始从"要我参与、要我发展"转向"我要参与、我要发展"。"现在大家要一心，为什么，因为李家岩村胜，就是大家胜，所以李家岩村现在每个人心里都有他自己的算盘，你自己去掂量。"访谈发现，村民越来越主动接受基层组织所组织的旅游教育和培训，个人自我权能的增加促使个人、家庭乃至整个社区在乡村旅游发展中受益。

在不断的学习与实践过程中，李家岩村许多居民逐步完成了从"居民"到"旅游经营者"角色的转换。通过大力发展乡村旅游，李家岩村旅游致富的村民越来越多，由此产生了"示范效应"，吸引了大批在外务工人员回归乡村，也吸引了很多创业者的加入，为李家岩村旅游业的快速发展注入了大量"新鲜血液"，助推了当地的人才振兴。

### （三）西安秦岭北麓区县旅游助推乡村振兴的模式对比

综上所述，长安清水头村的"农旅结合"模式、长安唐村的"三元共建"模式、蓝田桐花沟村的"民宿产业集聚"模式各有特点与侧重，仅能实现乡村某一方面或某几方面的振兴，而鄠邑区李家岩村的"旅游增权"模式由于实现了对当地居民在经济、文化、政治、环境与社会等方面的旅游增权，因而能够逐步实现乡村的全面振兴。而且全面的旅游增权从根本上解决了乡村居民参与旅游发展的"权利贫困"问题，更易从根本上激发当地居民发展旅游的主动性，进而推动乡村旅游的可持续发展，助推乡村振兴。

## 五 增权视角下旅游助推乡村振兴的路径

乡村振兴战略的全面实施是一项长期而艰巨的任务。目前，西安秦岭北麓区县乡村振兴战略的实施仍处于起步阶段，与实现乡村全面振兴的目标任务和总体要求还有很大差距。因此，如何加快旅游助推乡村振兴进程，成为当前西安秦岭北麓区县乡村地区面临的重要问题。

### （一）提高产业融合发展水平

西安秦岭北麓区县有众多具有一定旅游发展基础与条件的乡村，依托毗邻秦岭的地理位置优势和邻近西安的交通区位优势，通过大力发展乡村旅游，其产业发展水平得到了一定提高，产业结构得到了一定优化。但应该看到，西安秦岭北麓区县的大部分旅游型乡村尚处于旅游发展的初级阶段，旅游业与其他产业的融合发展水平还比较低，旅游业对其他产业的带动效应还比较小。

产业振兴是乡村振兴的基础。没有乡村产业的振兴，其他维度的振兴很难实现。西安秦岭北麓区县应通过大旅游产业建设，持续推进地方旅游产业化发展，提高旅游业和其他产业融合水平，经过长期持续发展，逐步实现地方旅游业的发展，全面振兴农业、林业等传统行业。在产业融合发展过程中，一定要因地制宜，找准乡村的特色产业，根据"宜融则融"的原则开展融合实践，切忌不顾乡村实际，盲目复制照搬成功乡村的经验。

### （二）全面提升生态环境质量

一方面，要把"绿水青山，就是金山银山"的理念贯彻到西安秦岭北麓地区的旅游实践过程中，科学规划旅游容量，积极培育新业态和新兴产业，大力发展生态旅游产业，实现秦岭北麓乡村旅游可持续发展。同时重视秦岭北麓生态环境保护工作，颁布生态环境保护办法，试征旅游企业旅游资源税。对当地居民、游客和其他利益相关者损害生态环境的相关行为，应采取一定的惩戒措施，推动乡村生态旅游和产业经济协调发展。

另一方面，优化秦岭北麓区县农村人居环境。根据生态振兴目标，乡村不只宜游还要宜居。这需要当地在大力发展乡村旅游的同时，为游客和当地居民着想；不仅要重视美化景区旅游环境，还要通过建设生态型村庄和美丽村镇，加强人居环境改善工作。

### （三）大力传承弘扬乡土文化

一是加大乡土文化保护力度。保护好乡土文化，是旅游业发展的本源。西安秦岭北麓区县政府必须正确处理好文化保护和旅游开发之间的关系，适度有序发展的同时加以保护。

二是注重传承乡土文化。秦岭北麓区县的广大农村并不缺少丰富的乡土文化资源，但是普遍存在文化传承人才匮乏的问题，特别是在乡村非物质文化遗产传承方面人才匮乏。地方各级政府应以乡土文化传承为中心，出台若干支持政策，特别是加大经费方面的扶持力度，让传承者可以放心地进行文化传承。

三是推动乡土文化活化。西安秦岭北麓区县农村传统文化虽然各具特色，在展现形式上却是"千村一面"，游客参与体验度较低，致使旅游者对本地乡土文化缺乏深刻的认识。要让西安秦岭北麓区县农村乡土文化焕发活力，就必须推动乡土文化活化。比如可以通过发展文化演艺活动和体验活动等，实现地方文化的深入开发和发掘。

### （四）提升乡村治理水平

组织振兴是乡村振兴的保证。受传统农业生产模式影响，农村经济发展缓慢，发展乡村产业、改善环境、振兴文化、培养人才等工作，必须依靠基层组织的建设与推动。因此，组织振兴应成为西安秦岭北麓区县乡村振兴中的重要任务。

一方面，要充分发挥乡村基层组织的带头示范作用，团结党员干部和社区居民，主动参与旅游发展，提升乡村基层组织能力。另一方面，通过旅游经营管理实践，逐步改进乡村治理制度、组织模式，构建和完善组织治理体系。

### （五）强化乡村人才队伍建设

乡村振兴，关键在人才。为使西安秦岭北麓区县农村得到充分发展，一定要高度重视对乡村居民的教育与培训。一方面，持续加大乡村人才的锻炼与培养力度。在当前农村人口大量向城镇转移的背景下，乡村振兴需要更多高素质的本土人才，这就要求各级政府加大对乡村的教育与培训力度，切实提升乡村居民旅游经营与服务技能。乡村是农民之乡，农民是乡村之主，乡村振兴主要依靠乡村居民辛勤劳动来完成。在乡村振兴中，要充分利用旅游业就业门槛较低的优势、劳动力密集的特征，全面吸纳当地村民就业，吸引其积极参与乡村旅游发展，提升乡村居民综合素质。在此基础上，还要加大宣传力度，让更多人了解并支持乡村旅游发展。

另一方面，随着旅游业的转型升级，持续提高乡村旅游管理水平势在必行。因此，乡村必须高度重视当地人才培养。同时，应积极引进高素质的经营管理人员，持续提升乡村旅游运营团队水平。还要大力扶持和引导农民参与乡村旅游建设，使他们成为乡村旅游的主人，从而实现"人"与"物"的融合。另外，也可多渠道激励本地大学生回乡创业，鼓励外出务工人员回乡发展，共同推动乡村发展与振兴。

## 参考文献

蔡克信、杨红、马作珍莫：《乡村旅游：实现乡村振兴战略的一种路径选择》，《农村经济》2018年第9期。

曹锦清：《黄河边的中国》，上海文艺出版社，1999。

李志龙：《乡村振兴—乡村旅游系统耦合机制与协调发展研究——以湖南凤凰县为例》，《地理研究》2019年第3期。

廖军华：《社区增权视角下的民族村寨旅游发展研究》，西南交通大学出版社，2012。

刘晓雯、李琪：《乡村振兴主体性内生动力及其激发路径的研究》，《干旱区资源与环境》2020年第8期。

陆林等：《乡村旅游引导乡村振兴的研究框架与展望》，《地理研究》2019年第1期。

毛安然：《赋权与认同：乡村振兴背景下乡村价值激活农民主体性的路径》，《华东理工大学学报》（社会科学版）2019年第2期。

裴璐璐、王会战：《旅游助推乡村振兴的内源式发展路径研究——以陕西省袁家村为例》，《2020年中国旅游科学年会论文集》2020年4月。

王会战：《文化遗产地社区旅游增权的理论与实践》，西南交通大学出版社，2018。

王会战、裴璐璐：《增权视角下旅游助推革命老区乡村振兴的路径研究》，《现代商业》2021年第35期。

吴奇修：《新时代"三农"工作总抓手新旗帜》，《人民日报》2018年3月12日。

徐顽强、王文彬：《重塑农民主体自觉：推进乡村振兴之路》，《长白学刊》2021年第2期。

杨耀青：《西安发布乡村振兴 城乡融合发展十大案例》，《西安晚报》2021年7月6日。

杨振之：《论旅游的本质》，《旅游学刊》2014年第3期。

# B.20
# 石泉县农村精神文明建设的
# 有益探索与促进策略*

王伟涛　何得桂**

**摘　要：** 深化农村精神文明建设是实施乡村振兴战略的题中之义，也关乎文化振兴和农民农村共同富裕。以开展新时代文明实践活动为主要抓手，陕西省安康市石泉县通过大力推进移风易俗行动、农村人居环境整治提升、志愿服务开展以及公共文化服务体系建设，积极涵育文明乡风民风，持续提高群众道德水准和文明素养，为全面实施乡村振兴战略提供强大精神动力。新时代加强农村精神文明建设要突出党建引领的巨大作用，走好新时代党的群众路线，积极回应群众精神需求。积极培育时代新风貌，更加注重协同共治。要强化责任落实，让党的声音"响起来"，让基层工作"实起来"，让文明新风"树起来"，进而提高全社会文明程度。

**关键词：** 乡村振兴　农村精神文明　文化振兴　社会文明　石泉县

乡村振兴既要重视塑形，也要注重铸魂。农村精神文明建设既是推进乡村振兴、提高社会文明程度的重要内容，也是提高农民生活质量、促进共同

---

＊ 本成果系国家社会科学基金青年项目"乡村振兴中的基层'动员—参与'协同机制研究"（21CZZ017）阶段性成果。

** 王伟涛，西北农林科技大学人文社会发展学院硕士研究生，研究方向为农村社会发展；何得桂，西北农林科技大学公共政策与地方治理研究中心主任、教授、博士生导师，研究方向为公共政策。

富裕的应有之义。习近平总书记指出："要推动乡村文化振兴，加强农村思想道德建设和公共文化建设，以社会主义核心价值观为引领，深入挖掘优秀传统农耕文化蕴含的思想观念、人文精神、道德规范，培育挖掘乡土文化人才，弘扬主旋律和社会正气，培育文明乡风、良好家风、淳朴民风。"陕西省安康市石泉县以开展新时代文明实践活动为主要抓手，大力推进移风易俗、人居环境整治、志愿服务和公共文化建设，持续改善农民精神风貌，不断提高乡村社会文明程度，为实施乡村振兴战略提供强大精神动力。

# 一 突出多措并举，筑牢农村精神文明建设"基底"

## （一）深化移风易俗，涵育文明乡风民风

注重综合整治、道德宣扬、典型引领，石泉县深入开展移风易俗、弘扬时代新风行动，为推进乡村全面振兴注入文明活力。一是大力破除陈规陋习，营造乡风文明新气象。充分利用网络、电视、乡村大喇叭、"村村一台戏"等群众喜闻乐见的方式，全方位、多层次、立体化宣传"厚养薄葬""丧事简办、婚事新办""文明祭祀"等文明新风，动员群众积极支持、广泛参与。充分发挥"一约四会"① 作用，全面开展乡风评议活动，加强农村宴席规范管理，推广"合约食堂"②，引导村民签订不大操大办承诺书，全过程指导、全方位监督婚丧嫁娶事宜。与此同时，石泉县大力革除天价彩礼、薄养厚葬、大操大办、炫富攀比、随礼泛滥、铺张浪费等歪风陋习。持续推进婚俗改革以及绿色、文明、惠民殡葬，引导广大群众婚事新办、丧事简办、余事不办，养成勤俭节约、绿色低碳、文明健康的生活方式。二是持续开展道德讲堂，传递向上向善正能量。注重教育，引导群众讲文明、讲礼仪、重操守、重品德。石泉县深入开展"讲文明、树新风"系列活动，推

---

① 一约四会：村规民约和红白理事会、道德评议会、村民议事会、禁毒禁赌会。
② 合约食堂：村里集资修建一个食堂，凡是要办酒席的都到这里，并约定参加酒席的人数、饭菜和烟酒价格、礼金标准等。

动道德讲堂进机关单位、进村镇社区、进企业、进医院、进学校，结合春节、元宵、端午、中秋、重阳等传统节日和重大节庆、纪念日，围绕职业道德、家庭美德、个人品德和社会公德等内容，组织开展主题宣传教育活动，以"身边人讲身边事、身边人讲自己事、身边事教身边人"的形式，大力弘扬社会正能量，摒弃不良社会风气，远离封建迷信、黄赌毒，引导群众积极参与健康向上的社会活动。2022年，石泉县有多家单位参与省市典型工作和优秀服务案例展播；有5人入选"安康好人"，5人荣获市级道德模范，1人入选"陕西好人榜"，1人当选党的二十大代表。三是积极选树先进典型，引领崇德向善新风尚。广泛开展"立家规、传家训、树家风、圆家梦"活动，每年评选表彰一批道德模范、"好婆婆"、"好媳妇"和十星级文明户、文明家庭，对获得荣誉的个人、家庭颁发荣誉证书、给予奖励，并在官方微信、微博平台上展示，引导群众见贤思齐、崇德向善。截至2021年底，县、镇、村三级累计评选道德模范、先进典型1028人，设立"善行义举榜"282处，举办道德讲堂285场，宣讲先进典型事迹322场次，充分激发群众参与道德建设的热情，群众互相帮助、诚实守信、平等友爱、融洽相处的氛围更加浓厚。2022年，县、镇、村三级共评选出劳动模范30名、优秀志愿者30名、道德模范28人、"最美家庭"110户、"好婆婆"145人、"好媳妇"156人。存量和增量好人典型、道德模范群体快速增长，成为脱贫地区重要的精神价值标杆。

### （二）抓实环境整治，倡导美好生活理念

秉持"环境为王"理念，突出"抓点示范、典型引领、以点促面、梯次推进"，以农村人居环境整治示范工程为抓手，着力提升群众环境卫生意识和健康文明素养。其一，加强政策宣传，提高群众环保素养。将常态化宣传与集中宣传、阵地宣传与流动宣传、线下"面对面"与线上"屏对屏"相结合，通过悬挂横幅标语，设立广告栏，运用应急广播、乡村流动喇叭车、电子显示屏滚动播放标语，印发宣传资料等形式，充分利用报纸、广播电视、网络等各类媒体平台的舆论引导效应，围绕农村人居环境整治提升的

重要意义、任务要求以及工作重点，广泛开展农村人居环境整治系列主题宣传活动，不断提高群众对农村人居环境整治的知晓率和参与度，有效改变乱扔垃圾、乱排污水等不良习惯。其二，突出整治重点，强化群众主体作用。以垃圾、污水、厕所"三大革命"为重点，扎实推进村庄清洁行动、畜禽粪污资源化利用、村庄规划建设提升"三大行动"，围绕"八清一改一绿化"① 和"八不八保"② 要求，积极动员群众，集中整治公路沿线、河道两岸、河塘沟渠等环境污染区域，大力开展室内外大扫除活动，不断提高农村人居环境整治水平，村容村貌和群众面貌焕然一新。截至 2022 年 4 月，石泉县累计改造卫生厕所 39047 户，建设污水处理厂 12 个、污水处理站 34 处、4 个无害化生活垃圾处理场、9 个垃圾中转站正常运行，基本实现生活垃圾全面收集和全过程处理。其三，健全激励机制，激发群众参与热情。建立健全农村人居环境整治"月积分"考核和"晾晒"工作制度，每季度组织一次"三看三比"（看产业比发展，看环境比变化，看项目比进度）现场观摩会，对全县 11 个镇晾晒评比，现场打分，并将考核结果作为年底考核环境卫生奖补的重要依据。设立人居环境整治"红黑榜"，对先进典型张榜表扬，推广典型经验；对落后典型教育警示，督促问题整改，以此发掘工作亮点和不足之处，有效激发人居环境整治全员参与热情。通过让群众共建共享发展成果、感受感知新发展新变化，赢得民心，赢得称赞、好评。

## （三）致力志愿服务，描绘文明亮丽底色

以志愿活动为重要载体，以服务群众为核心，做好实新时代文明实践工

---

① 八清一改一绿化："八清"指清理农村生活垃圾、清理村内塘沟、清理畜禽养殖粪污等农业生产废弃物、清理室内外卫生、清理乱堆乱放乱搭建、清理废弃房屋和残垣断壁、清理农村河道卫生、清理农村道路沿线卫生，"一改"指改变影响农村人居环境的不良习惯，"一绿化"指绿化美化村庄环境。

② 八不八保：不乱扔垃圾，及时清洁保干净；不乱泼脏水，及时清洁保整洁；不乱倒粪污，及时清除保清爽；不堵塞沟渠，及时清理保畅通；不乱堆乱放，及时走保整齐；不乱贴乱画，及时清掉保美观；不乱搭乱建，及时清拆保整端；不当旁观者，主动参与保面貌，真正保持村庄常清洁、家园常干净。

作，着力打通服务群众"最后一百米"。一是弘扬志愿精神，传播文明理念。利用报纸、广播电视、宣传栏、电子显示屏、党员学习日、特殊节日等载体或节点，广泛宣传志愿服务系列活动，积极弘扬以奉献、友爱、互助、进步为主要内容的志愿精神，普及志愿服务知识，提高群众对志愿者服务工作的思想认识和重视程度，引导更多群众积极参与志愿服务活动，在服务社会中提升自我，让志愿服务成为人们的行动自觉、价值自觉、文化自觉。通过推荐、投票等方式，评选出党政放心、社会认可、群众满意的优秀志愿者和志愿服务组织，对他们进行隆重表彰和奖励，为群众树立更多可亲可敬可学的精神标杆。定期开展志愿服务经验总结和推广交流活动，将志愿服务融入文明创卫、普法宣传、疫情防控等领域，深入营造学习志愿者、争当志愿者的浓厚氛围，树立"我为人人、人人为我"的生活新风尚。二是强化队伍建设，凝聚文明力量。注重项目化、专业化、规范化和常态化，石泉县以党员干部为主体，吸纳先进典型、文化人才、科技能人、医学专家、文艺骨干等注册志愿者组建新时代文明实践志愿服务总队、镇新时代文明实践志愿服务大队、部门特色志愿服务支队，着力打造横向到边、纵向到底的志愿服务矩阵。采取走出去、请进来、实战训练等方式，积极开展对志愿者的专业知识、专业技能培训，不断提高服务能力和水平，努力打造一支有水平、有温度、有责任感的志愿者服务队伍，为志愿服务活动开展注入强大动力。池河镇西苑社区建成老年儿童关爱、水电维修、创业就业指导、平安建设、文化娱乐、民生保障等6支志愿服务队，173名志愿者长期参与，每年志愿服务活动超过200次，志愿服务蔚然成风。三是健全服务平台，创新文明建设载体。整合县、乡（镇）、村三级公共服务阵地资源，打造理论宣讲、教育服务、文化服务、法律服务、科技与科普服务、卫生健康服务六大平台，以群众喜闻乐见的形式开展丰富多彩的新时代文明实践活动，创新推行"群众点单、社区派单、志愿者接单、群众评单"工作模式，组织志愿者、网格员深入群众走访问需，项目化、清单化梳理群众需求，积极打造精准对接群众需求的志愿服务项目，实现志愿服务精准化、项目化、大众化、简便化，让"有时间就做志愿者，有困难就找志愿者"的理念深入人心，推进全民参与文明社区创建，助力乡村精神文明建设。常态化开展以"精彩人声·'泉'新呈现——花鼓说唱'十全'新（新思想、新理论、新政策、新法规、新技术、新发展、新变化、新生活、新典型、新风尚）""技助农家·艺展风采""鹮卫友爱——争当朱鹮保护功臣·共建和谐美好家园""我为美丽加点分——美丽妈妈团促抓乡村振兴""周末喜相逢·文艺村村行""悦孝悦开心·越活越精彩"等为主题的"爱我家乡·石泉益友帮"系列志愿服务活动。

## （四）持续以文化人，提振群众精神风貌

加强公共文化服务建设，注重以文化人、以文育人，广泛开展群众乐于参与、便于参与的文化活动，不断提升文化涵养，增强精神力量。一是健全文化服务网络，群众文化需求"有保障"。基于"补齐短板、巩固提高、全面推进、协调发展"的建设思路，以政府为主导、以村级为重点、以农户为对象，建立和完善县、乡（镇）、村三级公共文化服务体系设施网络；丰富和扩大公共文化服务产品供给，规范和创新公共文化服务手段，推进公共文化服务供需有效对接，打造"农村一公里"公共文化服务圈，实现公共文化服务标准化、均等化。县中心、镇所、村站、集中安置小区实践点四级网络服务体系建设更加健全，210多个服务点位让为民服务半径得到延伸。石泉县喜河镇基于"活动有阵地、服务零距离"思路，完善镇级实践站和19个村级实践所，规范管理1个基层文化服务中心、19个村级服务点、15个文化广场、10个"乡村大舞台"、19个农家书屋等活动场所，全方位保障群众文化需求。二是实施文化惠民工程，群众文化生活"更丰富"。聚焦民生文化需求，让群众更便捷地享受更优质的文化服务。教育引导群众永远感党恩、听党话、跟党走。以送戏下乡、送书下乡、送电影下乡、送讲座展览下乡等为载体，推动各类文化社团进基层。积极开展全民艺术普及活动，注重与村（社区）结对演出，促进"送"文化与"种"文化相结合，提高群众文化参与度，引导群众走进舞台中央，着力打造"共同谋划、共同参与、共同创造、共同评价、共同分享"的公共文化供给新模式。全县年均文化志愿服务活动480余场，放映农村电影1800余场，受益群众超百万人

次，极大地丰富了群众的精神文化生活。三是壮大文化服务队伍，群众文化活力"更持久"。持续完善乡土文化人才激励计划，制定相应优惠政策，提高待遇水平，吸纳更多人才投身乡村文化建设，充分调动和发挥各类乡土文化人才的工作积极性和创新潜能。开展"乡村文化带头人培训工程"，推动各级剧团、文化馆站与乡村文化站（馆）结成对子，采取集中培训、"一对一"带徒弟等方式，增进乡村文化队伍的知识素养和艺术技能。通过开展书画展、文艺汇演和体育比赛等各类活动，石泉县为乡村文化队伍提供学习交流展示平台，着力建设一支扎根基层、服务群众的文化骨干队伍，确保群众文化具有持久活力。以县文化馆、文艺社团、音乐教师、乡土艺人等300余名骨干志愿者为主体组建文化惠民志愿服务支队，深入开展形式多样的文化志愿服务活动，为推进乡村全面振兴注入源源不断的精神动力和生机活力。

## 二 重视守正创新，搭建农村精神文明建设"高楼"

### （一）突出党建引领是加强农村精神文明建设的根本前提

党的领导是当代中国的最大国情。乡村振兴不能只盯着经济发展，还必须强化农村基层党组织建设，重视农民思想道德教育。农村精神文明建设作为一项思想性、政治性和群众性很强的社会文化实践活动，需要农村基层党组织强有力的组织、引导和有效监督。作为推进农村精神文明建设"主心骨"的农村基层党组织，要通过富有成效的农村基层党建，不断深化农村精神文明创建活动，推进党建与精神文明创建活动深度融合，做好新时代文明实践活动，使党建成为精神文明创建活动的重要保障和推动力。一是坚持"外引"与"内育"齐头并进，强化农村基层党员队伍建设，全面提升基层组织能力，为推进农村精神文明建设提供智力支持。常态开展群众喜闻乐见的志愿服务、办好为民实事好事是满足人民群众对美好生活的需要，也是持续增进民生福祉的重要载体。二是以农村党员干部和党组织作用发挥为目标，因地制宜探索多形式的"支部联建"模式，不断提升农村基层党组织组织力，将农村群众凝聚起来，为推进农村精神文明建设提供更好的支撑条件。要更加注重让党的声音"响起来"，让文明新风"树起来"。三是通过优化基层党员干部考核机制，简化考核程序，规范党组织标准化建设。既达到考核人和考试事的目标，又不过多占用基层干部的时间和精力，让他们把更多的时间和精力用于推进农村精神文明建设。让基层工作"实起来"，让实践活动"火起来"，深化拓展新时代文明实践工作，让党的创新理论更好地"飞入寻常百姓家"。

### （二）回应群众需求是加强农村精神文明建设的核心内容

习近平总书记强调，要充分尊重广大农民意愿，调动广大农民积极性、主动性、创造性，把广大农民对美好生活的向往转化为推动乡村振兴的动力。农村精神文明建设作为农业农村现代化的重要抓手，是实现乡村振兴的重要环节。要注重一切为了农民、一切依靠农民、一切造福农民，体现农民的主体地位。一是把农民的实际需要放在第一位。加强农村精神文明建设不是面子工程，而是与农民日常生产、生活密切相关的铸魂工程。要坚持以农民满意为检验农村精神文明建设成效的主要标准，做到谋划思路问计于民、改进措施请教于民、衡量成效评判于民，确保农村精神文明建设服从农民需要、交由农民决定。二是积极引导农民自发参与。农村精神文明建设，为了农民更要依靠农民。要积极运用农民喜闻乐见的方式、便于参与的平台、乐于接受的方式，广泛开展精神文明创建活动，最大限度地调动他们参与的积极性、主动性和创造性，实现精神文明创建活动为农民所需要又为农民所创造，让农民真正成为精神文明创建活动的创造者、参与者、受益者。三是推进让农民享有更多文化发展成果的行动，要注重让服务品牌"亮起来"。以标准化、差异化为要求，因地制宜推进乡村公共文化设施建设，切实提高乡村公共文化均等化和优质化水平；持续创新乡村文化活动内容和表现形式，借助传统节日、民间特色节庆、农民丰收节等重要节日载体，广泛开展各类乡村文化活动，让农民在丰富多彩的活动中获得精神滋养，增强精神力量，更好地满足多样化、多层次、全过程的精神文化需求。

### （三）实现协同共治是加强农村精神文明建设的有效形式

在公共性不断扩散和主体性不断增强的情势下，基于美好生活导向的共同缔造理念是新时代加强农村精神文明建设的有效方式。作为推动新时代乡村治理体系和治理能力现代化的重要举措，农村精神文明建设要注重决策共谋、发展共建、建设共管、效果共评、成果共享，充分吸纳党委政府、社会力量、农村群众等多方力量共同参与、协同推进。其一，党委政府是农村精神文明建设的政策制定者和方向引领者，为农村精神文明建设把脉导航。建议要有机整合、合并开展党的二十大精神宣传宣讲、道路交通安全、护林防火、疫情防控、平安建设"九率一度"宣传宣讲、文明实践志愿服务、文化惠民演出等活动。结合当地实际，精心设计精神文明建设活动，助力以产业振兴、文明创建、生态保护、孝义文化建设等为主的活动载体，力争做到"三级联动、多方联动、活动联动"。其二，社会力量是农村精神文明建设的重要推动者和参与者，可以有效解决农村精神文明建设资金不足和人才匮乏等难题。注重推动各类优势资源的整合集聚，实现多元主体各司其职、各负其责、协同共治，共同缔造共建共治共享的农村精神文明建设新格局。其三，农村群众作为农村精神文明建设的主体，是农村精神文明建设能否取得实际成效的决定性因素。深化农村精神文明建设既需要充分发挥党委政府的引领作用，又需要最大限度地调动乡村社会内部的动力因素，还需要大力激发社会力量参与。特别是要充分发挥群众的主体作用，通过群众中的乡贤能人、创作高手、理论专家、草根名嘴、说唱能手、产业标兵、技能标兵、道德模范等，影响带动更多人参与劳动创造、实践探索，进一步丰富基层一线的创作成果、演讲成果、理论成果、技能成果、活动成果，让文明实践工作有更广泛的群众基础，有更强大的生命活力。

### （四）强化责任落实是加强农村精神文明建设的重要保障

加强农村精神文明建设不是一朝一夕的工作，而是一项政治性、业务性和综合性较强的系统工程。要牢牢抓住主体责任的"牛鼻子"，紧盯第一责任人的"关键环节"，健全落实领导责任机制，完善相关地方性政策和法律法规。一是将农村精神文明建设纳入意识形态工作责任制和党政领导班子考评体系，适当加大农村精神文明建设在基层干部绩效考评中的份额权重；通过定期分步督查和实绩考核，加快建立健全层层抓落实的责任体系，注重将文明建设效能结果与基层干部晋升提拔、绩效奖励挂钩。二是推动实施农村精神文明建设责任清单制，明确市县乡（镇）村四级书记第一责任人，以项目化考核、数字化打分、标准化排名、严肃化问责倒逼干部和相关单位履职尽责，不断完善领导班子和领导干部考核项目、评价标准和加减分细则，用考核"硬尺子"推动基层领导班子和广大干部把主要精力聚焦到农村精神文明建设上来，着力构建"纵向到底、横向到边、共建共治共享"的治理体系，确保每项工作有人抓、有人管、高标准、严要求，更好地满足群众对美好生活的向往。三是夯实农村精神文明建设法治基础，推动政策体系、工作体系和责任体系规范化、长效化；推动各级政府及有关部门切实履行农村精神文明建设的职责和任务，增强刚性制度约束。坚持科学化、规范化、系统化、高效化组织开展政策理论、实用技术、法律法规、文化艺术等宣传宣讲活动，做到"理论1+N"有机统筹、整体推进，让小活动、微宣讲发挥大效应。

**参考文献**

何得桂等：《乡村振兴背景下山区贫困有效治理的石泉样本研究》，知识产权出版社，2020。

习近平：《毫不动摇坚持和加强党的全面领导》，《求是》2021年第18期。

贾月：《共同富裕视域下农村精神文明建设的困境与突破之策》，《决策科学》2022年第3期。

何得桂、徐榕：《新时代脱贫攻坚精神的基本内涵与时代价值》，《广西大学学报》（哲学社会科学版）2020年第6期。

何得桂、李想：《基层党组织制度优势转化为治理效能的机制与路径——基于群众路线视角的探析》，《西北农林科技大学学报》（社会科学版）2022年第3期。

王怡涵、何得桂：《在乡村振兴中"留住乡愁"：价值、困境与路径》，《理论月刊》2022年第10期。

# B.21
# 汉阴县发展壮大农村集体经济模式探索*

吴春娜　罗新远**

**摘　要：** 发展壮大农村集体经济是助推乡村振兴的重要举措。汉阴县在各级党委政府的领导下，充分发挥广大基层集体经济工作者和人民群众的智慧和创造性，采取推行"三联"共建工作机制、搭建"镇园产业联盟"平台、本土化"企社加盟"经营、推进"三个一"产业发展和创新收益分配等做法。该县坚持党建引领，提高农业产出率，有效组织农民提高其积极性，在探索发展壮大农村集体经济模式方面取得了初步成效，值得其他地区参考借鉴。

**关键词：** "三联"共建　镇园产业联盟　农村集体经济

党的十九大把发展壮大农村集体经济提升到关系乡村振兴战略实施成败的高度，党的二十大再次强调发展新型农村集体经济。农村集体经济能够保障乡村振兴战略实施的正确方向，能够引导农民走共同富裕的道路。乡村振兴的逻辑起点和物质基础是产业振兴，而乡村的产业振兴依赖集体经济的发展壮大，发展壮大农村集体经济是助推乡村振兴的重要举措。改革开放 40多年来，我国农村集体经济发展取得了阶段性成果，但新时代乡村振兴战略

---

\* 本成果系陕西省哲学社会科学重大理论与现实问题研究重点项目"乡村振兴战略下汉阴县发展壮大农村集体经济路径研究"（2022ZD667）阶段性成果。

\*\* 吴春娜，西安培华学院会计与金融学院教授，研究方向为农村经济、区域经济；罗新远，西安培华学院乡村振兴研究院教授，博士生导师，研究方向为社会经济学。

背景下，农村集体经济发展依然面临诸多问题，这些问题的解决需要用改革的勇气和魄力去创新和实践。广大基层集体经济工作者和人民群众在各级党委政府的领导下，在农村生产生活中不断实践。汉阴县自 2017 年农村集体产权制度改革以来，一直积极探索农村集体经济的发展模式，取得了初步成效，值得其他地区参考借鉴。

# 一　汉阴县基本情况

## （一）汉阴县概况

汉阴县隶属陕西省安康市，位于陕南秦巴山区，毗邻安康市汉滨区、紫阳县、石泉县、宁陕县和汉中市镇巴县。全县辖 10 个镇 141 个行政村，面积 1365 平方公里，第七次全国人口普查（2020 年 11 月 1 日）数据显示，常住人口为 240188 人。汉阴县地处秦巴腹地，北枕秦岭，南倚巴山，凤凰山横亘东西，境内山川秀丽，素有安康"鱼米之乡"美誉。除月河川道外，大部分为浅山丘陵。316 国道和阳安铁路穿境而过。2020 年 2 月 27 日，陕西省人民政府批复同意，汉阴县正式实现"脱贫摘帽"，退出贫困县行列。2021 年全县生产总值、地方财政收入总额分别达到 111.0 亿元、6.5 亿元，较 2016 年分别增长 28.8%、65.0%；城乡居民人均可支配收入分别达到 30000 元、12500 元，较 2016 年分别增长 44.6%、58.7%。先后荣获国家卫生县城、国家园林县城、全国食品工业强县、全国法治县创建先进单位、全国农村创新创业典型县、省级文明县城、省级农产品质量安全县等多项国家和省市殊荣。

## （二）汉阴县农村集体经济发展基础

汉阴县围绕"南茶北果（桑）川道园（菜）"产业布局，提升"一村一品一园"工程，加快发展生猪、茶叶、蚕桑、猕猴桃等特色主导产业，以扶持壮大 35 个集体经济示范村为重点，因地制宜、因村制宜探索自主经营、三产融合、资源开发、联合经营、投资收益等多种集体经济发展模式，通过盘活土地资源、发展特色产业、激活内生动力来发展壮大集体经济。该县抓住农村综合改革政策机遇，稳步推进农村集体产权制度改革，以村支部为核心，2021年基本消除集体经济"空壳村"，成立了村集体股份经济合作组织142个，"三个一"产业合作社136个，实行代理记账，并签订农村"三资"监管协议，将农村集体资产纳入平台管理。106个集体经济组织开通了"银农直连"，实现了集体资产管理信息化，为助力乡村振兴奠定基础。

## 二 汉阴县壮大农村集体经济模式探索

### （一）推行"三联"共建机制

"三联"共建指支部联建、资源联享、产业联盟共同推进农村集体经济发展的工作机制。汉阴县兴隆佳苑社区是易地搬迁社区，建成于2019年5月，地处县城以西7公里，占地面积60.62亩，共有11栋楼29个单元，设4个居民小组，安置搬迁群众443户1756人，党员17名。社区建成后，兴隆佳苑社区党支部率先推行"三联"共建工作机制，与地域相邻、产业相近的兴隆村、西岭村联合，成立兴隆佳苑蚕桑专业合作社，建成千亩蚕桑产业基地，实现优势互补，推动共同发展，带动群众致富增收，取得了良好成效。该做法得到中央电视台《新闻联播》、《人民日报》头版和新华社等媒体报道。一是支部联建。兴隆村党支部是省级示范党支部，组织力强；兴隆佳苑作为搬迁社区，新党支部各项工作有待完善；而西岭村党支部相对涣散，需提升组织力。基于三个党支部工作进展不平衡、组织威信力差距较大的现状，镇党委通过班子共带、发展共商、活动共办进行党支部联建，先进带后进促发展。二是产业联盟。搬迁社区农民具有传统的养蚕技术优势，且有产业发展资金，但发展瓶颈是缺乏土地资源。而西岭村和兴隆村有可利用的土地，但是缺乏能人带动，发展资金不足。三个党支部联合成立蚕桑产业专业合作社，采取土地入股、集体资金入股和农户带资入社方式，筹集产业发展资金。按照户均2.5亩增收10000元的标准规划，新建高标准蚕桑产业园 1500 亩，建成 20 处 5600 平方米标准化蚕室工厂、1 处 20 亩林下养鸡场。2021 年养蚕种蚕 206 张、土豆套种 200 亩，林下养鸡销售 2 万余羽，总收入 237.5 万元，社区集体提纯收入 33 万元。同时，蚕桑专业合作社与茶叶专业合作社共同研发桑叶茶、桑枝茶等产品，延伸了产业链，增加了附加值。三是资源联享。联享联建村（社区）的集体资源，实现资源的规模化效益。其一，基础设施共享。联建村（社区）整合基础设施资源，扩大产业规模，联合申报项目。截至 2021 年，联建村（社区）修建产业道路 3.8 公里、灌溉渠道 2.6 公里、水窖 8 处，在此基础上进一步规划形成三纵多横、相互联通闭合的产业道路。其二，劳务资源共享。兴隆佳苑社区利用搬迁群众的劳动力优势，牵头组建劳务公司，对三个联建村（社区）劳动力资源进行调研摸底，并建立台账，实现农民"家门口"就业。其三，人才技术共享。选派若干名养蚕技术骨干到外地学习技术，掌握最新的养蚕技术，学成回来现场教学，对蚕农提供全程技术指导。此外，蚕桑专业合作社自主研发了省力化蚕台，有效降低了养蚕成本，提升了产业效益。

平梁镇"三联"促发展的工作机制通过支部联建，增强党支部组织力和领导力，党建水平整体得到提升；通过产业联盟，解决了产业碎片化、规模小的问题，提升了产业效益，带动了农民增收；通过资源联享，解决了资源分散、资源闲置的问题，改善了村基础设施条件，实现资产效益最大化。

## （二）搭建"镇园产业联盟"平台

"镇园产业联盟"是由政府搭建的各镇村党支部、村级集体经济组织与农业园区企业产业对接平台，把村级合作组织及其带领的农户与农业园区及农业企业联系起来，形成利益联结共同体。通过此平台，消除农户种什么、怎么种、卖给谁的迷茫，也解决了园区、企业基地销往哪里、原料供给的问题。"镇园产业联盟"是以市场为导向的利益联合体，村集体经济组织外联园区企业内联农户，是关键环节，体现了组织生产、规模发展、集约经营的方向和要求，最终农户成为产业发展的追随者及受益人。

漩涡镇东河村、双河村、塔岭村通过"镇园产业联盟"和"三个一"

产业发展模式成立了东河丰和茶叶专业合作社，动员群众参社入股，新建陕茶一号茶园 500 亩，发展有机水稻 500 亩、富硒油菜 500 亩。协调阳晨牧业公司发放猪仔 155 头，发放高产新品种红薯苗 10 万余苗；成立专业合作社，建成茶叶产业园 500 亩、花椒产业园 195 亩、拐枣产业园 516 亩。通过相关部门人、财、物的投入，村产业发生了翻天覆地的变化。

在"镇园产业联盟"模式下，镇村结合当地资源禀赋和产业要素，优选产业，通过完善利益联结机制，将农户牢牢嵌入农业产业链中，生产经营主体与农户形成利益共同体，以达到最终收益惠及农户的目的，使农户有土地可以流转、有资源可以分红，多途径实现农户增收。同时各村选择有思想、懂经营的能人搭建专业合作社平台，吸纳有产业发展意愿的农户加入不同产业类型的专业合作社，从根本上解决土地、资金、技术、市场等制约产业发展的要素，推动产业发展走集约化、规模化、专业化道路，不断壮大农业经营主体实力。

### （三）本土化"企社加盟"经营模式

"企社加盟"模式是以产业为依托、市场为导向、品牌为纽带、产权联合为手段，引导同类农民专业合作社之间、农民专业合作社与农业龙头企业之间进行多种方式的联合与合作，实质是企业与企业、法人与法人的联合。其是在农业"三产融合"发展的实践中对农产品市场主体进行的探索。需结合本地资源和要素实际，加快产业带动农村集体经济发展的进程。

蒲溪镇盘龙村自 2018 年开始探索落地"公司+合作社+农户"的"企社加盟"发展模式。2018 年 1 月，完成了农村集体清产核资、成员身份认定及股权量化工作，成立了盘龙村股份经济合作社，全村 3324 人都成为合作社的股东。通过清产核资盘清集体资产，林地资源 4852.7 亩，村"两委"利用"三变"改革这一契机，将农村集体资源性资产全部纳入村级股份经济合作社，同时流转撂荒土地 150 亩种植红桃。与三马公司签订合作协议，三马公司向持股股东统一发放"股权证"，并建立档案，对农户入股的土地、林地，在合作社纳入经营的地产股，实行"保底收益，持股分红"，未纳入经营的土地、林地仍由原承包户自己经营，不参与地产股分红，待后由合作社统一经营时，再进行分红。同年 12 月盘龙村成立了村级产业合作社（汉阴县鑫龙泰红桃种植专业合作社），依托合作社积极推动产业发展，以红桃、蚕桑、水果大棚等为主导产业，盘龙村呈现良好的发展势头。2020年 6 月，盘龙村回购三马公司发展的红桃园，农村集体经济资产实现了增长，全村种植红桃 1000 亩、水果大棚 200 亩、栽桑 410 亩。该村依托产业长短结合，做到产业长期有发展、短期有收入，在桃园内套种西瓜、土豆等，既增加了合作社收入，又减少了产业园日常管理费用，实现了效益最大化。2020 年草莓、红桃、蚕茧、民宿餐饮等收入共计 50 余万元。盘龙村充分整合现有资源并创新实践，建立了适合本村发展的农民专业合作社推动型"企社加盟"模式。

2018 年，双河口镇三柳村开始实践创新"企业+党支部+基地+农户"经营模式。同年村股份合作社与安康嘉汇铭公司以"公司+党支部+农户"的模式进行整体开发。建成一座 300 余平方米的烘干厂房，配备 15P、7P空气能烘干设备各一套，共同研发金银花系列产品"五朵金花"（金银花茶、金银花蜜、金银花黑糖、金银花土鸡、文创产品）和"三柳共米"等产品，并通过"电商+"销售模式进行线上线下销售，其中研发的金银花红花产品广受消费者青睐。2020 年该园区被评为县级现代农业园区。通过几年的运行，三柳村摸索出一种"企社加盟"经营模式——农业企业与合作社组成的特色农业集团（公司），即将农业产业与休闲旅游业、文化产业有机结合，充分发挥龙头企业、专业合作组织的引领和带动作用，并通过引导土地流转增加租金收入和务工收入，为农村集体经济发展助力。

## （四）推进"三个一"产业发展模式

汉阴县早在 2019 年就创新推行了"加入一个产业专业合作社、发展一项长效特色产业、扶持一笔产业奖补资金"的"三个一"产业带贫益贫模式，发展富硒猕猴桃、茶叶、蚕桑三大特色产业，将贫困户镶嵌于产业链中，帮助他们实现稳定增收脱贫。脱贫攻坚后，继续沿用该产业发展模式发展壮大农村集体经济。蚕桑产业当年种，当年养，当年见效益，通过推行"三个一"产业发展模式，不仅能把土地利用起来发展产业，也能给农户增加务工岗位，实现农民增收。平梁镇新河村通过流转土地300亩，2021年冬至2022年春育桑苗270亩，每年土地流转费近20万元，同时还有许多村民在桑园育苗基地务工，每天仅务工费就有2500余元。

润池镇军坝村也将村集体经济合作社和村"三个一"产业发展有机结合起来。该村在面临2/3土地被征收发展工业的情况下，通过学习考察，2019年从外省引进品牌香椿，利用不能发展工业的剩余零星地块（坡地）尝试种植。汉阴县率先开展规模种植，当年建成温室大棚抢在春节前上市"香椿芽"，促进润池镇香椿合作总社成立。2018年，汉阴县成立村集体经济合作社，财政拨款资产性收益资金本金19万元，2019年36户贫困户配股收益资金分红1.9万元，财政拨款发展壮大农村集体经济资金129万元。将这些资金投入"三个一"产业合作社。截至2022年初，村香椿种植专业合作社有香椿种植基地700余亩，采摘的成品香椿芽销售给外省销售商，形成生产销售产业链，通过长期销售合作，达到互利共赢。此外2021年军坝村探索"活水养鱼"，梯度养殖白鲢、花鲢、草鱼等传统鱼，2022年引进陆基圆桶型高位养鱼池，通过封闭式水循环模式提升养殖密度，养殖鲈鱼、黄骨鱼、鸭嘴鱼等性价比更高的品种。这样，当地经过几年的探索和论证，大力发展香椿种植及水产养殖产业，实现集体经济合作社资金的有效利用。截至2021年底，军坝村香椿种植专业合作社新增大棚香椿4亩，组织移栽植大棚香椿10万余株，并发展种植育苗基地8亩，为后期发展大棚香椿移栽及香椿种植基地扩大提供保障。水产养殖产业合作社自主经营培育鱼苗10余万尾，并投放养殖大池塘，实现年产值40余万元，预计到2025年"三个一"合作社销售年产值将达到500万元以上。

几年来，军坝村集体经济合作社总收益144万元（其中人饮水厂水费收益83万余元，公租房收益25万余元，财政拨款资产性资金收益及壮大集体经济资金收益 28 万余元，将集体经济资金用于发展香椿、水产养殖产生的收益 8 万余元）。军坝村结合实际，持续推进"三个一"产业发展模式，发展壮大村集体经济，带动村民稳步增收，同时为脱贫攻坚成果巩固和乡村振兴有效衔接奠定了坚实基础。

### （五）创新收益分配模式

平梁镇太行村从不同经营主体、地域条件、土地类型和农户需求出发，创新实行"1117"、"136"和"双托管"等多种分配模式，充分调动了各方积极性，有效带动了相关产业发展，切实推动了农村集体经济发展壮大，农民收入得到提高。一是土地入股"1117"分配模式。花椒种植专业合作社与村集体经济股份合作社合作，因花椒三年后挂果，前两年为生长期不盈利，前两年每亩土地暂不支付土地租金，第三年开始支付土地流转费，从第四年开始除每亩土地支付的租金以外，每亩花椒纯利润按照"1117"利益分配方式进行分红，即利润的 10% 分配给村集体，10% 分配给土地入股农户，10% 留作风险金，70% 分配给企业。二是种植托管"136"分配模式。为切实扩大花椒种植规模，太行村村集体与花椒专业合作社达成共识，由花椒专业合作社负责土地流转，并将种植的花椒幼苗交由农户托管，前两年企业每年支付给农户 200 元/亩托管费，从第三年开始按照"136"的利益分配方式，即每亩纯利润的 10% 付给村集体、30% 付给合作社、60% 留给农户（如有土地无劳动力的农户，将土地流转给有劳动能力的农户，本人占10%、种植户占 50%）。农户托管过程中，由花椒专业合作社免费提供技术支持、农药、肥料和产品保底回收等服务。三是养殖"双托管"分配模式。该村与养殖专业合作社达成协议，将西门塔耳牛幼崽交由有养牛经验和养殖能力的农户代养，销售方面由企业负责，农户和企业按照 60% 和40% 的比例分配利润；同时，对于没有养殖能力的农户，可以在企业购买牛幼崽，由养殖专业合作社代养，等出栏后所得利润按照农户四成、企业六成进行分配。

创新收益分配模式，通过明确合作各方权利和义务，严格兑现协议承诺，减少和化解合作风险与矛盾，以此实现提高农村集体经济成员在合作发展中的参与度，最大化保障其收益的目的。太行村农村集体经济发展成效及带动群众增收效果初步显现。

## 三 经验与启发

汉阴县各村镇（社区）在探索发展壮大农村集体经济方面，充分发挥了基层工作者和人民群众的智慧与创造性，"三联"共建工作机制被央视媒体推广，"镇园产业联盟"模式和"三个一"产业模式写入省委一号文件，这充分说明该地区对农村集体经济发展模式探索的创新性和科学性。汉阴县模式，用实践证明坚持党建引领、注重提高农业产出率、有效组织农民提高其积极性的做法，对发展壮大农村集体经济具有重要意义和推广价值。

### （一）党建引领，协同发展

我国农村集体经济的所有制属性，客观上要求基层党组织起到思想引领和决策指导的作用。2018年中共中央组织部、财政部、农业农村部印发的《关于坚持和加强农村基层党组织领导扶持壮大村级集体经济的通知》提出，要充分发挥农村基层党组织的政治功能、组织优势，把党员、群众组织起来，有效利用各类资源资产资金，因地制宜发展壮大农村集体经济。陕西多地农村面临集体穷、支部弱、群众散、产业衰的问题，坚持党建引领下的农村集体经济成为资源分布不均、村庄空心化和老龄化、集体经济基础薄弱的农村的现实选择。在不改变原有村（社区）行政区划和财产所有权的基础上制度化同构农村基层党支部，在汉阴县"三联"共建工作机制中，"支部联建"是组织者和引领者，"产业联盟"是抓手，"资源联享"是保障。"三联"充分发挥了基层党组织的战斗堡垒作用，通过党支部最大化整合周边农业资源，盘活集体资产，优化配置要素，把党支部的政治、组织优势转化为经济发展优势，实现村域协同发展，走集约化产业之路，壮大农村集体经济，实现农民稳定增收。

### （二）企社加盟，提高农业产出率

世界农业发展规律表明，农业的经营效益与规模直接相关，而适度规模需与相应的科技、资本、人才及经营方式等适应，农业经营效益即产出率，同等投入追求产出最大或一定产出的情况下投入最小。从生产端到销售端的流转，农业产出率才能变现，这样就涉及经营主体和经营规模的选择问题，汉阴县"镇园产业联盟"、"三个一"和"企社加盟"较好地从不同角度给出了解决方案。小农户无法面对农产品大市场的供给端，同时与需求方信息不对称。农产品生产与销售分割为多个部门管理，生产环节是分散的小农户、农业种养殖大户和农民专业合作社等，而农产品的流转部门（收购、加工、销售）是涉农企业。这两个经营主体其中任何一个意在做全产业链都不符合市场经济的分工论，大而全是在弱化、抵减经营主体的优势。生产主体和经营主体要运用产业生态思维，建立"企社加盟"机制，形成完整的农产品产加销一体化经营体系，发挥农产品市场经营主体的作用，这成为解决农产品卖难买难，实现农业产业化经营和农业现代化的一条重要途径。"镇园产业联盟"、"三个一"都是"企社加盟"理念的具体表现形式，其有效推进了汉阴县农业的"三产融合"，带动能力不断增强。

### （三）利益联结，组织农民并调动积极性

从精准扶贫到乡村振兴，"三农"问题的出发点和归宿均是实现广大农民的发展。全社会有共同的责任推进乡村振兴，各级党委政府只是乡村振兴战略的领导者、推动者、助力者，但战略的主体是农民。要实现2050年的农业强、农村美、农民富，需要农民自我发展意识的觉醒和自我组织能力的提高，只有亿万农民受益者参与进来，才能有效推动乡村建设进程。当前农村集体经济股份合作社作为新时代农村集体经济组织的有效实现形式和运行机制被广泛推广和实践，它能够有效组织农民，尤其村集体入股农民专业合作社将农民牢牢镶嵌在产业链中，继而该模式下不同主体之间的利益分配就显得尤为重要，既要能通过产权权益充分调动各方积极性，体现集体经济组

织的集体属性，同时给予公司、基地或园区必要的激励，最终又必须惠及广大村民。由于各地农村资源禀赋差异较大，要素资源产权不同，农民专业合作社的内部组成结构及分配形式各异。不管是土地入股"1117"分配模式、种植托管"136"分配模式，还是养殖"双托管"分配模式，落脚点均是资源匮乏的农民，通过农村集体经济合作社这一农村集体经济组织，在农民产业合作社的框架下赋予农民市场要素，合作社在公司、农户与村集体之间进行谈判博弈，确保农户、村集体和企业各方利益均衡，不因市场价格波动和农产品生产资料品质违反契约，追求市场共赢。显然农民专业合作社显性成本和隐性成本投入较高，合理的利益联结机制大大调动了农民的主体性和积极性。汉阴县在发展壮大村集体经济分配模式方面，进行了创新性的探索和实践。

## 参考文献

史志诚：《企社加盟：农业经营新途径》，《西部大开发》2013年第10期。

李想、何得桂：《制度同构视野下党建引领新型农村集体经济发展的过程和机制》，《党政研究》2022年第4期。

# B.22
# 宁强县筒车河易地扶贫搬迁社区
# 后续扶持案例研究

蒋婧怡　冯煜雯\*

**摘　要：** 习近平总书记强调，要加大易地扶贫搬迁后续扶持力度。现阶段
搬得出的问题基本解决了，下一步的重点是稳得住、有就业、逐
步能致富。筒车河社区是汉中市宁强县"十二五""十三五"规
划建设的大型集中移民搬迁安置工程，通过实行"党建引领微
服务·培育社区新风尚"创新项目，开展"我为群众办实事"
系列活动，做实做优"党建先锋"，把社区治理与服务群众有机
结合起来，物业与社区之间互融互联互促，切实提升了社区居民
的获得感、幸福感和安全感。

**关键词：** 易地扶贫搬迁　后续扶持　社区治理　宁强县筒车河

　　易地搬迁是党中央明确的"五个一批"精准脱贫路径之一，是脱贫攻
坚的头号工程和"标志性工程"，易地扶贫搬迁建设任务已经全面完成，转
入以后续扶持为中心的新阶段。习近平总书记强调，要加大易地扶贫搬迁后
续扶持力度。现在搬得出的问题基本解决了，下一步的重点是稳得住、有就
业、逐步能致富。《中共中央　国务院关于实现巩固拓展脱贫攻坚成果同乡
村振兴有效衔接的意见》把易地搬迁后续扶持作为重要内容予以强调，做

---

\* 蒋婧怡，高寨子街道党政办主任，研究方向为中共党史党建；冯煜雯，陕西省社会科学院助
理研究员，研究方向为区域经济。

好后续扶持工作，既是党中央、国务院的一项重大决策部署，也是满足搬迁群众对美好生活向往的内在要求。

# 一 现状成效

陕西省深入贯彻习近平总书记关于做好易地搬迁后续扶持工作重要指示批示精神，围绕《易地搬迁后续扶持"乐业安居"专项行动方案（2022年）》，扎实开展稳就业促增收、特色产业培育、社会治理提升、补短板提质量、监测帮扶"回头看"五大行动，取得了显著成效。截至2022年8月底，全省有劳动力的建档立卡搬迁家庭共19.85万户42.56万人，其中19.58万户38.42万人实现就业，就业率90.27%，2万余名搬迁群众参与技能培训，公益性岗位安置3万余人，有劳动力且有就业意愿的家庭基本实现至少1人就业的目标。各地已累计为安置点配套建成帮扶车间、农牧产业基地、商贸物流园区、工业园区等各类产业项目3716个，累计带动近12万易地搬迁脱贫群众就业。汉中市宁强县早在2011年就按照"小城镇建设、现代农业产业和扶贫搬迁"三位一体的思路，有针对性地对部分生活在地质灾害地区、生活资源匮乏地区、生态环境恶劣地区的贫困人口实施移民搬迁和易地安置。为让贫困户"搬得出、稳得住、能致富"，宁强县创新移民模式，积极探索并建立以"党支部+社区工厂+贫困户"为引擎的精准扶贫模式。"十三五"期间宁强县规划建设了高寨子筒车河、汉源二道河、大安金牛新区、阳平关子龙新区等61个集中安置点，累计完成投资53亿元，筒车河移民安置社区是汉中市宁强县"十二五""十三五"规划建设的大型集中移民搬迁安置工程。筒车河社区位于高寨子街道筒车河村，距县城中心3公里，紧依玉带河，与西成高铁宁强南站隔路相望，靠近县循环经济产业园区，交通便利，区位优势十分突出。项目占地面积240亩，总投资8.3亿元，包括住宅、商业用房及相关配套基础设施工程，2013年底开工建设，2016年7月陆续竣工入住，共建成安置楼34栋3196套住房，落实安置对象3196户11947人，主要是生态搬迁和精准扶贫异地搬迁贫困户。截至2022年，社区常住人口 1200 户 3300 人，筒车河社区功能完善，绿化率高，卫生室、幼儿园、文化健身广场、停车场、便民超市、快递服务点等配套基础设施服务齐全。社区投资 500 万元建成具有全县示范标杆作用的筒车河社区党群服务中心，合理化集约化设置"一部三室三站一场"，强化"一站式"社区便民服务，将党群服务中心打造成集党员活动、学习培训、文化娱乐、医疗卫生、社会保障、联系服务等功能于一体的开放性党建服务平台，最大限度地提升服务效能，实现党支部服务群众"零距离"。

## 二　主要做法

### （一）以"四抓"强化党建，充分发挥堡垒作用

2022 年以来，筒车河社区党支部以"五星创建、双强争优"和"一诺四评"活动为契机推动社区"两委"班子成员不断发展。坚持党建引领，以服务群众为宗旨，在班子成员的共同努力下，社区"两委"功能持续健全，服务群众能力持续提升，治理体系持续完善，社区群众的幸福感、安全感、归属感不断提升。

抓干部队伍建设，坚持以建强干部队伍为突破，以完善机制为保障，切实提高社区"两委"干部队伍建设水平，通过换届社区"两委"现有干部 13 人，平均年龄 38 岁，大学以上学历 6 人、党员 7 人，新一届"两委"班子文化程度普遍提高、年龄结构持续优化、组织力凝聚力持续增强。严格落实干部管理考核机制，加强纪律作风教育，培养建立一支纪律严格、作风务实、具有开拓创新精神的社区班子。

抓后备力量培养，积极吸纳有文化、有见识、有理想的优秀青年，从本乡本土大学毕业生、退役军人、社区志愿者队伍中培养后备力量 3 名，培养 35 岁以下后备干部 3 名。由"支部书记+支部委员"担任后备力量"双导师"，开展全程帮带培养，通过"双导师"考察谈话了解人才特点，安排后备干部参与社区相关工作，不断提升其业务水平和履职能力，努力打造一支

政治素质高、发展潜力大的社区"后备军"。

抓作风能力建设，扎实开展"作风能力建设年"活动，不断修身律己，以更高的标准恪尽职守、尽职尽责，全面落实从严治党要求，从严从实抓好作风建设，推动社区广大党员干部以优良的作风狠抓工作落实。深入学习党的十九大、党的二十大及省市县党代会精神，狠抓社区干部作风。围绕"思想建党、政治过硬"的目标，深入贯彻《中国共产党党员教育管理工作条例》，严格落实"三会一课"、党员"双评议"、"主题党日+"、党员"政治生日"等党内政治生活制度，不断深化党员干部理想信念教育。

抓先锋示范带动，建立党员志愿者服务岗位制度，实行党员设岗定责，充分发挥党员志愿者服务队作用，结合"主题党日+"活动，开展集中学习、环境整治、微心愿等各类志愿服务；充分发挥党员先锋模范作用，组织开展党员"亮身份、当先锋"活动，设立党员先锋岗5个，实行公开承诺，组织党员积极参加社区服务活动，充分调动广大党员参与社区事务的积极性和主动性，为促进社区党建和各项工作稳步发展提供坚强保障和动力源泉。

## （二）开展"党支部+"活动，实现社区共治共享

针对社区居民人户分离现状，结合社区实际，建立高效便捷的信息交换机制，加强与搬迁居民的联系沟通，梳理便民事项清单，明确办理流程，为易地扶贫搬迁群众提供便民事项异地代办服务，实施"党建引领微服务·培育社区新风尚"党建创新项目。优化网格管理体系，充分发挥党组织、党员的作用。对辖区内的易地搬迁党员进行摸排，逐一分析研判，党组织关系转接做到应转尽转；组织辖区内的机关、企事业单位在职党员19名到社区党支部报到，持续壮大社区党员服务力量。

一是形成"社区党支部+党小组+党员+楼长"管理体系。优化设置网格管理区域，根据党员数量和分布情况，合理划分楼栋管理区域，整合社区干部、公益性岗位、物业服务人员等工作力量，形成"社区党支部+党小组+党员+楼长"的管理体系，推选党员骨干担任楼长，明确党员楼长宣传员、调解员、示范员职责，同时组织党员楼长深入学习党的路线、方针、政策，

把"楼栋单元"打造成传递社情民意、开展便民服务的平台，让党组织的服务触角连接到社区的每栋楼、每户群众。

二是开展"党支部+志愿服务队"活动。由具有医护、康复、水电、家政等专业技能或工作经历的热心群众组建功能不同的志愿服务队，通过社区居民"点单"、党支部"派单"、志愿服务队"接单"的形式，帮助社区居民及时解决突发困难，认真收集居民意见建议，切实为群众解难题、办实事。对党员志愿者，开展亮身份、见行动措施。对思想靠前、行动靠前非党员志愿者纳入党员后备军力量，积极引导其向党组织靠拢，引导社区居民互相帮助，共建温馨社区。

三是开展"党支部+邻里知心人"活动。动员社区责任心强、德高望重、善做群众工作的易地搬迁群众积极参与社区网格工作，组建"邻里知心人"队伍，由党支部安排邻里知心人在宣传法规政策、调节邻里纠纷、联络邻里感情、开展邻里活动等方面发挥作用。整合社区干部、公益性岗位、居民代表238人，成立"红袖章"队伍，开展日常巡逻工作，参与环境整治、矛盾调解、交通劝导、疫情防控等工作，提升群众的安全感。

### （三）强化社区"两委"引领，推动同商议共建治

统筹服务方向，打造社区治理"心"体系。针对搬迁群众没有归属感、矛盾纠纷频发、日常管理服务难等问题，社区充分发挥小区党支部和党员在物业小区治理中的模范带头作用，在党群服务中心设计建设过程中，去除行政机关化，营造浓厚的亲民便民气氛，凸显服务理念，解决好便民服务、社区治理、"支部+物业"联建共建等问题，积极打造"红色物业"新格局。

整合社区资源，形成共建共治共享新格局。在社区"两委"牵头下，根据"同商议，共建治"的理念成立社区业主委员会，并定期召集物业、业主委员会成员参加民情恳谈会，共同探讨社区管理和居民服务的务实有效举措，促进群众参与社区治理，更好地为移民群众服务。以引导居民自治为前提，划定13个标准化网格片区，构建社区七级网格化治理体系，形成支

部引领、党员示范带头，网格员、志愿者等共同参与的社区治理格局。

完善基础设施，提升社区服务专业化水平。针对当前社区党群服务中心办公场所面积较小、部分活动无法开展、服务功能不够健全等问题，积极争取资金，建成新的筒车河社区党群服务中心，同时完善小区服务设施，实施小区消防整改项目，建成小区摩托车停车棚 60 座和社区日间照料中心。协助公安实施智慧安防项目，完成安装覆盖社区重点路段、单元门、停车位摄像头 85 个，门禁系统 69 个，全面加强立体化治安防控，大力提升"人防、物防、技防、联防"能力。

### （四）充分发挥社团职能，提升社区居民融入感

积极开展系列文化活动。为让搬迁群众融入社区生活，社区指导居民群众建立三个志愿者协会（红白理事会、舞蹈协会、体育协会），积极开展系列文化艺术活动。社区志愿者、共建单位、辖区单位共同开展疫情防控、社区活动，评选"五好家庭""文明家庭""好公婆""好儿媳"。组织社区居民开展端午节包粽子、重阳节送温暖等活动，积极动员居民参与舞蹈比赛、社区运动会、环境整治活动。2021 年，社区累计开展各类文艺汇演及宣讲活动 20 余次，丰富群众业余生活，提升群众文化道德素养。

开展走访入户宣传，以实际行动拉近社区与居民之间的距离。社区积极倡导"助老、爱老"的良好风气，以新时代文明实践站为载体，组织社区"两委"干部和志愿者群体，在春节、端午、中秋、国庆等节假日，定期走访辖区内老弱病残等弱势群众，对孤寡老人、留守儿童等困难群众开展走访慰问，提升社区居民的融入感。充分发挥各类队伍"社情民意传达员"作用，积极组织政策法规培训，发挥志愿者"先锋文明引导员"作用，开展走访入户宣传，做好居民思想工作，协助做好社区稳定、服务等各项工作。

### （五）紧盯"我为群众办实事"，提升居民幸福感

一是紧盯"我为群众办实事"。想群众之所想，解群众之所难。筒车河

社区始终把解决群众身边的"急难愁盼"作为工作重点，针对当前年轻劳动力外出务工，留守老人生活不便、精神生活匮乏等突出问题，简车河社区扎实开展"我为群众办实事"系列实践活动，以"进知解"活动为载体，常态化入户走访，了解居民所思所想所盼，进一步提升基层治理及服务群众的能力和水平，以群众实际需求为导向，坚持小事不"小视"的原则，精准解决社区居民"急难愁盼"，2022年以来解决群众"急难愁盼"问题52件。

二是不断完善公共服务。积极与上级部门对接，征求老年群体的意见建议，投资60万元逐步建设集饮食供应、个人照顾、保健康养、休闲娱乐、心理援助等功能于一体的老年人日间照料中心，同时将陆续申报农贸市场、夜市、扶贫超市商业综合体，社区由坐等服务变主动服务，对年龄偏大、腿脚不方便的居民，采取上门服务，协助办理养老保险、高龄补贴认证，通过举办义诊、讲座等活动，让老年人老有所乐、老有所依。

三是成立疫情防控服务队。社区成立了"党员先锋"志愿服务队和疫情防控青年志愿突击队，招募志愿者50人。在疫情防控中，社区对招募的志愿者进行统一培训，这些志愿者上岗后将协助居委会做好体温测量、外来人员登记等工作，督促居民按规定佩戴口罩、主动出示健康码和行程码。同时宣传疫情防控知识，让居民养成不去公共场所聚会、不扎堆的好习惯，主动配合出入管理，为社区居民把好防疫关口。

### （六）践行就业优先战略，把提高居民收入摆在首位

社区党支部高度重视就业、创业、培训服务工作，把提高群众收入放在首位。

加大就业培训，围绕搬迁群众生计方式的非农化转变，积极寻求与上级培训部门、社区工厂、务工单位等多方合作，引进、发掘社区特殊人才，鼓励创业就业、搭建就业平台，引导群众学习传统手艺羌绣、竹编技艺，逐步实行搬迁劳动力全员培训，确保有劳动力家庭实现1人以上稳定就业。结合

活动常态化宣传就业创业培训班和就业务工岗位信息，帮助易地搬迁群众稳岗就业。累计举办培训班 15 场，培训 980 余人次。

加快就业转移，依托区位优势，积极动员社区劳动力前往工业园区、县城就近务工，并定期邀请附近企业来社区开展招聘会，实现搬迁群众家门口就业增收，在创收和增收的同时稳妥推进易地搬迁后续扶持工作，坚持以实现失业人员、就业困难人员等群体就业为重点，通过摸排登记、建立台账、加强宣传、组织培训等多种方式，持续深入推进社区就业帮扶工作，实现搬迁群众"搬得出、稳得住、能致富"的目标，社区现有 200 余人就近务工。

加大创业支持力度，社区人员多、交通区位优势显著，社区积极动员有能力、有想法的年轻人进行创业，开辟更多就业岗位，社区"两委"积极协助做好办公场所设置、技术指导、创业贷款申报等工作，社区现有 10 余个创业群体，提供就业岗位 30 余个。

筒车河社区党支部始终坚持以党建为引领，充分发挥党支部的战斗堡垒作用，调动社会团体的积极性，持续深入提升服务能力，推动社区治理规范化，把筒车河社区打造成幸福、文明、和谐的新型社区。

## 三　经验启示

筒车河社区实行"党建引领微服务·培育社区新风尚"创新项目，把社区治理与服务群众有机结合起来，物业与社区之间互融互联互促，做实做优"党建先锋"，发挥党支部和党员志愿者力量，努力拉进社区与居民间的距离，切实提升社区居民的获得感、幸福感和安全感。

社区队伍更加专业。社区以网格化管理为依托，以常态化开展"进知解"活动为抓手，挑选熟悉本地情况、群众基础较好、热心社区工作的群众担任网格员，不断优化网格员队伍，凝聚网格力量，发挥网格实效，提升群众的参与度，使群众在心理上有一种成就感、归属感。同时社区成立了志愿者协会，极大地丰富了群众的精神生活，2018 年由社区干部、群众编制《再也不能这样活》情景小品，生动再现了脱贫路上扶贫扶志、脱贫致富的生动故事。

社区治理更加有序。社区以"党支部+"为主线,以党员志愿者为补充,探索建立"事情共商、资源共享、难题共解、文明共创、活动共办"机制,物业、业主委员会成员定期召开民情恳谈会,使搬迁群众由"局外人"变成"参与者""热心人",提高群众的参与度;依托"一网四化三统一"从社区群众中选拔网格员,努力创建有事"网"里办、小事不出"格"的治理体系,不断提升吸附化解矛盾的能力,提升社区治理能力。

社区服务更加贴心。社区着力构建党建引领、居民自治、社会协同的社区治理新机制,坚持居民有所需、社区有所为,从聚焦居民身边的"关键小事"做起,社区通过业主委员会、民情恳谈会及时了解群众的意见建议,社区有针对性地开展相关工作,不论是社区基础设施改善、就业培训工作,还是日常管理,社区始终用无微不至的服务赢得居民的信任和支持,真正实现了服务群众"最后一公里",让个性化服务的阳光照进群众的心里。

# 四 对策建议

进一步贯彻落实习近平总书记关于做好易地搬迁后续扶持工作重要指示精神,切实加大对搬迁群众后续帮扶力度,将易地扶贫搬迁后续扶持与乡村振兴战略相结合、与就业优先战略相结合、与治理能力治理体系现代化相结合、与新型城镇化战略相结合、与巩固拓展脱贫攻坚成果相结合,着力推进产业培育、就业帮扶机制、社区管理、社会融入、公共服务和权益保障等工作。

## (一)与乡村振兴战略紧密结合,加快推动产业兴旺

加强易地搬迁后续产业发展。围绕各地首位产业、主导产业、特色产业提质增效高质量发展,进一步发展壮大安置点周边附近产业,通过延链补链

强链，将搬迁群众嵌入产业链中，帮助群众实现稳定增收，推进周边地区产业园区、基地、景区等基础设施建设和提档升级。持续推动易地搬迁集中安置区内的产业发展，提升、新建一批安置点配套产业园、社区工厂等。引导和鼓励农民专业合作社、家庭农场、龙头企业、社会化服务组织等各类新型经营主体通过订单合作、流转土地、统一经营等方式带动有发展条件和意愿的搬迁户就业增收。创新资产收益模式，在条件具备的社区大力发展集体经济，形成群众增收渠道多元格局。

### （二）与就业优先战略紧密结合，加快推动人才振兴

鼓励企业优先吸纳搬迁群众就业，优先推荐符合条件的搬迁群众就近就业，对接"苏陕协作"就业帮扶机制，搭建企业和搬迁群众供需劳务对接平台，稳定就业。鼓励搬迁群众发展家政、养老、托幼、环卫、安保、物流等服务行业，实现"楼上居住、楼下就业"。鼓励搬迁群众自主创业，发展以吸纳就业为主的微型企业。开发设置人居环境整治、疫情防控等公益性岗位，将公益性岗位适度向安置点倾斜，优先聘用符合条件的居民就业。强化就业培训，根据劳动力市场需求变化和就业创业人员意愿，采取多种培训形式，重点开展定向培训、项目制培训和"技能+"培训，着力提高劳动者技能水平，提高就业质量。

### （三）与新型城镇化战略紧密结合，加快宜居社区建设

将易地搬迁集中安置点作为新型城镇化建设重点区域，统筹配套设施建设，不断完善基础设施和公共服务设施，将其融入城镇一体规划、一体建设，确保搬迁群众和原住居民享有同等公共服务。扎实推进安置社区城乡治理专项行动，推进生活垃圾分类、污水治理等工程，提倡创建文明小区，培养文明健康生活方式，推进人居环境整治。健全安置社区"一站式"便民服务机构，为搬迁群众提供办理户口迁转、社保、医保、低保、就业创业和法律咨询等便捷高效服务。加强安置点养老服务体系建设，提升配建学校办学质量。开展心理疏导、法律咨询、知识普及和文体活动等服务活动，全力

促进易地搬迁群众融入社会。开展各类文明创建活动，推进社会公德、职业道德、家庭美德、个人品德等方面的教育，提高社区文明程度。坚持"志智双扶"，强化奋进致富典型示范引领，大力弘扬独立自主、自力更生、与时俱进的改革创新精神。

### （四）与党建引领基层治理紧密结合，加快推进组织振兴

以党建为引领，建立健全党组织领导，基层群众性自治组织、群团组织和社会组织等各有其位、各司其职、功能健全、运转有序的安置社区组织体系，全面推行党建引领网格化管理模式，推行社区党组织书记通过法定程序担任居民委员会主任、社区"两委"班子成员交叉任职，鼓励业主委员会和物业服务企业党员负责人担任社区党组织兼职委员，推动社区小区物业党建联建。探索"党建+群团""党建+社工""党建+网格员"等工作模式，逐步形成"小网格、大党建"基层党建工作格局。健全居委会、党支部、业主委员会等自治组织，形成搬迁户自我管理、自我约束的良好局面。在安置社区全面推广"五社联动"基层治理模式，凝聚共建共治共享工作合力。

### （五）与巩固拓展脱贫攻坚成果紧密结合，持续增进民生福祉

结合国家2022年防返贫监测帮扶第二轮排查总体安排，全面落实陕西省易地搬迁后续扶持"1+7"政策，继续完善各地易地搬迁后续扶持工作机制，做好对易地搬迁集中安置点有针对性的排查，常态化开展防返贫监测，分类制定帮扶措施，做到应纳尽纳、精准帮扶。定期开展易地搬迁后续扶持重点领域"回头看"行动，全面排查搬迁群众就业、后续产业发展等方面的短板不足，建立问题台账，及时化解风险隐患。对搬迁脱贫不稳定户继续落实现有脱贫攻坚帮扶政策，对有劳动能力的群众加强技能培训，优先组织务工就业，统筹利用公益性岗位等渠道安排就业；对无劳动能力的监测对象，进一步强化社会保障，确保应保尽保，守牢易地搬迁集中安置点不发生规模性返贫的底线。

**参考文献**

程伟：《"十三五"陕西易地扶贫搬迁取得决定性成效》，《陕西日报》2021年1月12日，第1版。

蔡潇彬：《易地扶贫搬迁后续帮扶：成效、问题与对策》，《中国经贸导刊》2022年第8期。

社会科学文献出版社

# 皮书

## 智库成果出版与传播平台

### ❖ 皮书定义 ❖

皮书是对中国与世界发展状况和热点问题进行年度监测，以专业的角度、专家的视野和实证研究方法，针对某一领域或区域现状与发展态势展开分析和预测，具备前沿性、原创性、实证性、连续性、时效性等特点的公开出版物，由一系列权威研究报告组成。

### ❖ 皮书作者 ❖

皮书系列报告作者以国内外一流研究机构、知名高校等重点智库的研究人员为主，多为相关领域一流专家学者，他们的观点代表了当下学界对中国与世界的现实和未来最高水平的解读与分析。截至2022年底，皮书研创机构逾千家，报告作者累计超过10万人。

### ❖ 皮书荣誉 ❖

皮书作为中国社会科学院基础理论研究与应用对策研究融合发展的代表性成果，不仅是哲学社会科学工作者服务中国特色社会主义现代化建设的重要成果，更是助力中国特色新型智库建设、构建中国特色哲学社会科学"三大体系"的重要平台。皮书系列先后被列入"十二五""十三五""十四五"时期国家重点出版物出版专项规划项目；2013~2023年，重点皮书列入中国社会科学院国家哲学社会科学创新工程项目。

权威报告·连续出版·独家资源

# 皮书数据库
## ANNUAL REPORT(YEARBOOK)
## DATABASE

## 分析解读当下中国发展变迁的高端智库平台

### 所获荣誉

- 2020年，入选全国新闻出版深度融合发展创新案例
- 2019年，入选国家新闻出版署数字出版精品遴选推荐计划
- 2016年，入选"十三五"国家重点电子出版物出版规划骨干工程
- 2013年，荣获"中国出版政府奖·网络出版物奖"提名奖
- 连续多年荣获中国数字出版博览会"数字出版·优秀品牌"奖

皮书数据库　　"社科数托邦"
微信公众号

### 成为用户

登录网址www.pishu.com.cn访问皮书数据库网站或下载皮书数据库APP，通过手机号码验证或邮箱验证即可成为皮书数据库用户。

### 用户福利

- 已注册用户购书后可免费获赠100元皮书数据库充值卡。刮开充值卡涂层获取充值密码，登录并进入"会员中心"—"在线充值"—"充值卡充值"，充值成功即可购买和查看数据库内容。
- 用户福利最终解释权归社会科学文献出版社所有。

社会科学文献出版社 皮书系列
SOCIAL SCIENCES ACADEMIC PRESS (CHINA)

卡号：384995349581
密码：

数据库服务热线：400-008-6695
数据库服务QQ：2475522410
数据库服务邮箱：database@ssap.cn
图书销售热线：010-59367070/7028
图书服务QQ：1265056568
图书服务邮箱：duzhe@ssap.cn

# 法律声明

"皮书系列"（含蓝皮书、绿皮书、黄皮书）之品牌由社会科学文献出版社最早使用并持续至今，现已被中国图书行业所熟知。"皮书系列"的相关商标已在国家商标管理部门商标局注册，包括但不限于LOGO（▨）、皮书、Pishu、经济蓝皮书、社会蓝皮书等。"皮书系列"图书的注册商标专用权及封面设计、版式设计的著作权均为社会科学文献出版社所有。未经社会科学文献出版社书面授权许可，任何使用与"皮书系列"图书注册商标、封面设计、版式设计相同或者近似的文字、图形或其组合的行为均系侵权行为。

经作者授权，本书的专有出版权及信息网络传播权等为社会科学文献出版社享有。未经社会科学文献出版社书面授权许可，任何就本书内容的复制、发行或以数字形式进行网络传播的行为均系侵权行为。

社会科学文献出版社将通过法律途径追究上述侵权行为的法律责任，维护自身合法权益。

欢迎社会各界人士对侵犯社会科学文献出版社上述权利的侵权行为进行举报。电话：010-59367121，电子邮箱：fawubu@ssap.cn。

社会科学文献出版社